Über dieses Buch Eine Schülerin sagt über ihren Lehrer: »Für ein Mädchen würde es sich nicht einmal lohnen, sich zu melden, um ihm zu sagen, daß es brennt. Wir würden alle verbrennen, bevor er uns fragen würde, was wir ihm zu sagen haben. Die Jungen brauchen sich gar nicht die Mühe zu machen, sich zu melden. Er redet die ganze Zeit mit ihnen.« – Dieses Zitat findet sich in diesem Buch von Dale Spender, das bei seinem Erscheinen 1982 in England Aufsehen erregte und Betroffenheit auslöste.
Die Autorin untersucht die Realität hinter dem Mythos von der Chancengleichheit der Geschlechter in unserem Bildungssystem. Es ist den Frauen zwar erlaubt, ihren Platz innerhalb dieses Systems einzunehmen, eines Systems jedoch, das von Männern errichtet, definiert und kontrolliert wird und das im Interesse von Männern arbeitet und funktioniert. Frauen haben wenig Einfluß auf die Erziehung, auf das Bildungssystem, können die tiefverwurzelte männliche Dominanz nicht wirklich verändern . Im Klassenzimmer, wo die männliche Sicht als die menschliche, allgemeingültige interpretiert wird und die weiblichen Interessen, Fähigkeiten, Erfahrungen und Wahrnehmungen diskreditiert und abgewertet werden, müssen Mädchen lernen, sich so gut wie möglich anzupassen. Doch auch wenn sie es lernen, sind es die Jungen, die die Aufmerksamkeit ihrer Lehrer fordern und auch erhalten. Wie gravierend diese Erfahrungen für die Entwicklung von Mädchen sind, beschreibt Dale Spender eindringlich anhand empirischer Untersuchungen in ihrem Buch. Es ist ein Buch, das schmerzhaftes Lesen bedeutet, eine niederdrückende Lektüre, die zugleich aber zornig macht und ermutigt, sich zu wehren und Abhilfe zu schaffen.

Die Autorin Dale Spender, geboren 1943 in Newcastle, Australien, studierte Englisch, Geschichte, Pädagogik und Anthropologie an der Sydney University. Sie arbeitete rund zehn Jahre als Lehrerin, ging dann nach London, wo sie über Sprache und Geschlecht promovierte und drei Jahre lang an der Universität lehrte. Die wichtige feministische Theoretikerin ist seit 1980 freie Wissenschaftlerin und Autorin. Zahlreiche Buchveröffentlichungen. Sie lebt in London.

Dale Spender

Frauen kommen nicht vor

Sexismus im Bildungswesen

Mit einer Einleitung von
Senta Trömel-Plötz

Aus dem Englischen von
Brigitte Stein

Fischer Taschenbuch Verlag

Lektorat: Ingeborg Mues

Deutsche Erstausgabe
Veröffentlicht im Fischer Taschenbuch Verlag GmbH,
Frankfurt am Main, Oktober 1985

Titel der englischen Originalausgabe:
»Invisible Women – The Schooling Scandal«
Erschienen bei Writers and Readers Publishing
Cooperative Society Ltd in association with
Chameleon Editorial Group 1982, London

Umschlaggestaltung: Susanne Berner
unter Verwendung einer Illustration von Marie Marcks
Gesamtherstellung: Clausen & Bosse, Leck
Printed in Germany
980-ISBN-3-596-23764-5

Inhalt

Einleitung von Senta Trömel-Plötz 7

Erster Teil: Das uralte Problem 15
Einführung: Schulen können nicht lehren,
was die Gesellschaft nicht weiß. 17
1 Sexismus ist nichts Neues. 26

Zweiter Teil: Das Wissen von Männern 33
2 Off the Record: Verschwiegen und vergessen. . . . 35
3 Die Einführung des Schulsystems 70

Dritter Teil: Im Klassenzimmer 89
4 Schlagen Sie Krach – das wirkt! 91
5 Die Lieblingsschüler 109
6 Mädchen – negative Bezugsgruppe für Jungen . . . 122

Vierter Teil: Die Welt aus männlicher Sicht 135
7 Die »Logik« der Dominanz 137
8 Die leere Zukunft 149
9 Getrenntgeschlechtliche Schulen sind unrealistisch. 177

Fünfter Teil: Wie Frauen es sehen 191
10 Vielfalt und Kraft 193
11 Frauenstudien: von Frauen geschaffen 206
12 Frauenbildung 220

Anhang 235
Zentren der Frauenbildung (Bibliotheken,
Frauenzeitschriften und -publikationen) 237
Bibliographie 240
Danksagungen 248
Wichtige Adressen für deutsche Leserinnen 249

Einleitung
Von Senta Trömel-Plötz

In der Bundesrepublik kann man und frau alle möglichen Fächerkombinationen für das Lehramt studieren und mit dem Staatsexamen abschließen, ohne je etwas über den Beitrag von Frauen zu den jeweiligen Studiengebieten oder auch über ihren Ausschluß aus diesen Gebieten gehört zu haben. Frau und man kann dann in den Schuldienst eintreten und dieses Nichtwissen an Schüler und Schülerinnen weitergeben. Das Nichtwissen wird durch unser Bildungssystem produziert und reproduziert: Die Ignoranz kann bestehen bleiben.

Im Fach Geschichte zum Beispiel sieht das so aus, daß diese primär als die Geschichte der Kriege von weißen Männern in Europa und Nord- und Südamerika dargestellt wird. Über andere Perspektiven, etwa darüber, wie Indianer/innen oder die Schwarzen der USA oder Afrikas die Geschichte sehen, herrscht Nichtwissen. Obwohl Frauen genausoviel und genausolang Geschichte gemacht haben wie Männer, wird in unseren Schulen und Universitäten keine alternative Version zur Männergeschichte angeboten. Männer machen unsere Geschichte, indem sie unsere Geschichtsbücher machen und definieren, was Geschichte ist. Die Geschichte derjenigen weißen Männer, die »Geschichte machten«, muß dann als die Geschichte der Menschheit herhalten.

Männer üben Kontrolle über unser Wissen aus und sind verantwortlich für unser Nichtwissen.

Nicht anders als im Fach Geschichte sieht es in allen anderen Wissensgebieten aus: in der Medizin, Physik, Geographie, Architektur, Psychologie, Literaturwissenschaft, Soziologie, Linguistik, Anthropologie, Philosophie, Kunst, Musik, Rechtswissenschaft, Theologie etc. Welche Forschungsfragen gestellt werden und welche nicht, was ein interessanter Ansatz ist und was nicht, welche Ereignisse und Ergebnisse festgehalten werden und welche nicht, welche Figuren behandelt werden und welche nicht, für welche Projekte von welchen Antragstellern Gelder zur Verfügung gestellt werden und für welche Projekte nicht – dies alles ist abhängig von der Entscheidung von Männern und von ihren Interessen.

Das Wissen, das so hergestellt und dann in den Schulen und Hochschulen weitervermittelt wird, ist Wissen von Männern über Männer und für Männer, und es ist im Einklang mit der Art und Weise, wie sie die Welt sehen und verstehen. Am Ende unserer Ausbildung, ob an der Volksschule, Berufsschule, Oberschule, Akademie oder Universität, wissen wir nur etwas über die männliche Sicht und Erfahrung der Welt. Das, was für Frauen (und andere Gruppen) von Interesse ist, was für sie wichtig ist, was zu ihrem Nutzen ist, was ihre Leistungen und Fähigkeiten zeigen würde, wird weder erforscht noch festgehalten noch weitervermittelt. Die »Wahrheit«, die objektiven Ergebnisse der Wissenschaft entsprechen dann genau den Annahmen über die Welt, von denen Männer ausgehen. Zu diesen Annahmen gehört zum Beispiel, daß Frauen, Indianer/innen, Schwarze und Mischlinge weniger wert seien als weiße Männer, daß die Natur sie schlechter ausgestattet habe (die entsprechende Forschung über biologische Unterschiede »belegt« bis heute diese Vorurteile und macht sie zu »objektivem Wissen«), daß sie unterlegen seien, weniger leisteten und deshalb zu Recht von Machtpositionen ausgeschlossen würden. Unser Wissen ist von bestimmten dominanten Gruppen hergestellt und entspricht ihren Interessen. Über andere Gruppen herrscht Nichtwissen.

Die Schulen und Universitäten vermitteln nur das, was von Männern als Wissen definiert wurde. Macht im Bildungssektor bedeutet, an dieser Wissensdefinition beteiligt zu sein. Macht an den Universitäten, Pädagogischen Hochschulen oder Kultusministerien etwa bedeutet, darüber mitzuentscheiden, was zukünftige Lehrerinnen und Lehrer wissen sollen und was sie weitervermitteln können. In der Bundesrepublik können Lehramtskandidat/inn/en heute Examen machen, ohne je etwas über eine weibliche Perspektive in ihren Gebieten gehört zu haben. Im Gegensatz zu den USA ist feministische Wissenschaft – Frauenstudien, wie es dort heißt – kein Studienfach, Studiengang oder Prüfungsgegenstand, es gibt bei uns kaum Frauenforschung, feministische Wissenschaft wird kaum gelehrt, geplante Professuren für feministische Wissenschaftlerinnen werden kurz vor ihrer Verwirklichung gestrichen. Das heißt, eine weibliche Perspektive, Wissen über Frauen, ihre Ideen, ihre Kämpfe, ihre Leistungen, ihre Geschichte, existiert nicht als offizieller Bildungsinhalt. Die Wissenschaft von Männern, über Männer und für Männer ist nicht bedroht oder gefährdet. Die Produktion von »Wissen« kann weitergehen, ohne daß wir Frauen je etwas über uns erfahren, was uns berührt.

Dale Spenders Buch »Frauen kommen nicht vor. Sexismus im Bildungswesen« kommt zu uns aus einem anderen, fernen Land – aus England; in der Bundesrepublik hätte es nicht geschrieben werden können. Es wird aber die leidenschaftliche Diskussion über Sexismus in der Schule, Gewalt gegen Mädchen, Frauen und Schule, die hier von Lehrerinnen, Müttern und Schülerinnen in laufenden Tagungen und Publikationen[1] geführt wird, vertiefen.

Spender stellt nämlich grundlegende – für uns noch neue – Fragen, die weit über die oberflächliche Kritik der Stereotypisierung der Geschlechterrollen hinausgehen. Auch ihre Lösungsvorschläge gehen tiefer und lassen es nicht bei der »Einführung einiger positiver Frauenbilder in den Lehrplan, (der) Berufung von ein paar Frauen in gehobene Positionen oder (der) größere(n) Motivation von Mädchen« bewenden. Sie schreibt: »Wir müssen das Wissen und die Leistung von Frauen aufzeichnen und festhalten, müssen die Probleme der Welt aus der Perspektive der Frauen darstellen, müssen die Annahme widerlegen, daß Frauen im Unrecht sind und müssen einen Fundus an Wissen ansammeln, der sich mit der Herrschaft und Unterdrückung samt all ihren Konsequenzen auseinandersetzt. Und wir müssen das weitergeben, was wir wissen, denn ironischerweise werden sich unsere Erkenntnisse, sobald sie akzeptiert und gewürdigt werden, auch verändern. Sobald die Welt aus den mannigfaltigen Perspektiven verschiedener Menschen beschrie-

1 Erwähnt seien zur Kontaktaufnahme:
- die Zeitschrift *Frauen und Schule,* zu beziehen über Ursula Rieger, Suarezstraße 14, 1000 Berlin 19;
- der Bericht *Die Schule lebt – Frauen bewegen die Schule* (1984), Verlag Deutsches Jugendinstitut, Saarstr. 7, 8000 München 40;
- der Sammelband *Sexismus in der Schule* (1982), Beltz, Weinheim; die beiden letzten herausgegeben von Ilse Brehmer.

ben und erklärt wird (und nicht nur aus der der herrschenden Gruppe), sobald Wissen von allen formuliert wird und einen Bestandteil des allgemeinen Bewußtseins bildet, werden wir nicht mehr in einer patriarchalischen Gesellschaft leben, wie wir sie heute kennen. Und wir werden auch kein sexistisches Bildungswesen mehr haben.« (S. 69)

Spender hinterfragt den ganzen Prozeß der Herstellung von Wissen und der Kontrolle über Wissen in unserer Gesellschaft. Sie kritisiert die Inhalte unseres Wissens als einseitig und falsch, da sie nur von Männern und allein in deren Interesse bestimmt seien; auch die Vermittlung unseres Wissens in allen Bildungsinstitutionen sei einseitig und unmenschlich, weil sie sich auf die Interessen von Männern heute und in der Zukunft konzentriere.

Sie stellt zum Beispiel die Frage: »Warum stehen im Mittelpunkt der Lehrpläne fast ausschließlich Männer, und zwar weiße Männer ... und warum wird das so häufig gar nicht bemerkt oder in Frage gestellt? Warum wird die Aufnahme von Material über Frauen und Schwarze so häufig als *politisch* betrachtet, während gleichzeitig so viel hanebüchener Unsinn über Männer – weiße Männer – unbesehen anerkannt, in die Bildungstempel aufgenommen und als ›objektives Wissen‹ und ›Weisheit der Jahrhunderte‹ verehrt wird?« (S. 19)

Ihre Antwort darauf ist, daß weiße Männer Wissen produzieren und es dann als offizielles Wissen verkaufen. In der Tat steht anderes Wissen kaum zur Verfügung – wir haben keine alternativen Geschichtsbücher, Kunst- und Literaturgeschichten, wir haben keine Wissenschaftsgeschichte der Fragen, die nicht gestellt wurden. Aber wir fangen jetzt an, Wissen über Frauen zusammenzutragen und unsere eigene Geschichte zu schreiben.

Spenders vorliegendes Buch und auch ihre anderen Bücher[1] sind so ein Anfang: Wir lernen, warum kein Wissen über uns existiert, warum keine Bücher über unsere Arbeit und Leistung geschrieben wurden, warum wir nicht vorkommen in dem vom Vater auf den Sohn vererbten Wissen. Wir lernen, wie sich dieser Prozeß fortsetzt und wie wir weiter-

1 Vor allem: *Women of Ideas and what men have done to them,* Routledge & Kegan Paul, London 1982

hin unsichtbar gemacht werden, wenn wir nichts dagegen unternehmen. Daß ein ganzes Geschlecht in der Geschichtsschreibung vergessen wird, so, wie ganze Rassen vergessen wurden, ist kein historischer Zufall, ist nicht die Fehlleistung eines einzigen Geschichtsschreibers – das Vergessenmachen hat System durch die Jahrhunderte hindurch.

Spender beschreibt dieses System anhand der Bildungsinstitutionen von der Schule bis zur Universität. Natürlich sind auch andere kulturelle Institutionen, wie zum Beispiel die Medien oder das Verlagswesen, direkt an dem System beteiligt, sie reproduzieren und unterstützen es und sind mitverantwortlich für die Herstellung und Vermittlung von Halbwissen. Aber Spender setzt bei der Wurzel an: der formalen Erziehung in unseren Schulen und Hochschulen, durch die Männer bevorteilt und Frauen benachteiligt werden, um die Überlegenheit der Männer zu garantieren. Frauen haben seit über 300 Jahren dagegen protestiert, daß Männer sie von gleicher Bildung fernhalten, um sie dann als ignorant abzutun, so zum Beispiel Aphra Behn (1640–1689), Schriftstellerin und Feministin. Auch über diese Proteste erfahren wir nichts in unseren Geschichtsbüchern und Literaturgeschichten, weil sie von Männern geschrieben sind. Die Tatsache, daß Frauen nirgends erwähnt werden, wie etwa Aphra Behn mit ihren 13 Romanen 30 Jahre vor *Robinson Crusoe*, dem sogenannten »ersten« Roman in den männlichen Literaturgeschichten, scheint also eher zu Lasten der Männer zu gehen, als die Schuld der Frauen zu sein.

Spender zeigt, daß die Überlegenheit der Männer und die Unterlegenheit der Frauen eine Konstruktion ist: Männer bestimmen das gesamte Erziehungssystem, die Lehrpläne, die Stellenbesetzung und Organisation, die Prüfungsordnungen, Kriterien und Bewertungen; sie sorgen dafür, daß sie die Überlegenen sind und bleiben. Ein Beispiel dafür ist die Mathematik. Vor nicht allzu langer Zeit hatten Mädchen gar keinen Mathematikunterricht, dann bekamen sie weniger Mathematikunterricht erteilt als die Jungen – die Folge war, daß sie weniger kompetent waren. »Aber«, sagt Spender, »sie sind nicht weniger kompetent, weil sie Mädchen sind, sondern weil Männer das System entwarfen.« Das System funktioniert.

Noch andere Aspekte des Systems werden analysiert: die

ungleich größere Zeit und Aufmerksamkeit, die Jungen in der Schule von den Lehrenden empfangen, die Unterstützung ihrer Interessen und Themen, ihre durchgehende Bevorteilung, die in der Grundschule beginnt und bei der Protektion männlicher Studierender an der Universität endet: Männliche Studenten werden wissenschaftliche Hilfskräfte, Stipendiaten, Doktoranden, Assistenten, Habilitanden und dann Professoren. Frauen fallen als unerfahren, unqualifiziert, unorthodox, andersartig und deshalb inkompetent heraus.

Spenders Buch aber hält nicht bei der Analyse inne, sondern es fährt mit der Beschreibung der Kompetenz und der Stärke von Frauen fort, aus unserer Sicht. Es produziert unsere Sicht der Welt, unsere Definitionen von uns. Obwohl Männer uns als inkompetent definierten, haben wir eine Tradition von Kooperation und Unterstützung, von Frauenarbeit und Frauenfreundschaften, von erstaunlichen Leistungen im Bereich der zwischenmenschlichen Beziehungen, ohne die unsere Gesellschaft nicht existieren könnte. Diese Fähigkeiten aber gehen nicht in unser Bildungswesen ein, sie werden nicht beschrieben, weder analysiert, noch gelehrt. Wir müssen unsere Fähigkeiten und unsere Sicht einbringen, und das heißt nicht, daß ein paar »große Frauen« zur Geschichte »großer Männer« hinzugefügt werden, sondern daß Geschichte selbst hinterfragt wird – warum wurden nur die »großen Männer« untersucht, und nach welchen Kriterien sind sie »groß«? Warum gibt es nur eine Geschichte der Herrscher? Wo ist die Geschichte der Beherrschten? Unsere weibliche Sicht der Welt, von Frauen gemacht und mit Frauen im Zentrum des Interesses, bedeutet eine Analyse der männlichen Dominanz, der männlichen Interessen bei der Herstellung von Wissen und der Verfügung über Wissen. Männliche Dominanz aufzudecken ist das zentrale Anliegen feministischer Wissenschaft. Unsere weibliche Sicht einzubringen als eine gleichwertige neben der männlichen ist das zentrale Anliegen feministischer Praxis.

So lautet Spenders Forderung:

»Frauen werden dann Gleichberechtigung im Bildungswesen erzielt haben, wenn ihre Erfahrungen von der Gesellschaft als ebenso wertvoll und gültig wie die von Männern akzeptiert werden, wenn die Hälfte des Wissens, das zur Verfügung steht, von Frauen und über Frauen hervorgebracht wird, wenn sie die Hälfte des ›pädagogischen Establishments‹ bilden, wenn ihre Ideen über das Bildungswesen dasselbe Gewicht haben und im gleichen Maße verwirklicht werden wie die von Männern.« (S. 70)

Ich wünsche Dale Spender, einer der kreativsten und produktivsten Frauen in der feministischen Wissenschaft, zahllose Leserinnen und Leser für ihr erstes Buch in deutscher Sprache.

Norton, Virginia, USA, November 1984

Erster Teil

Das uralte Problem

Einführung: Schulen können nicht lehren, was die Gesellschaft nicht weiß

Als Virginia Woolf in ihrem Buch *Three Guineas* im Jahr 1938 das englische Bildungswesen analysierte, kam sie zu dem Schluß, daß für Frauen darin kein Platz vorgesehen und daß ihnen besser gedient sei, wenn sie *Außenseiter* blieben, denn obwohl der Status von Außenseitern Nachteile habe, biete er auch Vorzüge. Frauen könnten dann außerhalb des patriarchalischen Wertsystems bleiben, das ohne Frage – und ohne Unterlaß – vermittelt werde und für Männer ebenso destruktiv sei wie für Frauen, wie Woolf argumentierte.

Dreiundvierzig Jahre später, im Februar 1981, befaßte sich Annie Cornbleet auf einer Konferenz der Women's Education Group (WEdG) mit derselben Frage und wies darauf hin, wie wenig Fortschritte seither erzielt worden seien. Sie skizzierte die Realitäten und Möglichkeiten der Bildungschancen von Mädchen, berichtete über die Hindernisse und Schwierigkeiten, die Lehrkräfte zu überwinden haben, die diese patriarchalischen Werte und ihre Übermittlung in Zweifel ziehen und das Schulsystem verändern möchten, und stellte schließlich die Frage, ob es einen Sinn habe weiterzumachen. Annie Cornbleet stellte allen Ernstes die Frage zur Diskussion, ob es für die Frauen nicht realistischer und gewinnbringender sei, sich aus dem Bildungswesen »auszuklinken« und bewußt die Rolle von Außenseitern zu übernehmen.

Dies gibt uns eine Vorstellung von dem Ausmaß der Desillusionierung, die viele Frauen heute gegenüber dem Bildungswesen empfinden – eine Ernüchterung, die voll und ganz berechtigt ist.

Allzu lange sind allzu viele Menschen bereit gewesen zu akzeptieren, daß Bildung wünschenswert und neutral, daß sie »etwas Gutes« sei und daß man/frau um so besser dran sei, je mehr frau/man davon mitbekommt. Aber die Feministinnen zählen zu denjenigen, die diese Annahme ernsthaft in Frage stellen und die angefangen haben, uns die Augen dafür zu öffnen, daß *alle* Bildungseinrichtungen eine bestimmte Art der Weltanschauung verkörpern, daß *alle* Bildungseinrichtungen von ihren Schülerinnen und Schülern fordern, diese Weltanschauung zu übernehmen, und daß es sich dabei um einen begrenzten, verzerrten und destruktiven Bezugsrahmen zur Interpretation der Welt handelt. Bildung, so argumentieren viele Feministinnen, sei in ihrer gegenwärtigen Form keineswegs »etwas Gutes«, und wir seien deshalb ohne sie vielleicht besser dran.

Daß dies extrem klingen mag, ist verständlich, aber es ist ein brauchbarer Ausgangspunkt, denn dieses Buch setzt sich mit Bildung im weitesten Sinne auseinander – das heißt, mit dem in unserer Gesellschaft vorhandenen Wissen und den Formen, wie es übermittelt wird –, und es ist interessant, daß wir so wenig über das wissen, was man als Kritik an den Grundprinzipien und Praktiken der Bildung bezeichnen könnte.

Vorbei sind die Zeiten, da wir glauben konnten, alles Wissen existiere »da draußen« in der großen weiten Welt und warte bloß darauf, von klugen Menschen »entdeckt« und in unparteiischen Aufzeichnungen, unverfälscht durch ihre eigenen Meinungen und Überzeugungen, niedergelegt zu werden. Ob es uns gefällt oder nicht, wir müssen uns mit der neueren Erkenntnis abfinden (zu der der Feminismus einen immensen Beitrag geleistet hat), daß Menschen ihr Wissen in Einklang mit den Wertvorstellungen und Überzeugungen, von denen sie ausgehen, erfinden oder konstruieren. Welches Wissen hervorgebracht wird und welches nicht, warum und wie es benutzt wird, das kann uns weitgehenden Aufschluß geben über die Menschen, die es erzeugt haben, und die Gesellschaft, in der sie leben. Wenn es nur wenig Wissen über unterdrückte Gruppen gibt und wenn dieses wenige die unterdrückten Gruppen als minderwertig oder unfähig darstellt, dann ist die Annahme plausibel, daß diejenigen, die dieses Wissen erzeugen, nicht unterdrückt sind, und daß sie nicht besonders daran interessiert sind, die Grundlage der Unterdrückung in Frage zu stellen. Und wenn es nur wenig Wissen über die Mängel des Bildungswesens gibt, dann scheint die Annahme gerechtfertigt zu sein, daß diejenigen, die das Wissen über unser Bildungswesen erzeugen, nicht daran interessiert sind, seine Mängel einer genaueren Untersuchung zu unterziehen. Als Gesellschaft sind wir jedoch weitgehend von dem Wissen abhängig, das sie hervorbringen (und das die »Erkenntnis« einschließt, wir sollten uns auf Experten verlassen, und es ist daher nicht überraschend, daß wir uns auf das stützen, was wir wissen, und »zu der Überzeugung kommen«, daß alle, die dafür eintreten, sich aus dem Bildungswesen auszuklinken, Extremisten/innen sein müßten und nicht ernst zu nehmen seien.

Eine solche Reaktion sagt uns jedoch mehr über unsere eigene Indoktrinierung und Abhängigkeit (den »Erfolg« unserer eigenen Bildungseinrichtungen) als über die Meriten dieser Aufforderung. Wir können unserem Wissen nicht trauen. Es ist das Produkt einzelner, und es wird von einzelnen gelehrt, die (fehlbare) menschliche Gründe hatten, dieses Wissen hervorzubringen und zu lehren, und diese Gründe mögen uns vertretbar erscheinen oder nicht. Wir müssen uns fragen, *warum* wir das wissen, was wir wissen, und welchen Interessen damit gedient wird.

Warum wissen wir beispielsweise so wenig über Frauen und Schwarze, und warum ist so viel von unserem Wissen über sie falsch, negativ und abwertend? Wer hat dieses Wissen hervorgebracht, auf welcher Basis und aus welchen Gründen? Und warum kommen diese fundamentalen Fragen – die so wichtig sind – in den Bildungseinrichtungen gewöhnlich nicht zur Sprache? Warum stehen im Mittelpunkt der Lehrpläne fast ausschließlich Männer, und zwar weiße Männer (darauf werde ich später noch ausführlicher eingehen, siehe insbesondere Zweiter Teil, Das Wissen von Männern), und warum wird das so häufig gar nicht bemerkt oder in Frage gestellt? Warum wird die Aufnahme von Material über Frauen und Schwarze so häufig als *politisch* betrachtet, während gleichzeitig so viel hanebüchener Unsinn über Männer – weiße Männer – unbesehen anerkannt, in die Bildungstempel aufgenommen und als »objektives Wissen« und »Weisheit der Jahrhunderte« verehrt wird?

Dies sind Grundfragen der Bildung, aber es sind Fragen, die selten gestellt werden – insbesondere, solange das Bildungswesen von weißen Männern beherrscht wird. Und weil uns so wenig Erkenntnisse zu diesem Thema zur Verfügung stehen, ist dies der Punkt, an dem ich ansetzen muß (siehe Spender, 1981, b).

Schulen können nicht lehren, was die Gesellschaft nicht weiß, und obwohl ich mich in erster Linie dafür interessiere, was in den Schulen gelehrt wird, warum, wie und mit welchen Ergebnissen, bin ich gezwungen, mit den Mängeln unseres Wissens zu beginnen. Ich gehe von der These aus, daß uns so gut wie nichts zu unterrichten bliebe, wenn der Sexismus aus unseren Lehrplänen verschwände, da unsere Gesellschaft insgesamt so wenig weiß, was nicht sexistisch ist (siehe Spender, 1981). Aber solche Behauptungen bedürfen der Beweise – solches Wissen steht nicht allgemein zur Verfügung und kann sich nicht auf eine geheiligte Tradition stützen –, und deshalb habe ich beträchtliche Zeit damit zugebracht, mich mit der fundamentalsten Bildungsfrage auseinanderzusetzen (mit der sich normalerweise nicht viele Bildungsfachleute befassen), nämlich mit dem, was wir wissen und warum.

Dem Feminismus bleibt gar nichts anderes übrig, als diese Frage aufzugreifen, denn wie Dorothy Smith (1978) bemerkt hat, stammt der größte Teil unseres Wissens von Männern, und Ruth Hubbard (1981) fügte hinzu, Wissen – in diesem Fall die Erkenntnisse der Naturwissenschaften – spiegele wie alle übrigen menschlichen Produkte »die Anschauungen und Interessen der Produzenten« wider (Hubbard, 1981; S. 213). Und die Unterordnung von Frauen und Schwarzen scheint sehr im Interesse der Produzenten zu liegen (Jean Baker Miller, 1978), denn ein großer Teil ihres Wissens ist zur Rechtfertigung und Verstärkung dieser Unterordnung benutzt worden (siehe Joan Roberts, 1976).

Wissenschaftler stellen nicht alle möglichen Fragen, erklärt Hubbard, nur diejenigen, die ihren Methoden entsprechen und ihre Neugier und ihr Interesse wecken (beziehungsweise die Neugier und das Interesse ihrer Geldgeber) und was die Neugier oder das Interesse sozial und ökonomisch privilegierter, akademisch gebildeter Männer erregt, erscheint denjenigen, deren Perspektive anders ist, vielleicht gar nicht interessant. Umgekehrt könnten Dinge, die diese Männer nicht interessieren, für Frauen durchaus brennende Fragen darstellen. Aber es werden die Interessen der

Männer verfolgt. Wissen über die Interessen der Männer wird produziert und in die Gesamtgesellschaft eingespeist, während die Fragen, die Frauen interessieren könnten, sich nur zu häufig »in Luft auflösen«, solange Männer die Herrschaft ausüben.

Viele Feministinnen vertreten inzwischen die Auffassung, daß wir es uns nicht länger leisten können zu glauben, was wir wissen, sondern unser gesamtes Wissen als suspekt behandeln sollten. Es gibt keinen unfehlbaren Weg, um die Wahrheit herauszufinden, wertfreie Experimente und Forschungen durchzuführen und objektive Resultate zu erzielen. Ruth Hubbard hat gesagt, daß »wir das finden, wonach wir suchen«, daß man »tatsächlich fast jede Hypothese beweisen kann, wenn man die entsprechenden Umstände wählt, die entsprechenden Fragen stellt und die entsprechenden Kontrollpersonen aussucht. Und wenn man dann gründliche Arbeit leistet, wird die Schlußfolgerung jenes Maß an Plausibilität aufweisen, das Wissenschaftler als Ergebnis penibler Forschungsarbeit so zu schätzen wissen. Und das Resultat *ist tatsächlich* plausibel, denn es paßt zu unseren Annahmen über die Welt: der Grund aber, warum es so gut dazu paßt, ist, daß es genau auf diesen Annahmen beruht«. (S. 215.) Aber das bedeutete, daß wir die vier Körpersäfte und das Setzen von Blutegeln zur Heilung von Krankheiten entdeckten – und die zahllosen anderen überholten »Erkenntnisse« wie die, daß das Gehirn der Frauen platzen würde, wenn sie der Bildung teilhaftig würden. Aber auch die Erkenntnisse von heute wurden durch dieselben Prozesse »gewonnen«; dieselben privilegierten Bevölkerungsgruppen haben diese Entdeckungen gemacht, darunter auch diejenige über die Minderwertigkeit unterdrückter Gruppen. Wir können es uns nicht länger leisten, sie zu akzeptieren.

In unserem heutigen Bildungswesen ist es nicht mehr nötig, unverhohlen rassistische und sexistische Behauptungen aufzustellen, um den Angehörigen unterdrückter Gruppen ihre eigene Minderwertigkeit und damit die »Rechtfertigung« für ihre Unterdrückung klarzumachen. Man braucht den Schülerinnen und Schülern nur die Idee nahezubringen, daß es so etwas wie »Wahrheit« und »bewiesenes« und »objektives« Wissen gibt, und sie dann in allen Fächern von Geschichte bis Biologie, von Literaturwissenschaft bis zu den Naturwissenschaften, so wie diese gegenwärtig aufgebaut sind, zu unterrichten, und die Botschaft, daß unterdrückte Gruppen minderwertig seien und daher zu Recht von Positionen mit Einfluß und Macht ausgeschlossen würden, wird fast zwangsläufig ankommen.

Die Chancen, sich gegen dieses »Wissen« zu wehren oder es zurückzuweisen, sind in der Tat begrenzt. Zum einen muß jeder Protest sinnlos sein, wenn dieses Wissen tatsächlich die Wahrheit *ist*. Zum anderen werden Proteste in der Regel als *politisch* empfunden, und wenn es einen Grundsatz gibt, den die Wissensvermittler postuliert haben und der ihnen ausgezeichnete Dienste geleistet hat, dann ist es der, daß das Bildungswesen von der Politik getrennt und unpersönlich sein sollte: Wer beispielsweise hartnäckig fragt, warum die »Geschichte der Weißen« in den meisten Schulen als die einzig »richtige« gilt, obwohl es doch so viele mögliche Versionen von Geschichte gibt, muß damit rechnen, als Problemfall oder Politisierer angesehen zu werden. Und drittens stehen so wenige alternative Wissensgebäude »fertig« zur Verfügung.

Von einem fünfzehnjährigen Mädchen, das es satt hat, über die Kriege der Männer im 19. Jahrhundert zu hören, ist einfach nicht zu erwarten, daß sie den Lehrer mit drei möglichen alternativen Geschichtsschreibungen über das 19. Jahrhundert aus der Perspektive von Frauen konfrontiert und ihn ersucht, diese Bücher im Unterricht zu behandeln. Selbst wenn ein fünfzehnjähriges Mädchen den Verdacht hätte, daß Frauen genauso viel Geschichte gemacht haben wie Männer, daß die Männer es aber vorzogen, dies in ihrer Geschichtsschreibung nicht zu verzeichnen, selbst wenn sie den Verdacht hätte, daß die Geschichtsbücher der Männer ganz anders aussehen würden, wenn Frauen und nicht nur Männer sie kommentierten – wo würde sie die nötigen Bücher finden, um ihre Behauptung zu untermauern?

Statt dessen muß sie sich die Berichte von Männern über die Leistungen von Männern anhören, durch die sie implizit und explizit auf die Minderwertigkeit von Frauen hingewiesen wird, und wenn sie sich weigert, diese »Wahrheit« zu akzeptieren, dann begeht sie eine Gesinnungstat, sie lehnt sich gegen »Fakten« auf (siehe Reuben, 1978).

Dieses Buch handelt von *Wissen und Herrschaft*[1] und der Rolle, die die Schule in diesem Prozeß spielt. Es handelt nicht von der Fixierung der Geschlechtsrollen (ich glaube, der Begriff kommt in dem ganzen Buch nicht vor), denn ich bin nicht der Ansicht, daß ein mögliches Ende der Geschlechtsrollenfixierung zwangsläufig ein Ende der Unterdrückung nach sich ziehen würde. Es gibt Gesellschaften, in denen die Geschlechtsrollen nicht so starr festgelegt sind wie in der unseren, ja sogar, wo diese umgekehrt sind wie bei uns (siehe Margaret Mead, 1971, und Ann Oakley, 1972), aber Wissen und Herrschaft sind auch dort ein vergleichbares Problem, denn die Männer haben die Macht, und die Frauen sind unterdrückt. Ich halte die Stereotypisierung der Geschlechtsrollen auch nicht für eine spezielle Aufgabe der Schule – es gibt allen Grund zu der Annahme, daß die Mädchen mit der Rolle, die ihnen zugedacht war, genauso vertraut waren, bevor es ihnen gestattet wurde, Schulen zu besuchen, und auch heute ist es meines Erachtens nicht nötig, in die Schule zu gehen, um herauszufinden, was für Frauen und Männer in unserer Kultur als angemessen gilt.

Mein Interesse konzentriert sich auf die Menschen, die dazu beigetragen haben, diese Geschlechtsrollen zu erfinden, und es erregt meine Neugier, wenn ich feststellen muß, daß unser Wissen von Männern verkündet wurde. So wissen wir beispielsweise, daß Männer prestigeträchtige Eigenschaften wie Vernunft, Objektivität, Führungsfähigkeit, Unabhängigkeit und Autorität besitzen, während Frauen mindere Qualitäten wie Emotionalität, Irrationalität, Passivität und Abhängigkeit zugeschrieben wurden. Männer werden in die privilegierte Position versetzt, unsere Gesellschaft weiterhin mit Wissen zu versorgen, dabei die »Überlegenheit« für sich in Anspruch zu nehmen, das Patriarchat zu verewigen und die Unterdrückung zu verstärken.

Wenn ich Fragen verfolge, die mich interessieren und meine Neugier wecken (die aber leider in der Regel *nicht* das Interesse oder die Neugier Forschungsmittel verteilender Gremien wecken, die von Männern beherrscht werden), dann tue ich nichts anderes, als was Männer seit Jahrhunder-

1 (Der Titel eines 1975 erschienenen Buches von Michael F. D. Young, den er mir sicher für meine gegenwertigen Zwecke »leihen« wird, trotz der Tatsache, daß in seinem Buch nur wenig von Frauen die Rede ist.)

ten getan haben. Ich beteilige mich an demselben Prozeß der Hervorbringung von Wissen: ich habe bloß eine andere Perspektive, die zu anderen Beschreibungen des Bildungswesens und der Schulen und zu anderen Erklärungen führt. Jedoch erhebe ich ganz andere Ansprüche in bezug auf meine Erkenntnisse.

Ich versuche nicht zu suggerieren – wie das Männer so häufig getan haben –, meine Sicht des Bildungswesens sei die einzig mögliche und meine Beschreibungen und Erklärungen repräsentierten die einzig denkbare Wahrheit. Meine Erfahrungen mit der Welt sind begrenzt, und diese Erörterung muß sich im Rahmen dieser Grenzen abspielen. Aber das bedeutet nicht, daß meine Sichtweise weniger gültig oder glaubhaft ist als die konventionelle, uns von Männern gelieferte, die wir uns in der Vergangenheit alle zu eigen machen mußten. Solange Männer Wissen hervorgebracht haben, ist einer ihrer Hauptansprüche dessen *Grenzenlosigkeit* gewesen: Die Erkenntnisse, die sie gewonnen haben, erhoben häufig den Anspruch, allen Menschen an allen Orten zu allen Zeiten gerecht zu werden. Um als stichhaltig zu gelten, sollten die Erkenntnisse auf Millionen – ja auf die ganze Welt – anwendbar sein. Um sich Geltung zu verschaffen, mußte sich das von Männern hervorgebrachte Wissen durch Ordnung und Wahrheit und *universelle Gültigkeit* auszeichnen.

Ich weiß nicht, ob es universell gültige Wahrheiten gibt: ich kann nur aus meiner eigenen Erfahrung sprechen. Allerdings möchte ich wissen, wie eine Gesellschaft beschaffen ist, die universelle Gültigkeit fordert und individuelle menschliche Erfahrung abwertet.

Obwohl ich individuelle Erfahrung für wertvoll und gültig halte, möchte ich nicht behaupten, es gebe keine Strukturen, die unsere Interpretation der Welt beeinflussen und hemmen. Genau diese Strukturen möchte ich beschreiben und erklären. Aus diesem Grund sind viele der Argumente in diesem Buch auf alle unterdrückten Gruppen gleichermaßen anwendbar (und alle unterdrückten Gruppen schließen Frauen ein), obwohl für andere Gruppen andere Beispiele zitiert werden müßten.

Ich werde in diesem Buch den Ausschluß der Frauen aus dem von Männern produzierten Wissen dokumentieren.

Obwohl alle Männer von diesem Wissen profitieren, werden nicht alle Männer davon gleichermaßen repräsentiert. Schwarze, Arbeiter, alte Menschen, Homosexuelle und Behinderte könnten genau dieselbe Anklage erheben, die hier im Namen der Frauen erhoben wird. Dies ist ein Buch über Macht, über diejenigen, die die Macht haben zu entscheiden, was wir wissen sollen. Den »Machtlosen« blieb kaum etwas anderes übrig, als nicht nur die Inhalte, sondern auch die Kriterien der Glaubwürdigkeit zu akzeptieren. Die »Machtlosen« können anfangen, ihr eigenes Wissen zu produzieren (wir können beginnen, uns selbst neu zu definieren), und durch diesen Prozeß werden sich die gegenwärtigen Grenzen des Wissens und der Herrschaft radikal verändern.

Gegenwärtig spielen Bildung und Schule eine gewichtige Rolle beim Ausbau der männlichen Vorherrschaft und der Wahrung männlicher Dominanz und Kontrolle. Aus diesem Grund ist es nötig, mit einer Beschreibung dieser Dominanz und Kontrolle zu beginnen. Diese mag so allgegenwärtig und so tief verwurzelt erscheinen, daß frau die Möglichkeit, patriarchalische Wertvorstellungen zu verdrängen, für zu entfernt halten mag, um verwirklicht zu werden. Manche mögen der Auffassung sein, es sei sinnlos, innerhalb des gegenwärtigen Systems zu verbleiben. Ich weiß, daß dies eine mögliche Interpretation ist.

Aber ich weiß auch, daß sie auf einem brüchigen Fundament steht. Ich weiß, daß Frauen nicht annähernd so lange brauchen, um zu lernen, daß Männer *nicht* überlegen sind, wie um zu lernen, daß sie es sind. Ich weiß, daß patriarchalische Werte, die in dreißig Jahren erworben wurden, in dreißig Sekunden unterminiert werden können und daß die Welt danach nie mehr ganz dieselbe ist. Ich weiß, daß Frauen einem ungeheuren Betrug zum Opfer gefallen sind – und daß dieser kein zweites Mal funktionieren wird. Ich weiß, daß Frauen autonom sein können und daß wir im Begriff sind, autonom zu werden. Ich weiß, daß das auch in den Schulen passieren kann. Ich glaube nicht, daß wir aufhören sollten, *Außenseiter* in dem Sinn zu sein, wie Virginia Woolf diesen Begriff gebrauchte, aber ich glaube, wir sollten so stark und unsere Anliegen so zentral werden, daß der Begriff *Außenseiter* nicht länger zutreffend erscheint.

1
Sexismus ist nichts Neues

Proteste gegen Sexismus im Bildungswesen sind nichts Neues: Seit mehr als dreihundert Jahren protestieren viele Frauen und einzelne Männer gegen die Art und Weise, wie Männer das Bildungswesen im Interesse der Männer und auf Kosten der Frauen organisiert haben. Obwohl sich die Beispiele von einem Jahrhundert zum anderen manchmal geändert haben, sind die Voraussetzungen und die Beschuldigungen dieselben geblieben: Männer haben das Bildungswesen beherrscht und verfügt, daß sie bevorzugte Behandlung erhalten sollen.

Wenn es darum geht, die Geschichte des Frauenprotestes gegen die männliche Herrschaft über das Bildungswesen zu dokumentieren, gibt es viele Punkte, an denen anzusetzen wäre. So könnten wir auf Virginia Woolf zurückgreifen, die 1928 eine beißende Kritik an der von Männern beherrschten Bildungsszene mit dem Titel *Three Guineas* schrieb. Oder wir könnten noch früher, bei Harriet Martineau (1800–1872) ansetzen, die eine der ersten Nationalökonominnen und eine Frau war, die die Konsequenzen unterschiedlicher Erziehung für die beiden Geschlechter begriff; oder bei Mary Somerville (1780–1872), einer führenden Wissenschaftlerin ihrer Zeit, die die männliche Herrschaft über das Bildungswesen aus eigenen bitteren Erfahrungen kannte. Oder wir könnten bei Mary Wollstonecraft beginnen, die 1792 *A Vindication of the Rights of Woman* veröffentlichte, wo sie die Verantwortung für die Erschaffung eines »überlegenen« Geschlechts ganz klar den Männern gibt, die das Schulwesen zu diesem Zeitpunkt benutzt hätten. Und da ist auch »Sophia, A Person of Quality«, die 1739 ihre Kampfschrift *Woman not Inferior to Man: or, short and modest Vindication of the Natural Right of the Fair Sex to a perfect Equality of Power, Dignity and Esteem with the Men* veröffentlichte; in ihrem Pamphlet legte sie dar, daß das Bildungswesen eine der Hauptwaffen sei, deren sich Männer bedienten, um ihre Überlegenheit über die Frauen zu verstärken, und sie sagte, wenn Frauen dieselben Bildungschancen hätten wie Männer, würden sie deren scheinbare Überlegenheit bald entlarven und beseitigen.

Ich werde jedoch mit Aphra Behn (1640–1689) beginnen, zum einen, weil wir in den letzten Jahren eine Menge mehr über sie erfahren haben, und zum anderen, weil das Plädoyer, das sie im 17. Jahrhundert gegen die männliche Dominanz im Bildungswesen vorgetragen hat, heute noch gültig ist.

Wie Angeline Goreau (1980) bemerkte, hat Aphra Behn ein außergewöhnliches Leben geführt. Obwohl sie weder reich war noch der Oberschicht entstammte, unternahm sie eine Reise zu den Westindischen Inseln, wo sie in einen Sklavenaufstand verwickelt wurde. Sie diente Charles II. als Spionin und wurde wegen ihrer Schulden eingesperrt – zum Teil wegen der Ausgaben, die sie im Dienste des Königs hatte. Sie war eine Feministin, die Autonomie für Frauen und natürlich ein uneingeschränktes Recht auf Bildung forderte. Angeline Goreau sagt von ihr: »Sie trat als eine der ersten für die Abschaffung der Sklaverei ein. Ihr Roman *Oroonoko* enthielt die erste, ein breites Publikum ansprechende Darstellung der Schrecken der Sklaverei ... sie war eine Schriftstellerin, die nicht nur darauf bestand, gehört zu werden, sondern die die Männer, welche die neiderfüllte literarische Szene Englands zur Restaurationszeit beherrschten, erfolgreich zwang, sie als ebenbürtig anzuerkennen. In einem London, in dem es nur zwei Theater gab, wurden in einem Zeitraum von siebzehn Jahren siebzehn Stücke von ihr aufgeführt. Sie schrieb dreizehn Romane (dreißig Jahre, bevor Daniel Defoe *Robinson Crusoe* schrieb, der [vom männerbeherrschten literarischen Establishment] im allgemeinen als der erste Roman bezeichnet wird) und veröffentlichte mehrere Anthologien von Gedichten und Übersetzungen.« (Goreau, 1980; S. 3–4.)

Obwohl der Begriff *Sexismus* noch nicht existierte, beschäftigte sie sich in ihrem literarischen und dramatischen Werk häufig mit dem Thema, das wir heute als *Sexismus und Bildung* bezeichnen würden. Einer der Gründe, warum sie sich so häufig und heftig mit den Bildungschancen der Frauen befaßte, war der, daß die Männer des literarischen Establishments der damaligen Zeit sie nicht nur deshalb kritisierten, weil sie eine Frau, noch dazu eine erfolgreiche Frau war – obwohl eine solche Kritik häufig genug geübt wurde –, sondern weil sie nicht Latein und Griechisch konnte, Kenntnisse, die damals als nötige Insignien »des Gebildeten« galten.

Aphra Behn war mit Recht wütend, weil diese Kritiker genau dieselben Männer waren, die Frauen nicht gestatteten, Latein oder Griechisch zu lernen (mit der wissenschaftlichen Begründung, daß ihr Gehirn platzen würde oder daß sie dadurch für das Gebären von Kindern ungeeignet würden), und sie entlarvte ihre Heuchelei und ihre Motive in vielen ihrer Werke. Immer wieder wies sie darauf hin, daß Männer das Bildungswesen beherrschten, daß sie die Frauen erst daran hinderten, etwas zu lernen, und sie dann verurteilten, weil sie unwissend seien.

Die männlichen Zeitgenossen Aphra Behns konnten ihren unerhörten Erfolg nicht abstreiten, aber sie konnten versuchen, ihre Leistung herabzusetzen, und genau das taten manche, indem sie ihre eigene Überlegenheit hervorkehrten und sich die Autorität anmaßten, darüber zu bestimmen, was gut sei und was nicht. Ihre Stücke seien nicht sehr gut, sie genügten nicht den Ansprüchen, behaupteten viele der männlichen Kritiker, denn sie könnten ja unmöglich auf einem Verständnis der alten Klassiker beruhen.

Dies waren Angriffe, die Aphra Behn nicht ignorieren konnte. In ihren Schriften, die ein breites Publikum erreichten, stellte sie das Verhalten dieser Männer in Frage. Sie zerpflückte ihre Argumente und stellte die Absurdität und Ungerechtigkeit des Bildungssystems bloß, das von Männern geschaffen worden war und ihnen bevorzugte Behandlung garantierte.

Ebenso wie viele Frauen von heute, die dafür eintreten, daß Frauen dieselben Bildungschancen haben sollten wie Männer, begnügte sich Aphra Behn nicht mit der Forderung, daß Frauen einfach wie Männer Latein und Griechisch lernen sollten; sie ging nicht davon aus, daß der männliche Standpunkt der richtige sei. Im Gegenteil, sie kehrte das Argument um und wies darauf hin, daß Latein und Griechisch keine nötigen Qualifikationen für das Schreiben von Literatur seien, sondern nur für die Mitgliedschaft in einem exklusiven Männerclub. »Wir alle wissen recht gut,« sagte sie,

»daß die Stücke des unsterblichen Shakespeare (der sich dieser [klassischen Gelehrtheit] nicht stärker schuldig machte als viele Frauen) der Welt besser gefallen haben als Johnsons Werke«: und *der* konnte Latein und Griechisch (aus »Epistel an den Leser«, zitiert in Goreau, 1980; S. 135). Männer, so sagte Aphra Behn, benutzten die Kenntnis des Lateinischen und Griechischen einfach als Vorwand, um ihre Überlegenheit geltend zu machen.

Männer seien nicht bereit anzuerkennen, daß Frauen über dieselben Fähigkeiten verfügten wie sie, und selbst wenn sie mit Beweisen dafür konfrontiert würden, daß Frauen kompetent seien – ja daß sie sie auf Gebieten, die sie für sich reserviert hatten, übertreffen konnten –, fänden sie Mittel und Wege, um die Leistungen von Frauen herabzusetzen. Als sie nach der erfolgreichen Aufführung ihres Stückes *Sir Patient Fancy* mit vernichtender Kritik bedacht wurde, schrieb sie im Vorwort zu der gedruckten Fassung, daß »dem Stück kein anderes Mißgeschick anhaftet als das, aus der Feder einer Frau zu stammen«, und »wäre es von einem Mann verfaßt worden, und sei es auch der langweiligste, gedankenloseste, nichtswürdigste Schreiberling in der Stadt, dann wäre es ein höchst bewundernswertes Produkt« (zitiert in Goreau, 1980; S. 233).

Diese Gelehrtheit, die die Männer für sich schufen und auf sich beschränken, sei doch bloß ein bequemer Haken, um daran den Vorwand aufzuhängen, Frauen seien nicht so begabt wie Männer, was immer sie auch täten, behauptete Aphra Behn. Sie fügte hinzu, wenn die Männer, die sie kritisierten, Beispiele dafür seien, was mit dem Verstand passiere, nachdem man Latein und Griechisch gelernt habe, dann seien die Frauen ohne die Gelehrtheit der Männer wahrscheinlich besser dran, denn diese fördere keineswegs die Entwicklung eines fairen und offenen Geistes oder ein Verständnis der menschlichen Natur.

Sie machte sich über ihre literarischen Kollegen und »die umständliche Logik und die hochgestochene Sprache« lustig, die »die akademischen Richtersprüche über das Drama kennzeichneten« (Goreau, 1980; S. 132), und goß ihren Spott sogar über bestimmte Mitglieder der Royal Society aus, all diese Zielscheiben ihrer Satire waren natürlich Männer. Mit trotzigem Sarkasmus weigerte sich Aphra Behn vor allem, sich aufgrund der Unwissenheit ihres Geschlechts (eine von Männern sorgfältig kultivierte Unwissenheit) bis zu einem Gefühl der Minderwertigkeit einschüchtern zu lassen, und zweitens tat sie »die vielgerühmte Gelehrsamkeit, die man *ihr* verweigert hatte, konsequent als akademischen Plunder ab« (S. 133).

Seit mindestens dreihundert Jahren haben Frauen denselben Protest erhoben wie Aphra Behn. Sie haben auf die Dimensionen von Macht und Herrschaft im Bildungswesen hingewiesen und gezeigt, wie Männer ihren Einfluß auf die Bildung nutzen, um die Maßstäbe zu bestimmen und um zu gewährleisten, daß diese die Männer begünstigen. Viele Frauen haben nicht nur denselben Zugang zu der Bildung verlangt, die Männer als wichtig bezeichneten, nicht bloß eine Chance zu versuchen, den Maßstäben zu genügen, die von Männern auf der Basis männlicher Erfahrungen gesetzt wurden, sondern auch den gleichen Zugang zu den Entscheidungsprozessen, von denen es abhängt, welche Form die Bildung annehmen soll, was als wichtig zu gelten hat und welche Maßstäbe angelegt werden sollen.

Denn solange Männer die Richtung bestimmen und die Entscheidungen treffen, solange das Bildungswesen unter männlicher Herrschaft bleibt und Männer bestimmen, was wichtig ist, werden wir nichts über Aphra Behn und die vielen Frauen vor und nach ihr erfahren; jeder Generation wird aufs Neue weisgemacht werden, Sexismus im Bildungswesen sei etwas Neues. Wir werden (genau wie unsere Vorfahrinnen) in Unwissenheit gehalten, mit dem Ergebnis, daß wir ständig versichern müssen, an dieser Unwissenheit nicht selbst schuld zu sein, daß wir uns gegen Einschüchterungsversuche wehren müssen, die uns von unserer eigenen Minderwertigkeit überzeugen wollen, und daß wir demonstrieren müssen, daß der Gelehrtheit der Männer viele Wertvorstellungen fehlen, die wir für wichtig halten. Wir haben unseren Protest zwar seit Jahrhunderten, aber ohne Kontinuität geltend gemacht.

Ich habe mit Aphra Behn begonnen, weil die Anklagen, die sie vor dreihundert Jahren erhoben hat, in vieler Hinsicht heute noch genauso gültig sind wie damals. Ich habe Aphra Behn auch deshalb zitiert, weil sie eines der Opfer des sexistischen Bildungswesens ist. Die Tatsache, daß sie heute so gut wie unbekannt ist, während manche ihrer weniger erfolgreichen männlichen Kollegen Bestandteil der bestehenden Tradition sind (von Wycherly wurden beispielsweise nur drei Stücke aufgeführt, von ihr siebzehn), ist ein Beispiel für eine der Konsequenzen männlicher Dominanz. Heute wird uns nicht die Kenntnis von Latein und Griechisch vorenthalten, sondern die Kenntnis über Frauen wie Aphra Behn. Wir werden in Unwissenheit über die Proteste gehalten, die Frauen erhoben haben, so daß jede Generation wieder von vorn beginnen muß. Die Erkenntnisse, zu denen Frauen gelangt sind, stellen keinen Forschungsbereich und kein Unterrichtsfach dar, sie werden nicht systematisch erfaßt und der nächsten Generation übermittelt; Männer haben das Monopol auf die einflußreichen Positionen, von denen aus entschieden wird, was gelehrt werden soll.

Wir werden unseres Wissens, unseres Erbes, unserer Gelehrsamkeit beraubt, wir werden gezwungen, uns mit Wissen zu befassen, das von Männern über Männer aufgezeichnet wurde, und wir sollen akzeptieren, daß das *alles* ist, was es gibt, daß das die Summe des menschlichen Wissens sei. Unter diesen Umständen ist es nicht überraschend, daß wir zu dem (irrigen) Schluß gelangen, eine neue Entdeckung gemacht zu haben, wenn wir die Art und Weise dingfest machen, wie Bildung und Lernen dazu benutzt wurden, die Vorherrschaft des Mannes zu begründen und zu festigen. Es ist kennzeichnend für unser sexistisches Bildungswesen, daß wir glauben können, Sexismus in der Bildung sei etwas Neues, und daß der mindestens dreihundert Jahre währende Protest und Kampf der Frauen ohne unser Wissen und unsere Zustimmung aus dem kollektiven Bewußtsein verbannt werden konnte.

Zweiter Teil

Das Wissen von Männern

2

Off the Record: Verschwiegen und vergessen

Das Problem der Männer

Viele Menschen reagieren heute – wie zur Zeit von Aphra Behn –, indem sie diese Anklagen gegen die Männer als unfair, ungerecht, unbewiesen – ja sogar infam bezeichnen. Das ist keineswegs überraschend, denn die Erkenntnisse, die in den letzten dreihundert Jahren und mehr von Frauen gewonnen wurden, haben in keinem der herkömmlichen Lehrpläne eine Rolle gespielt. Es ist recht schwierig zu akzeptieren, daß es seit Jahrhunderten einen umfangreichen und zunehmenden Fundus an Wissen gibt, der nur deshalb im Schulwesen keinen Niederschlag gefunden hat, weil dies die Macht der Herrschenden in Frage stellen und unterminieren würde. Anzuerkennen, daß dieser Fundus an Wissen existiert, bedeutet auch anzuerkennen, daß wir, statt in den Genuß von Bildung zu kommen, Opfer von Indoktrinierung wurden, und eine solche Einsicht kann recht alarmierend sein, insbesondere da man uns auch wiederholt beigebracht hat, wir seien eine privilegierte Gesellschaft, die Zugang zu *allen* Fakten und nicht nur zu einem bestimmten oder begrenzten Teil dieser Fakten habe.

Daß wir wenig oder nichts über die Traditionen der Frauen wissen, hängt unmittelbar mit der Kontrolle der Männer über das Bildungswesen zusammen, denn die Probleme, mit denen sich Bildung auseinandersetzt, sind von Männern bestimmte Probleme, und der Ausschluß und die Benachteiligung der Frauen haben für die Männer kein Problem dargestellt. Obwohl eine Generation von Frauen nach der anderen protestiert hat – oft vehement und gegenüber einer breiten Öffentlichkeit –, sind ihre Worte »verhallt«, und dieser Prozeß setzt sich bis zum heutigen Tag fort. Er trägt dazu bei, die Herrschaft der Männer zu erhalten und zu verewigen, und wenn wir Sexismus im Bildungswesen verstehen wollen, ist es nötig zu verstehen, wie dieser Prozeß funktioniert.

In unserer Gesellschaft waren und sind Männer in bezug auf jeden Aspekt der Existenz die »Autoritäten« – einschließlich der Aspekte, die als Domänen der Frauen gelten, wie die kindliche Entwicklung (beispielsweise Dr. Spock). Einige der »Gründe«, die zur Rechtfertigung der Dominanz der Männer vorgebracht wurden, sind recht erstaunlich. Einer der häufigsten ist, daß Frauen weniger qualifiziert seien – weil sie Frauen sind. Diese Unterlegenheit wurde auf verschiedene Art »bewiesen«, angefangen damit, daß ihr Gehirn kleiner (oder größer) sei, bis zu der Behauptung, Frauen würden von geheimnisvollen Kräften wie ihren Trieben oder ihren Hormonen beherrscht. Die »Beweise« haben sich im Laufe der Jahrhunderte geändert, aber die Notwendigkeit, die Unterlegenheit der Frauen festzustellen, ist weitgehend dieselbe geblieben. Da Frauen nicht zu den »Großen« zählten, über die wir in unseren Bildungseinrichtungen etwas gelernt haben, erblickten viele Bildungsfachleute (und Wissenschaftler und Psychologen und Politiker *etc.*) darin den Beweis dafür, daß Frauen tatsächlich minderwertig seien.

Aber wie zutreffend ist dieses Indiz? Wer hat es gewählt, und was ignoriert es? Aphra Behn wußte die Antwort auf diese Frage: Sie wußte, daß die entscheidende Lücke in dieser Erklärung der Faktor der männlichen Herrschaft war. Sie wußte, daß Männer sie daran gehindert hatten, bestimmte Kenntnisse und Fertigkeiten zu erwerben, und daß sie ihr dann vorgeworfen hatten, diese nicht zu besitzen. Mary Astell (1694) wußte es ebenfalls, denn in *A Serious Proposal to the Ladies* schrieb sie: »Frauen werden von ihrer frühesten Kindheit an jene Möglichkeiten der Bildung vorenthalten, deren Mangel ihnen nachher vorgeworfen wird«. Auch Mary Wollstonecraft (1792) wußte es, denn sie schrieb ein Buch fast ausschließlich über dieses Problem (*A Vindication of the Rights of Woman*). Die Erkenntnisse der Frauen sind jedoch nicht in unser kulturelles Erbe eingegangen, mit dem Ergebnis, daß Männer fortfuhren, das Fehlen von Frauen in den Annalen der menschlichen Errungenschaften nicht den Männern, sondern den Frauen zur Last zu legen. Während das Thema der Männerherrschaft seit Jahrhunderten ein Problem für die Frauen darstellt, ist es für die Männer nie ein ernstes Problem gewesen, mit der Folge, daß sie sich nie damit beschäftigt haben und den ganzen Komplex oft als unwichtig und unbedeutend abtaten – und dank ihrer Position konnten sie durchsetzen, daß ihr Urteil sowohl von den Frauen als auch von den Männern akzeptiert wurde.

Für Frauen hat die männliche Dominanz jedoch immer ein Problem dargestellt, und wenn sie anfangen, das Fehlen von Frauen in den Annalen zu erklären, dann tun sie dies aus einer ganz anderen Perspektive und mit völlig anderen Resultaten. In der Tradition von Aphra Behn, Mary Wollstonecraft und Virginia Woolf ist Dorothy Smith (1978) eine der letzten, die beschrieben und erklärt haben, wie der Ausschluß von Frauen in einer von Männern beherrschten Gesellschaft erreicht wurde. Männer, sagt sie, haben nur das beachtet und als bedeutsam behandelt, was Männer sagen. »Der Kreis von Männern, deren schriftliche und mündliche Äußerungen für einander wichtig waren, reicht zeitlich so weit zurück wie die menschliche Geschichtsschreibung. Was Männer machten, war Männern wichtig, es wurde von Männern für Männer über Männer geschrieben. Männer hörten und hören auf das, was andere Männer zu sagen haben.« (Smith, 1978; S. 281.)

So entstehen Traditionen, »indem der Kreis der Zeitgenossen auf den Werken der Vergangenheit aufbaut. Aus diesen Kreisen wurden Frauen ausgeschlossen, wenn man sie nicht aufgrund einer speziellen Erlaubnis zuließ, die einer Frau aber immer nur als Individuum und niemals als Vertreterin ihres Geschlechts gewährt wurde.« (S. 281.) Die Ideen und Erkenntnisse von Frauen habe man nicht zugelassen, und wenn Männer gefragt worden seien, *warum* keine Frauen in den Traditionen und im Wissensfundus der Kultur repräsentiert seien, dann hätten sie behauptet, von Frauen seien eben keine Beiträge dazu geleistet worden.

Sie fährt fort: »Das Universum von Ideen, Vorstellungen und Themen – jene symbolischen Dimensionen, die die *gängige Währung* des Denkens bilden – ist entweder von Männern hervorgebracht oder von ihnen beherrscht worden. Sofern die Arbeit und die Erfahrung von Frauen darin Eingang gefunden hat, ist dies zu den von Männern festgesetzten Bedingungen und aufgrund der Billigung von Männern geschehen ... Das ist der Grund, warum Frauen bis vor sehr kurzer Zeit keine geschriebene Geschichte hatten, keinen Anteil am religiösen Denken, keine politische Philosophie, keine Darstellungen der Gesellschaft aus ihrer Sicht, keine poetische Tradition und keine Tradition in der Kunst.« (S. 282.)

Es ist ja nicht so, daß Frauen keine gleich wichtige Rolle in der Geschichte gespielt hätten, sondern es waren eben die Männer, die die Geschichtsbücher geschrieben und sich dabei auf die Probleme von Männern konzentriert haben: Es ist nicht so, daß Frauen keine religiösen Ideen hervorgebracht, keine politischen Philosophien formuliert, die Gesellschaft nicht erklärt und keine Gedichte geschrieben hätten oder künstlerisch tätig gewesen wären, es ist vielmehr so, daß Männer die Geschichtsschreibung in Religion, Philosophie, Politik, Dichtung und Kunst beherrscht und sich auf die Beiträge von Männern konzentriert haben (siehe Lynne Spender, *Unpublished Heritage: The Politics of Selection;* im Druck).

Dieses Problem der Männerherrschaft, das sich gerade durch sein *Fehlen* in der männlichen Geschichtsschreibung offenbart, zieht sich wie ein roter Faden durch die Schriften von Frauen. Es ist eines der Hauptanliegen auch des zeitgenössischen Feminismus. Die Männer haben uns ein falsches Bild von der Welt gegeben, sagt Mary Daly (1973), nicht nur, weil ihre Sicht so begrenzt ist, sondern weil sie uns einreden wollten, ihre *begrenzte* Sicht stelle das *gesamte* Bild dar. Sie beharrten darauf, daß ihre *männliche* Erfahrung der Welt mit der *menschlichen* Erfahrung gleichzusetzen sei, und dies erforderte, die Erfahrung der Frauen zu leugnen, wo diese von der Erfahrung der Männer abwich. Frauen haben dieses Problem immer wieder zur Sprache gebracht, da es aber kein Problem männlicher Erfahrung ist, sind die Männer darüber hinweggegangen.

Elizabeth Janeway (1980) ist eine weitere zeitgenössische Feministin, die sich mit diesem Problem auseinandersetzt und es in ihrem Buch *Powers of the Weak* darlegt. Alle Bedeutungen und Erkenntnisse, das gesamte Wissen, das uns in unserer Gesellschaft zur Verfügung steht, schreibt sie, werde von den Mächtigen hervorgebracht, von denjenigen, die die Herrschaft ausüben, »während die Beherrschten – nämlich wir – weitgehend ignoriert werden« (S. 3); die Einsichten und Erkenntnisse, die wir in unserem täglichen Leben gewinnen, würden übergangen. Wir, die Beherrschten, wissen, wie die Welt aus der Sicht der Herrschenden aussieht – denn ihre Sicht wurde uns als *die* Sicht der Gesellschaft aufgezwungen –, aber weder wir noch sie besitzen systematische und zusammenhängende Erkenntnisse über die Beschaffenheit der Welt als Ganzes, die notwendigerweise die Erfahrungen von Frauen einschließen müßten, denn als Beherrschte sind wir (per defenitionem) aus den Kreisen ausgeschlossen, in denen soziales Wissen produziert wird, und wir sind mit unseren Einsichten isoliert und außerstande, sie füreinander oder für Männer zu artikulieren.

Das Problem ist, daß die Probleme von Männern nur *die Hälfte* der menschlichen Probleme darstellen. Sie repräsentieren eine einseitige Sicht der Welt, und das fördert die Entwicklung begrenzter und entstellender Erklärungen (einschließlich der Erklärung, daß Frauen nicht zu den »Großen« unserer Kultur zählen – was seinerseits »beweist«, daß sie minderwertig seien). Jean Baker Miller (1976) schreibt: »Bis vor kurzem sind die Erkenntnisse der Männer die einzigen Erkenntnisse gewesen, die uns im allgemeinen zur Verfügung standen. Sobald andere Wahrnehmungen auftreten – genau jene Wahrnehmungen, zu denen Männer aufgrund ihrer beherrschenden Stellung *nicht* fähig waren –, erweitert sich das Gesamtbild der menschlichen Möglichkeiten und wandelt sich dabei. Das Alte wird ernsthaft in Frage gestellt.« (S. 1.)

Aus ihrer Position der Unterordnung können Frauen sehen, daß Männern ein großer Teil der Fakten entgeht und daß sie daher nur unzureichend begründete Erklärungen liefern können: Frauen wissen eine Menge über die Welt, was Männer nicht wissen, sie wissen vieles über Männer, was diese über sich selbst nicht wissen, und solange das Bild der Frauen von der Welt nicht mit dem Bild koexistiert, das Männer von der Welt haben, wird unser gesamtes Bildungswesen beschränkt, verfälscht und sexistisch sein. Frauen haben die Aufgabe, die Welt aus der Stellung, die sie einnehmen, zu beschreiben – für andere Frauen; und für Männer, die ihre Wissenslücken allein nicht schließen können. Wenn wir *menschliche* Erfahrungen beschreiben und analysieren und Erklärungen der Welt formulieren wollen, die *menschliche Individuen* berücksichtigen, dann müssen wir die Erfahrungen und Erkenntnisse von Frauen ebenso einschließen wie die von Männern.

Ohne den Rückhalt einer Geschichtsschreibung oder einer Tradition mußten Frauen die Wahrheit allein herausfinden, so wie es Aphra Behn tat. Während es Männer als selbstverständlich empfinden, daß sie auf dem Erbe der Vergangenheit aufbauen und Erkenntnisse, die sie geerbt haben, auswühlen, verfeinern und ihren Bedürfnissen anpassen können, sind Frauen ständig gezwungen, mit einer *tabula rasa* zu beginnen. Wir können es sogar erstaunlich finden, daß Catherine Macaulay 1790 ein Buch über Frauenbildung schrieb (*Letters on Education*), das davon ausging, daß die Geschlechtsunterschiede durch die unterschiedliche Sozialisation (insbesondere die Bildungschancen) zu erklären seien und daß die »natürliche« Überlegenheit der Männer keinesfalls natürlich, sondern ein Produkt ihrer eigenen Herrschaft und ihrer »Manipulationen« sei. Mary Wollstonecraft las und rezensierte dieses Buch, und als sie 1792 ihr eigenes Buch schrieb, bekannte sie, wieviel sie Catherine Macaulay verdankte: Um wieviel weiter hätte sie – und Macaulay – kommen können, wenn sie statt einer kleinen »Episode«, die aufflackert und dann wieder erlischt, Teil einer bekannten langen Kette von Frauen gewesen wären und auf den Einsichten ihrer Vorfahrinnen hätten aufbauen können?

Solange Männer das Bildungswesen beherrschen, gibt es keine unmittelbaren Möglichkeiten für Frauen, ihre Erkenntnisse weiterzugeben. Was Frauen wissen, stirbt häufig mit ihnen und bleibt vergessen, bis Feministinnen diese Frauen und ihre Schriften in periodischen Abständen wiederentdecken und ihr Vermächtnis und ihre Traditionen zu rekonstruieren suchen. Jede Frauengeneration gewinnt im Laufe ihres Lebens und aufgrund ihrer eigenen Lebensumstände Erkenntnisse über die Unterdrückung, weil aber diese Erkenntnisse nicht zum Allgemeingut der Kultur werden, gelangen sie nicht an die nächste Generation, mit dem Ergebnis, daß weder Frauen noch Männer etwas über die Frauen wissen, die vor ihnen gelebt haben.

Wenn Männer behaupten, die Vorherrschaft des Mannes sei kein Problem, es gebe keinen Sexismus im Bildungswesen, Frauen hätten keinen Grund zum Protest, dann stellen sie damit lediglich – und durchaus zu Recht – fest, daß all dies von ihrem Standpunkt aus *kein Problem ist.* Wenn der Standpunkt der Frauen dasselbe Gewicht hätte – was nicht der Fall ist –, könnten wir uns ja darauf einigen, verschiedener Ansicht zu sein, und unsere unterschiedlichen Erklärungen auf unterschiedliche Erfahrungen zurückführen. Frauen aber sind Bürger zweiter Klasse – unser Standpunkt zählt nicht soviel wie der der Männer. Diese sind es, die ein Problem haben, denn sie sehen wenig und glauben, alles zu sehen, sie glauben, ihre Erfahrung sei die menschliche Erfahrung schlechthin – aber die Menschheit besteht eben nicht nur aus Männern.

Das Verschwinden der Frauen

Wenn wir uns das anschauen, was uns als *unser* kulturelles Erbe und *unsere* Tradition präsentiert wird, dann kann frau/man gar nicht verschiedener Meinung über die Rolle sein, die Frauen darin spielen, denn diese sind ganz einfach nicht vorhanden. Was ins Auge springt, ist ja gerade ihr *Fehlen* in der Überlieferung. Verschiedener Ansicht kann frau/man allerdings darüber sein, was dieses Fehlen bedeutet und wie und warum es zustande kam.

Wir könnten davon ausgehen, die Männer seien uns tatsächlich überlegen, und könnten das Fehlen der Frauen damit erklären, daß es diesen unmöglich gewesen sei, den hohen, von Männern gesetzten Maßstäben zu genügen, mit dem Ergebnis, daß es Frauen nicht verdient hätten, in die männliche Überlieferung aufgenommen zu werden. Tatsächlich argumentieren viele Menschen so, wahrscheinlich weil sie nichts über Aphra Behn und ihre Nachfahrinnen wissen.

Aber was ist, wenn wir Aphra Behn kennen und die Naturwissenschaftlerinnen Mary Somerville und Hertha Ayrton, politische Journalistinnen von Mary Manley (1663–1724) bis Harriet Martineau, Catherine Macaulay und Mary Wollstonecraft und auch die vielen Hunderte anderer »unbekannter« Frauen, deren Namen wahrscheinlich längst bedeutungslos wären? Was ist, wenn wir über die unerhörten Leistungen Bescheid wissen, die diese Frauen erbracht haben, über das Renommee, das sie zu ihren eigenen Lebzeiten genossen, das sich aber seither »verflüchtigt« hat?

Daß diese Frauen in unserem eigenen Schulunterricht nicht erwähnt wurden, ist für uns kein Beweis dafür, daß sie nicht existieren, vielmehr beginnt uns zu dämmern, daß mit unserem Bildungswesen und dem darin vermittelten Wissen etwas nicht in Ordnung ist. Sobald wir angefangen haben, die Bekanntschaft dieser Frauen zu machen, ist es nur einleuchtend, daß uns ihr Totschweigen mißtrauisch macht. Wir verhalten uns nur vernünftig, wenn wir anfangen, uns die männlichen Bildungsgüter näher anzusehen, und nur logisch, wenn wir einen Zusammenhang zwischen der männlichen Herrschaft über das Bildungswesen, der ausschließlichen Konzentration auf das Tun und Treiben von Männern und der Behauptung – und den Indizien – herstellen, die Männer seien das überlegene Geschlecht.

Wir können uns praktisch jedem Wissenszweig zuwenden und vorführen, wie die Frauen von den Männern so »abgeschrieben« wurden, daß sie verschwanden. Was wir über die Bildungschancen der Frauen in der Vergangenheit wissen, ist nur ein Beispiel. Geschichte, so Virginia Woolf 1929, sei die Geschichte der männlichen Linie, und die Geschichte des Bildungswesens, sagt Margaret Bryant (1979), sei keine Ausnahme, denn es sei die Geschichte des Bildungswesens der Männer. Obwohl Frauen jahrhundertelang Bildung für sich gefordert haben und obwohl im 19. Jahrhundert eine gesellschaftliche Umwälzung stattfand, als es ihnen gelang, viele ihrer Forderungen (wie den Zutritt zu den Universitäten) zu verwirklichen, wird in der Literatur darüber praktisch nichts berichtet. Falls sie überhaupt behandelt wird, ist die Geschichte der Frauenbildung gewöhnlich »ein separater Aspekt der spezialisierten Bildungsgeschichte« (S. 17) und *nicht* der Geschichte der Bevölkerungsmehrheit. All jenen, die an dem Ausmaß des Verschwindens der Frauen und an der Ungeheuerlichkeit der männlichen »Parteilichkeit« zweifeln, empfichlt Margaret Bryant, »das Register fast jeder in letzter Zeit veröffentlichten allgemeinen Darstellung der britischen Geschichte des 19. Jahrhunderts« (S. 18) zu überprüfen, wo sie trotz der ungeheuren revolutionären Veränderungen und Umbrüche, die stattfanden (und des erbitterten Widerstands dagegen), ein nahezu völliges Fehlen jeglicher Bezugnahme auf Frauen feststellen werden. In Cambridge beispielsweise tobte ein erbitterter Kampf wegen der Zulassung von Frauen an die Universität – ein Kampf, der immer noch weitergeht, in dem aber 1948 ein Sieg errungen wurde, als Frauen gleichberechtigten Zutritt zu der Universität erhielten (siehe Rita McWilliams-Tullberg, 1975). Die Gründung der Frauencolleges von Newnham und Girton war von bitteren Beschuldigungen und düsteren Prophezeiungen dräuenden Unheils begleitet, das Buch *Revolution of the Dons: Cambridge and Society in Victorian England* (1968) aber »verliert kein Wort über Frauen« (Bryant, 1979; S. 18).

Dieser Trick, die Frauen – was auch immer sie geleistet haben mögen – in der Versenkung verschwinden zu lassen, wird bis zum heutigen Tag praktiziert. Die Folge ist, daß Frauen nicht imstande sind, sich als Teil einer Tradition zu begreifen: Wir nehmen an, wir seien ohne Vorgängerinnen, und glauben, wir müßten wieder am Nullpunkt beginnen, weil wir kein Wissen darüber haben, was uns vorausgegangen ist. Wir haben keine eigene »Bildung«, gleichgültig, wieviele Schulen wir besuchen und wieviele Qualifikationen wir erwerben. Wir erhalten keine Gelegenheit, aus unserer Vergangenheit zu lernen, unser Erbe zu pflegen und weiterzuentwickeln (etwas, das Männer für sich als selbstverständlich betrachten), statt dessen werden unser Selbstvertrauen und unsere Selbstachtung systematisch unterminiert, bis wir an uns selbst und an unserem Leben zu zweifeln beginnen und aus Mangel an Beweisen für das Gegenteil bereit sind, den Legenden unserer von den Männern bewirkten Minderwertigkeit zu glauben. Wir akzeptieren die von Männern angebotene Erklärung, Frauen könnten keine wertvollen Beiträge zu unserer Kultur leisten.

Es paßt ins Bild, daß man uns auch die Kenntnis der Geschichte der männlichen Reaktionen auf unsere Forderungen vorenthält. Es gibt keine Bücher von (männlichen) Historikern, Bildungsfachleuten, Philosophen, Psychologen, Soziologen *etc.*, die die unerfreuliche Geschichte der absurden und feindseligen Argumente enthalten, zu denen Männer sich verstiegen haben, um die Frauen an ihrer Entfaltung zu hindern. Eine Geschichte der Frauenbildung müßte Berichte über die Widerstände der Männer enthalten und würde keineswegs die Vorstellung männlicher Überlegenheit bestätigen, noch Männer in einem guten Licht zeigen, sondern die Bosheit und Kleinlichkeit (sowie die Ausbeutung und die Brutalität) zeigen, zu der sich manche Männer bereitgefunden haben, um ihre Herrschaft über Frauen zu wahren und aufrechtzuerhalten. Die Geschichte der von Männern angeführten Gründe, Frauen von Bildung fernzuhalten, wäre in der Tat eine sehr aufschlußreiche Lektüre.

Wir könnten beispielsweise mit Jean-Jacques Rousseau, einem der Gründungsväter des modernen Bildungswesens, beginnen, der die Auffassung vertrat, Frauen seien dazu da, Männer zu unterhalten und für sie zu sorgen, und daß ihre Erziehung sie auf diese Aufgabe vorbereiten sollte. »Die Frau ist dazu geschaffen, dem Mann zu gefallen und ihm zu dienen«, erklärte er, und »sie sollte dafür sorgen, seine Augen zu entzücken«. Da ihre Erziehung darauf abzielen sollte, sie für Männer attraktiv zu machen, schuf Rousseau Sophie als ein Beispiel dafür, was ein junges Mädchen wissen müsse, um eine ideale Ehefrau zu werden. Frauen müßten in ihrer Bewegungsfreiheit eingeschränkt und kurzgehalten werden, behauptete er, sie müßten dazu ermahnt werden, sich selbst aufzuopfern, um jene »Fügsamkeit zu erlangen, die eine Frau ihr ganzes Leben lang braucht, denn sie wird immer einem Mann oder dem Urteil eines Mannes untergeordnet sein und wird nie die Freiheit haben, ihre eigene Meinung über die seine zu setzen«.

Es ist sehr leicht zu durchschauen, daß es Rousseau bei der Entwicklung seiner Theorien darum ging, die Interessen der Männer zu fördern. Er behauptete, Frauen seien von Natur aus abhängig, lernunwillig und töricht und sollten daher nach den Regeln *seiner Logik* wenig oder keine Gelegenheit erhalten, unabhängig zu sein, Wissen zu erwerben und gebildeter zu werden. Da ihm die Interessen der Männer am Herzen lagen, sagte er, für die Männer sei es am besten, wenn die Frauen hirnlose Kokotten seien, und mit beträchtlichem Enthusiasmus machte er sich daran, ein System zu entwickeln, das sie in hirnlose Kokotten verwandeln sollte. Dieselbe alte Argumentation – er enthielt Frauen das Wissen vor, zu dem Männer Zugang hatten, und machte ihnen dann Vorwürfe wegen ihrer »Mängel«; lächerlicherweise bezeichnete er diese ganze Manipulation als ein Naturgesetz.

Mary Wollstonecraft rechnete mit ihm ab und entlarvte

die Absurditäten und Trugschlüsse seiner Argumentation, aber es wäre ja nicht im Interesse der Männer, wenn Rousseaus Mängel oder Wollstonecrafts Analyse derselben allgemein bekannt würden, deshalb wurden dieser Aspekt seiner Theorie und ihre Polemik rasch fallengelassen. Wie Sheila Ruth (1980) bemerkt: »Es ist bezeichnend für das Ausmaß und die Allgegenwart des Sexismus (der Männerherrschaft) in unserer Kultur und in der Ideengeschichte, daß Rousseaus heitere Hinnahme der Versklavung mehr als der Hälfte der Menschheit seinem Renommee als Vorkämpfer der Freiheit nicht im mindesten schadet« (S. 115).

Der Grund dafür ist, daß er Männern als solcher erscheint; denn da die Versklavung der Frauen für viele Männer kein Problem darstellt, wurde ihr auch keine Beachtung geschenkt, und Männer genossen die Freiheit, Frauen eine Erziehung aufzunötigen, die dem Zweck diente, sie für Männer »attraktiver« zu machen, statt ihr Potential als Frauen zu entwickeln. Wie Herbert Spencer (1861), ein weiterer Gründungsvater, sagte: »Männer legen wenig Wert auf Gelehrsamkeit bei Frauen« (S. 187), deshalb haben sie ein System entwickelt, das dazu beiträgt, Frauen explizit und implizit daran zu hindern, diese zu erwerben.

In der Vergangenheit waren die Maßnahmen noch viel unverhüllter – Frauen wurden physisch daran gehindert, Bildungseinrichtungen zu besuchen (im Gegensatz zu manchen der verdeckteren heutigen Praktiken, die Frauen daran hindern, Kenntnisse über Frauen zu erwerben). Viele unterschiedliche Rechtfertigungen wurden für diese Praxis herangezogen. Ein fundamentaler Einwand, der vorgebracht wurde, war, daß Frauen geschlechtslos werden würden, wenn sie gebildet wären, und daß ihnen, falls sie andere Optionen hätten, vielleicht sogar die Aussicht auf eine Ehe zu wenig attraktiv erscheinen könnte, um sich darauf einzulassen. Carol Dyhouse (1976) hat uns an die männlichen Befürchtungen und Argumente, die benutzt wurden, um Frauen Bildung vorzuenthalten, erinnert, weil aber diese Argumente heute so oft glattweg lächerlich sind, stellen sie keine Informationen dar, die Männer über sich selbst publik zu machen wünschen. Deshalb wurden diese Facetten männlichen Verhaltens im großen und ganzen ebenfalls aus der männlichen Geschichtsschreibung getilgt.

Viele Männer hätten befürchtet, meint Carol Dyhouse, daß es ihrer Herrschaft und ihren Privilegien ein Ende gesetzt haben würde, wenn sie Frauen größeren Zugang zur Bildung gewährt hätten, und »manche waren auch der Ansicht, Bildung, insbesondere deren höhere Stufen, mache Frauen physiologisch ungeeignet zur Mutterschaft. Dieses Argument nahm verschiedene Formen an – manche Verfechter betonten ihre Überzeugung, gebildete Frauen seien zur Unfruchtbarkeit verdammt oder könnten ihre Kinder nicht mehr stillen, die Mehrheit äußerte Befürchtungen hinsichtlich der körperlichen Folgen der Überbeanspruchung beziehungsweise der geistigen Erschöpfung. Zweitens gab es eine große Zahl ... die glaubte, daß das Schulsystem, soweit es existierte, sowohl auf der Grundschul- als auch auf den höheren Ebenen dazu angetan sei, die Frauen von der Aussicht auf Mutterschaft als lohnendes oder ausreichendes Ziel im Leben abzubringen. Diese letztgenannte Schule gesellte ihre Stimmen zu dem lauten, wenn auch recht gemischten Chor von Theoretikern und Polemikern, die mit düsterer Gewißheit den Verfall der Familie und der moralischen Bindung voraussagten ...« (S. 44.)

Heute sagt man uns (wie man den Frauen damals sagte), das Eindringen von Frauen in Positionen, die die Männer für sich reserviert haben, werde von einem Niedergang der Familie und dem Zusammenbruch der moralischen Werte begleitet sein, den Frauen wüchsen Haare auf der Brust (ein neuer Befund der Cambridge-Universität), und sie büßten ihre Weiblichkeit ein. Was man uns nicht sagt, ist, daß Männer das seit Jahrhunderten gesagt haben, um Frauen abzuschrecken und um ihre eigenen Privilegien zu schützen. Dies ist das Wissen, welches »verschwindet«.

Herbert Spencer (1876) meinte, es sei schädlich, Frauen Zugang zum Bildungssystem und zu bezahlter Arbeit auf derselben Basis wie Männern zu gestatten, da sie dann nicht mehr bereit sein würden, die Aufgaben zu erfüllen, die die Männer ihnen zugewiesen hatten (wie die, für Männer zu sorgen). Andere behaupteten, wenn Frauen durch das Studium zum Sitzen gezwungen seien, werde das zu Veränderungen im Beckenbereich führen, wodurch Entbindungen erschwert würden, und es herrschte die allgemeine »Überzeugung, daß jegliche über das Minimum hinausgehende geistige Anstrengung die Konstitution der durchschnittlichen Frau überfordern und zu Unfruchtbarkeit führen, den Milchfluß hemmen oder sogar schwere Geistesstörungen hervorrufen würde« (Dyhouse, 1976; S. 44). Dorothea Beale (1868) mußte die Stupidität dieser Argumente in genau derselben Weise demaskieren wie ihre Vorgängerin Mary Wollstonecraft – aber darüber erfährt man in unseren Schulen nichts.

Im ersten Jahrzehnt des 20. Jahrhunderts bestätigte Dr. Murray Leslie »die Auffassung, daß Hockeyspielen Mädchen leicht ihrer Fähigkeit berauben könne, im späteren Leben ihre Kinder zu stillen«, und er war ferner überzeugt davon, »daß die Verfolgung intellektueller Interessen bei Frauen die Wahrscheinlichkeit psychiatrischer Störungen erhöhe« (Dyhouse, 1976; S. 46). Während sich Männer ungestraft um eine höhere Bildung bemühen und einer bezahlten Beschäftigung nachgehen konnten, wurde Frauen vor Augen gehalten, daß sie große Risiken eingingen, wenn sie auch nur manche der begrenzten Chancen nutzten, die ihnen offenstanden. Frauen wurden von Männern kaum ermutigt, ihr eigenes Potential zu entwickeln, und viele glaubten schließlich, diese von Männern in die Welt gesetzten Märchen, sie würden geistig oder körperlich krank, wenn sie sich in männliche Reservate vorwagten. Manche beschlossen deshalb – wie das von vielen Männern beabsichtigt war –, daß es das Risiko nicht wert sei.

Frauen werden heute immer noch davor gewarnt, immer noch entmutigt, sich auf derselben Basis wie Männer Bildung anzueignen und einen Beruf auszuüben, und sie werden immer noch mit Beweisen dafür konfrontiert, daß ihre eigene Gesundheit und die ihrer Familien leiden werde, wenn sie nicht an dem ihnen zustehenden Platz bleiben, den Männer für sie abgesteckt haben. Sie werden immer noch ermuntert, sich eine Ausbildung zu verschaffen, die sie für Männer attraktiv macht, die Gelehrsamkeit bei Frauen immer noch einschüchternd und daher unattraktiv und unerwünscht finden. Einer der einflußreichsten Bildungsexperten der letzten Jahrzehnte, John Newsom, trat ständig dafür ein, daß die Frauenbildung darauf abzielen solle, sie zu geeigneten Ehefrauen und Müttern und zu treusorgenden Hausfrauen für ihre Männer und Kinder zu machen, und daß sie »all die schönen Dinge wieder lernen sollten, die so viele vergessen« hätten (Newsom, 1948). Wenn die Frauen gewußt hätten, daß das dieselbe alte Masche war, deren sich die Männer seit Jahrhunderten bedient hatten *und die von Frauen seit Jahrhunderten diskreditiert worden war,* die sie als Finte zur Erhaltung männlicher Privilegien entlarvt hatten, dann wären sie viel besser in der Lage gewesen, sich gegen diese Argumente zur Wehr zu setzen.

Männer haben sich dem Druck von Frauen gebeugt und ihnen viele Institutionen und Studienfächer geöffnet, aber sie haben die Kontrolle über diese Institutionen und diese Studienfächer behalten und sind daher in der Lage zu entscheiden, was Frauen lernen können. Und Frauen lernen nicht viel über den Wert und die Kraft von Frauen. Im Gegenteil, jetzt, da sie Zugang zu vielen Bereichen des männlichen Bildungssystems haben, werden sie noch gründlicher über den Wert und die Bedeutung von Männern belehrt, denn diese haben dafür gesorgt, daß Frauen aus dem Wissen, das angeboten wird, »verschwunden« sind.

Frauen lernen, daß sie nicht soviel wert sind und nicht soviel zählen und daß die Kompetenz, die sie besitzen, gewöhnlich auf einen spezialisierten Bereich beschränkt ist, der im männlichen Wertsystem keinen hohen Rang einnimmt. Sie lernen, daß es Gebiete gibt, die für Männer reserviert sind und in die sie nur unter großen Gefahren eindringen können. Oft lernen sie, daß es vernünftiger ist zu akzeptieren, was man ihnen beibringt, und an ihre eigene Unzulänglichkeit und Minderwertigkeit zu glauben, als sich der von Männern konstruierten »Realität« zu widersetzen.

Männer dominieren also weiterhin und benutzen ihre einflußreichen Positionen, um die Frauen verschwinden zu lassen. Und sie fahren fort, die Nichtanwesenheit der Frauen als Rechtfertigung ihrer eigenen Dominanz heranzuziehen. Im Gegensatz zu ihren Vorgängern, die durch die Vorwürfe bloßgestellt wurden, daß sie Frauen *aktiv* daran hinderten, denselben Grad an Bildung zu erwerben wie die Männer, können heute viele selbstgerecht versichern, in den von ihnen gegründeten Wissenschaftssparten gebe es keine institutionellen Barrieren, die Frauen den Zutritt verwehren.

In dieser »Erklärung« aber fehlt etwas. Eines der Fakten, die Männer zu erwähnen vergessen, ist, daß sie nie eine Wissenschaftssparte begründet haben, in der die Anliegen der Frauen eine zentrale und grundlegende Rolle spielen: Sie haben nie ein Wissensgebiet etabliert, in dem die Perspektiven und Stärken der Frauen verzeichnet werden. Und dies ist ein *Versäumnis,* das ihnen vielerlei Vorteile einbringt, denn ohne ein solches Wissensgebiet ist es nicht nötig, Hindernisse gegen die Teilnahme von Frauen an Fachgebieten der Männer aufzurichten, können doch Frauen ohne ein solches Forschungsgebiet zu der Überzeugung kommen, daß beispielsweise die gesamte Naturwissenschaft nichts für sie sei. Frauen wurden von Latein und Griechisch ferngehalten, weil ihnen Männer ausdrücklich den Zutritt verweigerten; von der Naturwissenschaft werden sie durch eine noch raffiniertere »Zauberkunst« ferngehalten, die einfach ihre Existenz leugnet (Kelly, 1981). Beide Methoden haben mit derselben Wirksamkeit dafür gesorgt, daß die Männer weiterhin herrschen – aus guten, von Männern gelieferten Gründen.

Frauen ausschließen

Frauen bleiben auf den meisten, wenn nicht auf allen Wissensgebieten aus den Chroniken verbannt, einfach aufgrund der Tatsache, daß Männer die Welt, so wie sie sie sehen, benannt haben.[1] Sie haben sich selbst zum Ausgangspunkt genommen, sich selbst als zentral definiert und sind dann drangegangen, den Rest der Welt in Relation zu sich selbst zu beschreiben. Sie haben vorausgesetzt, daß ihre Erfahrung universell und repräsentativ für die Menschheit sei und daß sie die Grundlage für Verallgemeinerungen über *alle* Menschen darstelle. Immer dann, wenn die Erfahrung der Frauen anders ist als die der Männer, findet sie daher keinen Niederschlag, denn es gibt keine Möglichkeit, ihre Aufnahme in die Geschichte zu sichern, wenn die Erfahrung nicht von Männern geteilt wird, denn Männer sind diejenigen, die die Geschichte schreiben.

Aufgrund dieses Prozesses sind wir täglich mit vielen verwirrenden und widersprüchlichen Bedeutungen konfron-

1 Eine ausführlichere Auseinandersetzung mit den verschiedenen Wissenssparten findet sich in Dale Spender (Hsg.), 1981, *Men's Studies Modified: the impact of feminism on the academic disciplines,* Pergamon Press, Oxford.

tiert. So haben Männer beispielsweise ihre Tätigkeiten als Arbeit definiert, und wenn Frauen andere Tätigkeiten ausüben als Männer, dann heißt das, daß sie *nicht* arbeiten, gleichgültig, wieviele Stunden sie in physischer Plackerei zubringen. Eine Frau, die täglich (sieben Tage in der Woche) mehr als zwölf bis fünfzehn Stunden mit Saubermachen, Kochen und Kinderpflege zubringt, die nachts im Schlaf gestört wird und einen anstrengenden Arbeitstag ohne Ruhepausen hat, kann sich sagen hören: »Nein, ich arbeite nicht. Ich bin nur Hausfrau.« Das demonstriert das männliche Monopol auf die Sinngebung, denn trotz überwältigender Beweise für das Gegenteil haben diese Frauen gelernt, die Realitäten des eigenen Lebens zu leugnen (in dem sie den UNO-Statistiken zufolge im allgemeinen schwerer und länger arbeiten als Männer) und die männlichen Definitionen der Welt zu übernehmen, wonach die einzige *echte* Arbeit, die es gibt, von Männern geleistet wird.

Und weil die Tätigkeit von Frauen im Dienste ihrer Männer und Kinder keine Arbeit ist, erfordert sie natürlich auch keine Bezahlung.

Diese Dienstleistungen werden dann sofort zu Arbeit und erfordern Bezahlung, wenn sie nicht von der Ehefrau/Mutter ausgeführt werden, und wie Gerda Lerner (1977) bemerkt hat, gibt es nur wenige Männer, die es sich leisten könnten, für ihre eigene Betreuung und auch nur die Hälfte für die Betreuung ihrer Kinder zu bezahlen. »Die Hausfrau arbeitet in der Tat«, erklärt Gerda Lerner, und »welchen Wert hat ihre Arbeit in ökonomischen Begriffen? Volkswirtschaftler der Chase Manhattan Bank in New York haben vor kurzem errechnet, daß die 30 Millionen Amerikanerinnen, die nicht außerhalb des Hauses arbeiten und ihren Beruf als ›Hausfrau‹ angeben, nach der gegenwärtigen Arbeitsmarktlage pro Person unbezahlte Arbeit in Höhe von 257,53 Dollar pro Woche leisten. Die Arbeiten, die sie ausführen, umfassen zwölf verschiedene berufliche Kategorien. Jede der Dienstleistungen, die eine Hausfrau erbringt, wird zu einer legitim bezahlten Beschäftigung, wenn sie von Männern auf dem Arbeitsmarkt ausgeführt wird ... Die Summe der von Hausfrauen geleisteten Arbeit beträgt 250 Milliarden Dollar im Jahr, was einem beträchtlichen Anteil des Bruttosozialproduktes entspräche, wenn es in diesem enthalten wäre.

Daß diese gigantischen Summen eine konservative Schätzung darstellen, geht aus der Tatsache hervor, daß sie die von Hausfrauen erbrachten Leistungen in der Kindererziehung ebensowenig berücksichtigen wie die Hausarbeit der Frauen, die außerhalb ihres Haushalts arbeiten, aber daneben ihren Haushalt führen.« (S. 110.)

Die Erhaltung des täglichen Lebens und die Aufzucht der Kinder sind absolut grundlegend für jede Gesellschaft, aber in unserer eigenen haben die Männer diese gewaltige Aufgabe den Frauen zugeschoben, sie haben geleugnet, daß es sich um Arbeit handelt, sie haben ihr keinen Platz in ihren Wissenschaften wie Soziologie oder Volkswirtschaftslehre, um nur einige zu nennen, eingeräumt und haben gefordert, die Frauen sollten all dies aus Liebe tun. Unter diesen Umständen ist die Furcht davor, daß Frauen es vorziehen könnten, keine Ehefrauen und Mütter zu werden und vielleicht sogar unabhängig von Männern zu bleiben, falls ihnen andere Optionen offenstehen, sicher sogar gerechtfertigt.

Da Männer die Leistungen von Frauen aus dem öffentlichen Bewußtsein verbannt haben, sind Wissenssparten wie zum Beispiel Wirtschaftswissenschaft und Soziologie auf sehr verzerrten Prämissen aufgebaut. In der Wirtschaftswissenschaft wird die notwendige und entscheidend wichtige Arbeit, die Frauen leisten, nicht berücksichtigt – selbst wenn sie die Quelle der Nahrung bildet. Im Himalaja-Gebiet leisten Frauen 70 Prozent der landwirtschaftlichen Arbeit, in Afrika 60 bis 80 Prozent, und in den Entwicklungsländern insgesamt sind Landarbeiterinnen zumindest mit 50 Prozent an der Nahrungsmittelproduktion beteiligt (laut UNO-Statistiken), aber das wird in wirtschaftlichen Analysen nicht berücksichtigt. *Wenn dieselben Leistungen von Männern erbracht werden, schlagen sie als Arbeit zu Buche.*

Frauen und Männer lernen somit praktisch in der ganzen Welt, daß Frauen keine Arbeit verrichten, soviel sie auch arbeiten mögen, da von ihnen und ihrer Arbeit einfach keine Notiz genommen wird. Wir akzeptieren sogar unbesehen das lächerliche Klischee, daß die Arbeit zur Zeit der industriellen Revolution das Haus verlassen habe!

Dieses Wissen, das in unserer Gesellschaft fabriziert und verbreitet wird, stellt den Kern des sexistischen Bildungswesens dar: Das Leben und die Arbeit von Frauen werden nicht anerkannt, während Männer die Kontrolle über das Wissen und seine Verbreitung ausüben. Frauen sind genötigt, die von Männern geprägten Definitionen der Welt, die das Ansehen und den Wert der Männer erhöhen, zu übernehmen, und gleichzeitig sind sie gezwungen, ihre eigenen Erfahrungen zu leugnen, die Definitionen der Männer, die ihnen Minderwertigkeit bescheinigen, zu akzeptieren und sich an dem Geschäft zu beteiligen, Frauen aus dem allgemeinen Bewußtsein fernzuhalten. Auf diese Weise entsteht die emotionale und finanzielle Abhängigkeit des einen Geschlechts vom anderen.

So ist beispielsweise die Soziologie, deren Aufgabe es sein sollte, die Gesellschaft zu studieren, wie Jessie Bernard (1973) bemerkt hat, das Studium der Männergesellschaft durch die Männer. Ebenso wie männliche Historiker die Taten von Männern studierten, haben auch männliche Soziologen das Verhalten von Männern erforscht. In ihrem Buch *The Sociology of Housework* wies Ann Oakley (1974) darauf hin, daß Frauen in der Soziologie unsichtbar seien, daß sie in jeder Hinsicht »versteckt« würden, von »der Klassifikation von Forschungsgebieten und der Definition von Konzepten über die Themen und Methoden der empirischen Forschung bis zur Konstruktion von Modellen und Theorien im allgemeinen« (S. 3).

Unter männlicher Herrschaft hat die Soziologie ein Klassifikationsschema und eine Reihe von Konzepten entwikkelt, die Frauen automatisch ausschließen, weil sie sich auf die Aktivitäten von Männern beschränken. Die Soziologen haben sich zum Beispiel dafür entschieden, sich auf Fragen der Macht und der Ausübung von Macht durch die Politik, die Gesetzgebung, die Wirtschaft *etc.* zu konzentrieren und, wie Oakley sagt, »dies sind die von Männern beherrschten Domänen«, und »je mehr sich die Soziologie mit diesen Domänen befaßt, desto weniger wird sie ihrer Definition nach Frauen in ihren Bezugsrahmen einbeziehen« (S. 4). Die Soziologie hat ein Klassifikationsschema zur Bewertung des sozio-ökonomischen Status der verschiedenen Mitglieder der Gesellschaft entwickelt, dieses Klassifikationsschema aber basiert auf Männern und ist auf Frauen nicht anwendbar – was Soziologen natürlich nicht daran hindert, es auch im Umgang mit Frauen anzuwenden.

Der sozioökonomische Status basiert aus der Sicht der von Männern beherrschten Sozilogie auf dem Familienverband und geht davon aus, daß alle Mitglieder einer Familie denselben Status haben – den des Mannes. Dies ist aus vielen Gründen eine etwas törichte Annahme, die viel öfter »falsch« als »richtig« sein muß, die aber dazu dient, daß Frauen nicht zur Kenntnis genommen werden und daß sie und ihre Leistungen unsichtbar bleiben. Ein Einwand gegen diese Annahmen ist, daß in unserer Gesellschaft nur eine Minderheit der Bevölkerung in Kernfamilien lebt und daß mehr Menschen in alternativen Haushalten leben, so daß das Klassifikationsschema von Hause aus nur auf weniger als die Hälfte der Bevölkerung zutrifft. Der Grund aber, warum seine »Mängel« toleriert werden,ist vielleicht der, daß es die Tatsache verschleiert, daß Frauen selbst auch etwas zu bieten haben. Wenn man davon ausgeht, daß nur der Mann einen Status hat, dann werden alle Vorzüge und Stärken der Frauen unsichtbar gemacht – ihr Vermögen (so klein es auch sein mag), ihre Löhne und Gehälter, ihre Bildung, ihre berufliche Qualifikation, all dies wird mit einem Streich weggewischt, denn es spielt für die Festsetzung des sozioökonomischen Status der Familie keine Rolle. Wenn wir die Ressourcen der Frauen betrachten würden, dann tauchten viele in einer ganz anderen Klasse als der ihrer Männer auf (wie beispielsweise Mrs. Thatcher bezeugen könnte), aber das System ist geschickt so eingerichtet, daß auch die Position von Mrs. Thatcher geleugnet und ihr Status von ihrem Mann bestimmt werden könnte.

Wenn Studentinnen und Studenten etwas über Volkswirtschsftslehre oder Soziologie (oder Sprachen, Literatur, Pädagogik, Psychologie, Philosophie, Politische Wissenschaften, Anthropologie und Naturwissenschaften) lernen, dann lernen sie etwas über Männer und die männliche Sichtweise der Welt, und dies ist eine Lektion in männlicher Vorherrschaft. Während die Frauen insofern einen gewissen Erfolg erzielt haben, als sie sich Zugang zur Bildung verschafft haben, ist es nach wie vor eine von Männern dominierte Bildung, die dem Zweck dient, die Vormachtstellung des Mannes und seine Herrschaft über unsere Gesellschaft zu festigen.

Wirtschaftswissenschaftler beispielsweise haben ein ungeheures Maß an Energie zur Konstruktion ihrer Erklärungen, Modelle und Theorien aufgewandt, weil sie sich aber nur mit Männern befassen, verfügen sie nur über die Hälfte der Fakten (was einer der Gründe für ihren Mangel an Erfolg sein könnte). Wenn Frauen Erklärungen über »volkswirtschaftliche Zusammenhänge« entwickeln, dann gehen sie dabei von anderen Prämissen aus und gelangen zu anderen Erkenntnissen. Lisa Leghorn und Kathy Parker (1981) haben festgestellt, daß Frauen in der ganzen Welt Freizeit für Männer produzieren. Zu solchen »Einsichten« gelangen Männer nicht ohne weiteres; die Produktion dieser Freizeit wird von ihnen kaum je bemerkt oder anerkannt, und sie spielt in ihren ökonomischen Theorien keine Rolle. (Wieviele männliche Wirtschaftswissenschaftler produzieren ihre Theorien in der Freizeit, die ihnen durch Frauen zur Verfügung gestellt wird? Wieviele Frauen helfen, diese Theorien zu recherchieren, zu konzipieren, zu tippen und zu redigieren und kochen daneben noch die Mahlzeiten, machen die Wäsche und halten das Haus sauber, lauter Leistungen, die unsichtbar bleiben und in den wirtschaftswissenschaftlichen Schemata nicht auftauchen?)

Was die Männer betrifft, so halten sie es für gerecht, daß derjenige, der arbeitet, auch bezahlt wird – solange es ein Mann ist. Sie haben sogar wirtschaftsgeschichtliche Werke verfaßt, aus denen hervorgeht, daß wir uns als Gesellschaft zu einer monetären Volkswirtschaft entwickelt hätten, in der Arbeit bezahlt werde. Die Arbeit der Frauen haben sie dabei völlig außer acht gelassen, diese kommt in all ihren Theorien und Erklärungen nicht vor, denn sie ist »in einer Geldwirtschaft«, wie Gerda Lerner (1977) schreibt, »die einzige Arbeit, die nicht entlohnt wird, sondern bei der wie bei der Leibeigenschaft (ein Ding der Vergangenheit für die Männer) Dienstleistungen durch den Unterhalt entgolten werden« (S. 108).

Welches sind nun die Folgen der Tatsache, daß weibliche Arbeit nicht als solche betrachtet wird und daher auch nicht bezahlt zu werden braucht? Eine der Konsequenzen ist, daß Männer imstande sind, Kapitalvermögen anzuhäufen – 99 Prozent des Gesamtvermögens der Welt –, und da Frauen weniger als 1 Prozent zur Verfügung haben, ist es nicht überraschend, daß es für sie nicht reicht. Sie müssen sich an Männer wenden und von Männern ökonomisch abhängig werden. Außerdem erhalten sie oft nur so lange Geld, als sie sich das Wohlwollen von Männern sichern und das von vielen Männern verbreitete höhere Ansehen von Männern akzeptieren.

Wirtschaftswissenschaft und Soziologie sind nicht die einzigen oder auch nur die wichtigsten Schuldigen bei diesem Versuch, Frauen aus dem allgemeinen Bewußtsein zu verbannen. Die Praktiker des Bildungswesens haben es sich angelegen sein lassen, die Überzeugung zu fördern und zu festigen, daß Männer wichtiger seien, ihr Verhalten bedeutsamer und ihre Bildung wesentlicher. Die Schriften der Bildungssoziologie zeichnen ein derart verfälschtes Bild, erklärt Sandra Acker (1980), daß wer immer daraus Aufschlüsse über unsere Gesellschaft gewinnen wollte, zu merkwürdigen Interpretationen gelangen würde, denn sie erwekken den Eindruck, »daß zahlreiche Jungen, aber wenige Mädchen weiterführende Schulen besuchen; daß es keine Privatschulen für Mädchen gibt; daß es fast keine Einflußnahme irgendwelcher Art durch Erwachsene gibt; daß es die meisten Studenten in den höheren Technik- und Naturwissenschaften gibt, daß Frauen selten den rituellen Übergang von der Schulbank in den Beruf vollziehen und daß sie sich nie an höheren Studien beteiligen. Obwohl manche Frauen an die Universität gehen, treten die meisten unmittelbar in die Mutterschaft ein, wo sie als Übermittlerinnen des Sprachcodes an ihre Kinder von einem gewissen Interesse sind. Und mit Ausnahme einer kleinen Zahl von Lehrerinnen, Sozialarbeiterinnen und Krankenschwestern gibt es demnach fast keine berufstätigen Frauen auf dem Arbeitsmarkt.« (S. 5.)

Im Bildungswesen wird mehr Wissen über Männer vermittelt, auf ihre Bildung größerer Wert gelegt und ihrer Erfahrung höhere Bedeutung beigemessen, und dies ist die Disziplin, die die Parameter der Bildung an den Schulen und Hochschulen beeinflußt, ja sogar bestimmt. In ihrem Überblick über die Veröffentlichungen auf dem Gebiet der Bildungssoziologie seit 1960 berichtet Sandra Acker, 37 Prozent befaßten sich ausschließlich mit Männern, dagegen nur 5 Prozent ausschließlich mit Frauen, aber das dokumentiere nicht hinreichend das Ausmaß der männlichen »Parteilichkeit«, denn unter den fünf Prozent, die sich mit Frauen befassen, seien Studien, die sich nicht auf Frauen als autonome Individuen konzentrieren (wie das bei den Männern der Fall ist), sondern als Übermittlerinnen eines Codes an kleine Kinder. Und von den 58 Prozent der Untersuchungen, in denen das Geschlecht der Probanden nicht speziell genannt wird, wäre es unklug anzunehmen, daß beide Geschlechter berücksichtigt wurden: Es kann durchaus sein, daß sich viele davon mit Männern beschäftigen, aber die Praxis, sich auf Männer zu konzentrieren, ist so verbreitet, daß man es nicht für nötig hielt, ausdrücklich darauf hinzuweisen.

Vor hundert Jahren war es Frauen nicht gestattet, bestimmte Gebäude zu betreten, sie hatten keinen Zugang zu gewissen Lehrern und durften bestimmte Lehrmittel im Bereich des Bildungswesens nicht benutzen; heute dürfen sie diese Gebäude betreten, mit diesen Lehrern Umgang haben und diese Lehrmittel benutzen, und deshalb nehmen viele an – manche behaupten es sogar –, im Bereich der Bildung hätten die Geschlechter gleiche Rechte erlangt, es gebe kein Problem männlicher Herrschaft und weiblicher Unterdrükkung. Das Bildungswesen aber umfaßt weit mehr als Gebäude, Lehrer und Materialien; es geht auch um das Wissen, das in diesen Institutionen vermittelt wird, und Frauen haben in vieler Hinsicht im Laufe der letzten hundert – oder gar dreihundert – Jahre nur geringe oder gar keine Fortschritte gemacht. Wir sind insofern in einer ähnlichen Position wie Aphra Behn, als Männer die Herrschaft über das Wissen ausüben, das von den Lehrerinnen und Lehrern und mit Hilfe der Lehrmittel innerhalb der Schulmauern vermittelt wird,und sie üben diese Herrschaft so aus, daß Frauen aus dem allgemeinen Bewußtsein verbannt bleiben. Wir lernen praktisch nichts über unser eigenes Leben, man vermittelt uns wenig oder gar keine Erkenntnisse über unsere Existenz, wir erhalten wenig oder gar keine Einblicke in unsere Vergangenheit, wir werden nicht mit Beweisen unserer Autonomie und unserer Stärke konfrontiert, und es wird uns alles Wissen vorenthalten, das uns ermutigen würde, uns unabhängig von Männern zu entwickeln. Die Bildung, die wir erhalten, vermittelt uns das Gefühl, minderwertig zu sein, und gibt uns dann die Schuld an unserer Minderwertigkeit: Als »Lösung« wird uns angeboten, unsere eigene Minderwertigkeit zu akzeptieren und Unterstützung bei einem Angehörigen des überlegenen Geschlechts zu suchen, der als unsere Rettung erscheint.

Frauen haben gegenwärtig keine eigene Bildung. Es gibt nur Bildung, die von Männern für Männer geschaffen wurde und an der man uns gestattet teilzunehmen – im Interesse der Männer.

Frauen ins Unrecht setzen

Als Simone de Beauvoir (1972) zu beschreiben versuchte, wie die Welt aus der untergeordneten Position der Frauen aussieht, beleuchtete sie insbesondere die Tatsache, daß Frauen immer im Unrecht sind. Wenn inmitten einer Diskussion, meinte sie, ein Mann zu mir sagt: »Ach, Sie denken das nur, weil Sie eine Frau sind«, dann ist sehr wenig dagegen zu machen. Ich kann nicht antworten: »Und Sie denken nur so, weil Sie ein Mann sind«, weil *Frau* und *Mann* keine gleichwertigen Begriffe sind. In männerbeherrschten Gesellschaften, sagt sie, wo Männer wichtiger sind – weil sie repräsentativer sind und mehr Autorität besitzen –, »versteht es sich von selbst, daß die Tatsache, ein Mann zu sein, nichts Besonderes ist. *Ein Mann ist als Mann im Recht; die Frau ist es, die im Unrecht ist.*« (1972; S. 15; Hervorhebung durch D. S.)

Daß Männer im Recht sind – aufgrund ihres Geschlechts und nicht aufgrund ihrer Argumente – und daß Frauen im Unrecht sind, gleichgültig, was sie sagen, ist ein fundamentales Prinzip des Aufbaus und der Organisation unserer Gesellschaft, und es ist ein Prinzip, das täglich innerhalb der Parameter des Bildungswesens gelehrt wird. Daß Frauen die gleichen Rechte haben, nur um festzustellen, daß Männer verfügt haben, Frauen seien im Unrecht, ist nun wirklich kein Recht: Ja, es kommt letztlich der Männerherrschaft zugute, wenn Frauen mehr Chancen fordern, diese spezielle Lektion ihrer eigenen Unzulänglichkeit und ihres Mangels an Autorität lernen zu dürfen. Je besser wir unsere Lektionen lernen, desto geringer ist die Wahrscheinlichkeit, daß wir die Männerherrschaft in Frage stellen werden.

Feministinnen sind sich seit Jahrhunderten über dieses

Prinzip, das beim Aufbau unserer Gesellschaft wirksam ist, im klaren gewesen, und die heutigen Feministinnen haben dieses Phänomen auf die Formel gebracht: »Der Mann ist die Norm.« Sie haben erkannt, daß dies ein Konzept ist, das von Männern geprägt wurde, das aber Frauen gezwungen waren zu lernen, um Mitglieder der Gesellschaft zu werden und deren kulturelle, von Männern geprägte Werte zu teilen. Die Idee, daß der Mann der normale, der repräsentative, der paradigmatische Mensch sei, hat ihre Wurzeln in männlicher Erfahrung, und solange Männer die Macht innehaben, werden die Objekte und Ereignisse der Welt an männlichen Maßstäben gemessen.

Wann immer jene, die keine Männer sind, sich als anders darstellen und zeigen, daß sie andere Erfahrungen und Erklärungen haben, werden sie nicht als eine autonome, nur eben andersartige Gruppe angesehen, sondern ihre Verschiedenheit wird als Mangel betrachtet. Wenn der Mann die Norm darstellt, dann sind alle Nichtmänner Abweichler von der Norm; während sich Männer selbst als richtig ansehen, können alle Unterschiede, die Frauen aufweisen, als falsch betrachtet werden; und Männer haben die Macht, ihr Wertsystem denjenigen aufzuzwingen, die nicht Männer sind.

Wie dieses Prinzip, »der Mann ist die Norm«, funktioniert, kann anhand fast jedes Wissensgebiets, von der Anthropologie zur Biologie und von der Psychologie bis zur Geschichte, exemplifiziert werden (siehe beispielsweise Dale Spender, *Men's Studies Modified: the impact of feminism on the academic disciplines,* wo für fünfzehn Wissenschaftssparten nachgewiesen wird, daß Frauen im Unrecht sind, solange Männer das Wissen kodifizieren).

Man könnte beispielsweise vermuten, die Sprache und das Studium der Sprache seien neutrale Aktivitäten, aber es ist daran zu erinnern, daß Männer die Sprache geschaffen haben, daß sie die Bedingungen ihres Gebrauchs bestimmt und den Rahmen für ihr Studium in einer männerbeherrschten Gesellschaft vorgegeben haben, und auf all diesen Ebenen gibt es Anzeichen dafür, daß Männer die Regeln so festgelegt haben, daß sie im Recht und die Frauen im Unrecht sind (Spender, 1980). Den Männern selbst ist es natürlich nicht eingefallen, *dieses* für sie beschämende Beweismaterial zu sammeln und zu überprüfen und es unter einer Überschrift oder als ein Forschungsgebiet namens »Patriarchat« zu präsentieren, das die Mittel und Methoden zur Festigung der männlichen Vormachtstellung, nämlich Verdrehungen als »Wahrheiten« auszugeben, untersucht und analysiert. Im Gegenteil, indem sie eine Kategorie namens *Objektivität* schufen und sie auf das Wissen anwandten, das sie produzierten, sind die Männer der Entwicklung einer solchen Disziplin zuvorgekommen, die sich mit dem Problem befassen müßte, daß Männer Frauen ins Unrecht setzen, indem sie sich zum menschlichen Maßstab erheben: Wenn das Wissen, das Männer produziert haben, *objektiv* und wahr ist, dann kann es kein eigenes Studienfach geben, das sich mit den Verdrehungen und Halbwahrheiten befaßt, die in ihrem Wissensfundus enthalten sind.

Da Männer sowohl die Herrschaft über die Sprache als auch über die Wissenschaftssparten ausüben, sehen sie nicht einmal die Notwendigkeit, dieses Phänomen, daß Männer die Norm und Frauen mängelbehaftete Menschen sind, zu identifizieren. Diese Konzepte sind von Frauen identifiziert worden, die daran interessiert sind, die Macht der Männer beim Namen zu nennen, und es sind immer noch – zum Teil aufgrund ihrer Neuheit – ziemlich unhandliche und grobschlächtige Begriffe. Zu wissen, daß sie der Definition nach im Unrecht sind, bevor sie auch nur anfangen, irgend etwas zu tun, ist für viele Frauen eine tägliche Realität, weil dies aber vielen Männern nicht ins Bewußtsein dringt, bleibt es wie so viele andere Aspekte im Leben der Frauen unbenannt und ist daher nicht »wirklich«.

Bei der Benennung der Objekte und Ereignisse der Welt haben die Männer sich selbst als Bezugs- und Mittelpunkt genommen; sie haben die Welt aufgrund ihrer Erfahrungen bezeichnet und sich zur Verifizierung und Beweisführung an andere Männer gewandt. Aufgrund ihrer gemeinsamen Erfahrungen konnten sie sich gegenseitig versichern, alle Eventualitäten abgedeckt zu haben und zusammen die Grenzen der Erfahrungswelt darzustellen: Was sie in bezug auf die Welt sehen und wissen, ist alles, was es zu sehen und zu wissen gibt. Die Welt und alles, was sie enthält, wird in Relation zu ihnen definiert.

Was geschieht somit, wenn diejenigen, die keine Männer

sind, andere Beschreibungen und Erklärungen der Welt anbieten? Was ist im Laufe der Jahrhunderte mit Frauen geschehen, wenn sie gesagt haben, daß sie nicht dieselben Dinge sehen oder wissen?

Dies ist keine hypothetische Frage – wenn wir Frauen der Vergangenheit wiederentdecken, sehen wir, wie leicht und bequem sie ins Unrecht gesetzt werden konnten, da sie den Maßstäben nicht entsprachen, die Männer für sie aufgestellt hatten. Den Maßstäben der Weiblichkeit nicht zu genügen, ist immer ein Mittel gewesen und ist es auch heute noch, um Frauen zu diskreditieren und dadurch ihre Verbannung aus dem allgemeinen Bewußtsein zu rechtfertigen. »Unanständig«, »obszön« und »unsittlich« waren die Beschuldigungen, die gegen Aphra Behn erhoben wurden, und aus diesem Grund war es auch ganz richtig, ihre Stücke nicht mehr aufzuführen, als sie zu schreiben aufhörte. »Eine Hyäne in Unterröcken«, sagte Walpole über Mary Wollstonecraft, und als Mary Hays 1803 ihre sechsbändige Biographie über Frauen schrieb, ließ sie Mary Wollstonecraft aus, um keinen Anstoß zu erregen. So ist es bis heute geblieben, da Frauen wie Germaine Greer, Robin Morgan, Mary Daly, Adrienne Rich – die alle ähnliche Proteste erheben wie Aphra Behn und Mary Wollstonecraft – beschimpft und verspottet werden und man ihnen vorwirft, aggressiv, schrill, humorlos, bösartig und leider völlig im Unrecht zu sein.

Solange Männer das Monopol haben, die Welt zu definieren, haben sie auch die Möglichkeit, Frauen, die nicht mit ihnen übereinstimmen, als im Unrecht befindlich zu klassifizieren. Sie sind in der Lage, Alternativen abzuwerten, die Frauen vorbringen könnten, und den Gedanken und Erfahrungen von Frauen Benennungen zu verweigern, sofern sich diese von denen der Männer unterscheiden. Statt dessen können sie wie Rousseau Maßstäbe setzen, die den Interessen der Männer dienen.

Und die Frauen, die diesen Maßstäben entsprechen? Was ist mit denjenigen, die es lernen, die Dinge hinzunehmen, sich zu fügen, bescheiden zu sein und sich beliebt zu machen? Wir sind immer noch »im Unrecht«, weil wir unsere »Unterlegenheit« gegenüber den Männern demonstrieren.

Die Maßstäbe, die Bedeutungen, die Bezeichnungen, die Männer für Frauen erfunden haben – von aggressiv bis liebenswürdig –, mögen höchst unzutreffend für Frauen sein, aber sie waren die einzigen, die zur Verfügung standen. Wir können uns entscheiden, wie wir im Unrecht sein wollen, weiblich oder unweiblich, aber wir haben nur eine geringe oder gar keine Wahl in bezug auf die Tatsache, daß wir uns der Definition nach im Unrecht befinden.

Wenn Frauen versuchen, die Welt unabhängig von den Beschreibungen und Erklärungen der Männer zu beschreiben und zu erklären, dann ist eines der zentralen Phänomene das der männlichen Dominanz, jede Darstellung und Analyse dieser Dominanz aber ist zweifellos subversiv und für die Herrschenden sogar bedrohlich. Das ist der Grund, warum viele Männer, die ja ein konkretes Interesse an der Erhaltung der Männerherrschaft haben, beträchtliche Anstrengungen unternehmen, um solche Ideen zu unterdrücken. Manchmal sind jedoch Unterdrückung und Zensur nicht völlig erfolgreich, und manche der Ideen von Frauen schlüpfen durch (insbesondere, wenn Frauen zu »Täuschungen« greifen und beispielsweise unter männlichen Pseudonymen veröffentlichen), mit der Folge, daß solche Frauen diskreditiert werden müssen. Dies ist aber kein unüberwindliches oder auch nur schwieriges Problem, denn die Gesellschaft wurde ja glauben gemacht, Frauen seien per se im Unrecht.

Aphra Behn ist durchgeschlüpft – wie, ist nicht ganz bekannt, aber solange ihre Stücke so ungeheuer erfolgreich waren und die Theaterbesitzer so große Profite damit machten, waren sie bereit, sie gewähren zu lassen.[1]

Ihre literarischen Kollegen aber verwandten große Mühe darauf zu beweisen, daß sie im Unrecht sei. Schließlich war sie eine Frau.

Sie wurde beschimpft und verspottet und einerseits beschuldigt, *feminin* zu sein und daher nicht schreiben zu können (es wurde häufig der Verdacht geäußert, daß ein Mann, wahrscheinlich ihr Liebhaber, die Stücke für sie schreibe), und andererseits, *unfeminin* zu sein – deshalb seien ihre Stücke inakzeptabel. Was auch immer sie sls erfolgreiche Schriftstellerin, die die Männerherrschaft in Frage stellte, tat, ihre männlichen Kollegen konnten aufgrund der Maß-

1 Es kommt nicht selten vor, daß das Profitmotiv andere handfeste Interessen überwindet – das ist einer der Gründe, warum Verleger heute feministische Bücher veröffentlichen.

stäbe, die sie setzten, behaupten, sie sei im Unrecht. Die Männer heute können sich immer noch auf diese selben Maßstäbe berufen und sich genauso verhalten, um Frauen zu diskreditieren – wie viele Frauen bezeugen können, die gegen die Männerherrschaft zu Felde gezogen sind.

Gleichgültig, mit welchen Begründungen Frauen ihren eigenen Fall vortragen mögen, Männer können sie als falsch ablehnen, denn Frauen sind aufgrund ihres Denkschemas im Unrecht. Die Erfahrungen der Frauen sind nicht Teil der akzeptierten, verständlichen sozialen Erfahrungen, die männliche Erfahrungen sind, deshalb können Frauen, die versuchen, die Welt aus ihrer Perspektive zu beschreiben und zu erklären – einschließlich der Erfahrung, im Unrecht zu sein –, leicht diskreditiert werden, solange Männer über das zu befinden haben, was wir wissen und verstehen.

Jeder Aspekt *ihrer* Männersprache dient dazu, *ihre* männliche Überzeugung zu verstärken, daß Frauen im Unrecht sind, und weil *wir* ihre Sprache benutzen müssen, beginnen *wir*, ihre Überzeugungen zu übernehmen. Von Geburt an werden wir mit der Überzeugung bombardiert, daß Männer wichtiger seien und daß wir weniger Autorität besäßen, in der Welt zu denken und zu handeln, daß wir nur in Relation zu ihnen existierten. Wenn wir nach Beweisen des Gegenteils suchen, ist nicht viel zu finden – nicht, weil es nichts gegeben hätte, sondern weil alles beseitigt wurde. Also zweifeln wir. Wir zweifeln an unseren eigenen Gefühlen und an unseren Ideen. Wir suchen nach Worten, die unseren Erkenntnissen gerecht werden, die beschreiben, wie wir fühlen und denken, aber diese Worte gibt es nicht. Deshalb zweifeln wir noch mehr. An jedem Tag unseres Lebens wird uns vor Augen geführt, daß Frauen nicht zählen, daß wir im Unrecht sind, daß unsere anderen Beschreibungen und Erklärungen lächerlich oder unwirklich sind. Wenn wir versuchen, auf ihrer Gültigkeit zu beharren, können wir wieder abgewertet werden, als aggressiv oder emotional (unfeminin *oder* feminin, aber auf jeden Fall *im Unrecht*). Da wir nichts haben, was unsere Erklärungen unseres eigenen Lebens bestätigt, beginnen wir, unsere Existenz zu leugnen und unsere Erklärungen und unser Leben abzulehnen. Wir lernen, daß wir im Unrecht sind: Wir werden gebildet.

In unserem täglichen Leben definieren Männer die Themen und liefern die Begriffe zur Beschreibung und Erklärung der Welt, während man uns ebenso wie unseren Vorfahrinnen ins Wort fällt und zum Schweigen bringt. Wir erhalten wenig Raum, unsere Erkenntnisse zu klären, und wenig oder gar keine Gelegenheit, sie mit anderen zu teilen oder sie weiterzugeben. Die Fragen, die wir erörtern wollen, und die Art und Weise, wie wir darüber reden wollen – all dies kann als falsch bezeichnet und abgetan werden. Selbst wenn wir über die Themen zu sprechen versuchen, die von Männern benannt wurden, allerdings von unserer Perspektive aus, werden wir häufig als unvernünftig oder neurotisch behandelt. Wenn wir über unsere Erfahrungen mit Sprache reden wollen – daß wir ständig unterbrochen und zum Schweigen gebracht werden –, dann wird auch das gewöhnlich abgetan, weil die von Männern verfügte Realität besagt, Frauen seien das geschwätzige Geschlecht.

Unsere Abwesenheit und Unsichtbarkeit, unsere Fehler und Mängel treten bei dem von Männern kodifizierten Wissen nur allzu deutlich zutage, unsere Nichtswürdigkeit im überlieferten Bildungsgut der Männer, mit dem wir bekanntgemacht werden und an dem wir unsere Tüchtigkeit, ja unsere hervorragenden Qualitäten beweisen müssen, wenn wir uns als »gebildete Menschen« qualifizieren wollen, ist überwältigend.

Wenn es nach all dem immer noch Frauen gibt, die darauf bestehen zu erklären, wir seien nicht im Unrecht, außer nach den von Männern entwickelten Maßstäben, wenn wir darauf beharren, daß wir als Frauen, als die Hälfte der menschlichen Bevölkerung unsere eigenen Maßstäbe für uns selbst verfügen wollen und die uns von Männern aufgezwungenen Maßstäbe ablehnen, dann können Männer eine andere Waffe gegen uns anwenden, die sie geschmiedet haben: Sie können erklären, wir seien subjektiv. Die Ansichten der Männer sind richtig, weil sie Männer sind: Die Beschreibungen und Erklärungen der Männer, die durch ihre Erfahrungen mit der Welt zustande kommen, sind aus sich selbst heraus als objektiv legitimiert. Wo die Äußerungen von Frauen damit nicht übereinstimmen, wo sie durch die Erfahrungen der Frauen mit der Welt zustande kommen, können Männer die Unterschiede als subjektiv bezeichnen.

Wie Adrienne Rich (1979) bemerkt hat, ist Objektivität die Bezeichnung, die wir der männlichen Subjektivität geben, denn der größte Teil des Wissens, das in unserer Gesellschaft zur Verfügung steht, wenn nicht dessen Gesamtheit, entspringt einer männlichen Version von Erfahrung und ist deshalb begrenzt, weil es auf nichts anderem basiert als auf der Subjektivität von Männern, die es geschafft haben zu bestimmen, daß das, was sie tun, richtig ist und das, was Frauen tun, falsch. So zeugt Macht immer wieder Macht, denn ihre Inhaber können die Bedingungen festsetzen, und sie können erreichen, daß die Machtlosen im Unrecht sind.

Lehrer können Studentinnen ständig ins Unrecht setzen. Schiedsrichter können dasselbe mit Spielern tun, Fernsehinterviewer mit den Interviewten, denn alle haben die Macht, die Bedingungen festzusetzen und ihren eigenen Standpunkt als »richtig« zu definieren. Und Studentinnen, Sportler, Interviewte und Frauen können als »emotional« bezeichnet werden, wenn sie dagegen zu protestieren versuchen, daß die Bedingungen nicht fair seien. Wenn die Machtlosen Macht hätten, dann könnten sie (wenn es wünschenswert oder notwendig wäre) den ganzen Vorgang umkehren.

Im Jahr 1980 hielt ich auf einer Konferenz über Sexismus und Bildung ein Referat, bei dem ich als Rednerin die Macht hatte, die Bedingungen festzusetzen. Manche der männlichen Zuhörer waren empört: Sie stellten meine Behauptungen in Frage (und bestätigten durch ihre extrem langen Beiträge und ständigen Unterbrechungen am Ende des Vortrags, ohne es zu wollen, meine Argumentation) und protestierten heftig. Da ich die Macht hatte, die Bedingungen festzusetzen, war es relativ leicht, ihr Verhalten (nach den von ihnen aufgestellten Kategorien) als emotional und subjektiv zu bezeichnen.

Ich tat das nicht, weil ich ernsthaft glaubte, daß ihr Verhalten emotional und subjektiv war: Ich halte es im Gegenteil für logisch, verständlich und vorhersagbar, daß diejenigen, die die Bedingungen nicht bestimmen und ins Unrecht gesetzt werden, protestieren. Ich wollte, daß diese Männer einige der täglichen Erfahrungen der Frauen kennenlernen.

Meine Bemühungen wurden nicht honoriert: die Verbindungen wurden nicht hergestellt. Es war eine neue Erfahrung für diese Männer, als die ständig Redenden und Unterbrechenden wahrgenommen zu werden; ins Unrecht gesetzt zu werden war kein häufiger oder vertrauter Zustand für sie; zu protestieren und als emotional und subjektiv bezeichnet zu werden, erhöhte ihr Gefühl von Ungerechtigkeit, statt sie einzuschüchtern. Gewohnt, im Recht zu sein, fühlten sie sich durch meine Ausführungen beleidigt und verstärkten ihre Bemühungen, mich zu diskreditieren, und während der ganzen Zeit häuften sie neue Beweise gegen sich an. Frauen begannen zu lachen, und die »Emotionen« wurden noch heftiger.

Für diese Männer hatte ich ein *double-bind,* eine Beziehungsfalle geschaffen. Aus ihrer Sicht war der Stab über sie gebrochen, wenn sie akzeptierten, was ich sagte (daß sie ungerecht und unfair seien und mehr redeten und mehr unterbrachen), und er war genauso über sie gebrochen, wenn sie meine Behauptungen in Zweifel zogen (indem sie mehr redeten und mehr unterbrachen). Doch dies ist genau die Beziehungsfalle, die Männer ständig für Frauen aufgerichtet haben, die sowohl dann im Unrecht sind, wenn sie dem männlichen Schema entsprechen (und sich dem Modell der Weiblichkeit anpassen, das weniger angesehen ist als das der Männlichkeit) als auch dann, wenn sie es nicht tun (und sich »unweiblich« verhalten).

In unserer Gesellschaft gehört es zur Existenzbedingung von Frauen, im Unrecht zu sein, solange Männer die Herrschaft ausüben (und die gelegentlichen Beispiele, wo Frauen für kurze Zeit ein geringes Maß an Macht haben, tragen wenig zur Erschütterung dieser Grundüberzeugung bei, wenn sie auch die Mechanismen verdeutlichen helfen, durch die sie aufrechterhalten wird). Praktisch jeder Aspekt unserer Erziehung, alles, was man uns in einer patriarchalischen Gesellschaft beibringt, basiert auf der Prämisse, daß Frauen im Unrecht seien, und je gebildeter wir werden, desto mehr erfahren wir über unsere eigenen angeblichen Mängel. Wir werden in die Überzeugung eingeweiht, das Wissen, das wir als Frauen hervorbringen, sei subjektiv und Subjektivität sei etwas, was verachtet, verurteilt und um jeden Preis vermieden werden müsse. Bei der Hervorbringung unseres Wissens bedienen wir uns genau derselben Prozesse wie die Männer, aber wenn wir es tun, sind wir im Unrecht.

Selbst wenn wir etwas »besser« machen, wird dies als Begründung dafür herangezogen, warum wir im Unrecht sind, wie Forscher gezeigt haben (darunter Peter Trudgill, der die Auffassung vertritt, daß Frauen »besser« sprechen, und Kathy Clarricoates, die nachgewiesen hat, daß sich Schülerinnen »besser« benehmen). Denn Männer haben eine Argumentation entwickelt, um alles das abzutun, was wir als Frauen wissen – gleichgültig, was es ist –, und alles, was sie als Männer wissen, zu glorifizieren und idealisieren, gleichgültig, was es ist. Nach ihrer Auffassung haben sie recht: Ihr Wissen ist als objektiv und rational zu bewerten, und es soll gelobt und akzeptiert werden, nicht nur von ihnen, sondern auch von den Frauen.

Dies ist der Sexismus, dem Frauen im Bildungswesen konfrontiert sind. Es ist ein System, in dem wir uns im Unrecht befinden: Unser Leben ist falsch, unser Wissen ist falsch; und nur wenn wir diese Thesen akzeptieren und unsere Gültigkeit und Autonomie leugnen, können wir im schulischen und akademischen Bereich Erfolg haben. Wir müssen unsere Lektionen *lernen,* müssen lernen, alles nach Männerart, das heißt nach der richtigen Art zu tun, wir müssen den Wert der Objektivität schätzen lernen – das heißt der männlichen Sicht, und wir müssen lernen, den Wert der Subjektivität – der weiblichen Sicht – abzulehnen. Wir müssen imstande sein, Wissen in derselben Weise zu produzieren wie Männer und über dieselben Themen wie Männer, was bedeutet, daß wir Frauen unsichtbar machen und sie aus dem allgemeinen Bewußtsein verbannen müssen, wenn wir unsere Qualifikationen erlangen und Erfolg haben wollen.

Wenn wir diesen Maßstäben, die von Männern festgelegt wurden, nicht genügen, sind wir ein weiteres Mal »im Unrecht«, denn dann wirft man uns mangelhafte Leistungen vor.

Wir müssen die Geschichte der Männer lernen, die Literatur der Männer, die Sprache der Männer und die Soziologie, Psychologie, Anthropologie, Philosophie, die Biologie und die Naturwissenschaften der Männer. In all diesen Wissenschaften werden die Existenz der Frauen als autonome Gruppe und die Gültigkeit ihrer Erfahrungen geleugnet oder als von der Norm abweichend diskreditiert. Obwohl es plausibel erscheinen mag, daß wir fähig sein müßten, die

Welt zu beschreiben und zu analysieren und Erkenntnisse aus einer Perspektive zu artikulieren, die von herrschenden und ausgebeuteten Gruppen in der ganzen Welt geteilt wird (denn *alle* diese Gruppen schließen Frauen ein, wie Elizabeth Janeway, 1980, hervorgehoben hat), bleiben unsere Erkenntnisse und Einsichten aus der öffentlichen Geschichtsschreibung verbannt, mit der Folge, daß das Wissen, das formuliert und gelehrt wird, die Bildungsgüter, die weitergegeben werden, von Männern stammen und Männer betreffen. Man weist uns nach, daß unsere Wahrnehmungen nur geringen Wert haben, man sagt uns auch, sie behinderten und störten die Forschung, »Subjektivität«, häufig mit unserer Erfahrung der Welt gleichgesetzt, sei zu vermeiden, weil sie die Resultate verfälsche!

Was wir uns klarmachen müssen, ist, daß das Problem des Sexismus im Bildungswesen nicht überwunden werden kann, indem man einige positive Frauenportraits in den Lehrplan aufnimmt, ein paar Frauen mehr in leitende Stellungen hievt oder selbst, indem man Mädchen ermutigt, länger zur Schule zu gehen und das relativ höhere Bildungsniveau ihrer Brüder zu erreichen, damit sie keine »Leistungsdefizite« mehr aufweisen. Solche »Lösungen« sind nicht geeignet, das Problem wirklich anzugehen.

Wir können nicht einmal fordern, daß der Sexismus aus den Lehrplänen verschwinden sollte, denn dann bliebe von den vorhandenen Bildungsgütern nur noch wenig oder gar nichts übrig, was gelehrt werden könnte. Wenn wir das Bildungswesen von den Methoden säubern könnten, Wissen zu fabrizieren, das Frauen ins Unrecht setzt, und von Befunden, die demonstrieren, daß Frauen Unrecht haben, dann würde es uns nicht nur an Stoff für die Lehrpläne mangeln, sondern wir würden auch verschiedene mögliche Erklärungen dafür untersuchen müssen, warum die Welt so ist, wie sie ist: Wenn man Frauen nicht *a priori* die Schuld zuschiebt (wie das seit Evas Zeiten geschehen ist), wo und wie sollen wir dann anfangen, die Welt zu erklären?

Sexismus ist kein Vorurteil, das eliminiert werden kann, sondern das Fundament der Bildung und Erziehung in unserer von Männern beherrschten Gesellschaft. Er ist eines der Mittel, mit deren Hilfe Männer die männliche Vormachtstellung und Herrschaft verewigt haben, und wir müssen ausdrücklich klarmachen, was wir tun, wenn wir diese Praktiken und ihre Zwecke entlarven. Was wir tun, ist, die Männerherrschaft auf einer fundamentalen Ebene in Frage zu stellen. Es ist nicht die Ebene, die in Frage gestellt wird, wenn wir beispielsweise dafür eintreten, in einem Literaturseminar mehr schreibende Frauen zu behandeln oder in einem Geschichtsseminar »große Frauen« auf dieselbe Stufe zu stellen wie »große Männer«.

Im Laufe der letzten zehn Jahre haben Frauen Einsichten und Erkenntnisse über die Art und Weise entwickelt, wie Männer die Kontrolle über Bildung und Wissen ausüben: Wir haben Konzepte artikuliert und entwickelt, die in Einklang mit unserer Weltsicht stehen (Konzepte wie Sexismus, »der Mann ist die Norm« und Patriarchat), und weil wir jetzt in der Lage sind, einige der Mechanismen der Männerherrschaft identifizieren zu können, sind wir auch in der Lage, etwas dagegen zu tun.

Wir brauchen nicht zu akzeptieren, daß wir in mancher Hinsicht unzulänglich sind, denn die Last der Erklärung und Rechtfertigung hat sich verlagert. Es ist nicht mehr so, daß wir minderwertig beziehungsweise unterlegen (oder ungebildet) sind, sondern wir wissen vielmehr, daß man uns Kenntnisse über Frauen und über Männerherrschaft systematisch vorenthalten hat. Wir können fragen, warum Männer keinen freien Fluß des Wissens gestattet haben, und *ihnen* die Verantwortung auferlegen, die Versäumnisse zu rechtfertigen, statt es wie in der Vergangenheit für *unsere* Verantwortung zu halten.

Wir können uns weigern, die Lektion zu lernen, wir seien im Unrecht, und können auf unserem eigenen Recht bestehen, unsere eigenen Maßstäbe zu setzen. Wir können uns selbst in einer Weise beschreiben und erklären, die mit unseren eigenen Erfahrungen übereinstimmt, statt zu versuchen, uns an die Bilder anzupassen, die Männer in ihrem eigenen Interesse von uns geschaffen haben. Wir können sagen, daß unsere Erfahrungen Bestandteil des allgemeinen Bewußtseins werden sollten und daß sie als wertvoll gelten müßten, um zu komplexeren und umfassenderen Erkenntnissen über die Welt und den Menschen zu gelangen.

Unsere Erfahrungen betreffen unter anderem die Männerherrschaft und warum und wie Männer sich selbst als im

Recht und Frauen als im Unrecht bezeichnen, und worauf wir hinarbeiten müssen, ist, daß diese Erkenntnisse Bestandteil der Erkenntnisse unserer Kultur werden und daß sie an die nächste Generation weitergegeben werden. Die Geschichte der Frauenbewegungen vollzieht sich in Zyklen – es hat Perioden gegeben, in denen Frauen ebensoviele Erkenntnisse über die Männerherrschaft besessen haben wie wir heute, wenn nicht mehr (siehe beispielsweise das demnächst erscheinende Buch von Elizabeth Sarah, *A Cautionary Tale*), aber dieses Wissen ist in einer sehr kurzen Zeitspanne wieder verlorengegangen. Fünfzig Jahre später müssen Frauen wieder von vorne beginnen, ohne auf dem aufbauen zu können, was vor ihnen war. Wir müssen das Wissen und die Leistung von Frauen aufzeichnen und festhalten, müssen die Probleme der Welt aus der Perspektive der Frauen darstellen, müssen die Annahme widerlegen, daß Frauen im Unrecht sind und müssen einen Fundus an Wissen ansammeln, der sich mit der Herrschaft und Unterdrückung samt all ihren Konsequenzen auseinandersetzt. Und wir müssen das weitergeben, was wir wissen, denn ironischerweise werden sich unsere Erkenntnisse, sobald sie akzeptiert und gewürdigt werden, auch verändern. Sobald die Welt aus den mannigfaltigen Perspektiven verschiedener Menschen beschrieben und erklärt wird (und nicht nur aus der der herrschenden Gruppe), sobald Wissen von allen formuliert wird und einen Bestandteil des allgemeinen Bewußtseins bildet, werden wir nicht mehr in einer patriarchalischen Gesellschaft leben, wie wir sie heute kennen. Und wir werden auch kein sexistisches Bildungswesen mehr haben.

3
Die Einführung des Schulsystems

Das Schulsystem, das angeblich *unser* System ist, wurde von Männern gegründet, lange bevor Frauen der Zugang dazu gestattet wurde. Es ist wichtig, darauf hinzuweisen, daß viele der Forderungen für weibliche Gleichberechtigung Forderungen nach gleichem Zugang zu dem von Männern geschaffenen Bildungswesen waren – was aus vielen Gründen keine Gleichberechtigung bedeutet. Was Bildung darstellt, was als wertvolles und notwendiges Wissen angesehen und als geeigneter Weg zur Vermittlung von Wissen akzeptiert wird, was als logisches System der Klassifizierung und Behandlung von Schülerinnen und Schülern gilt – all dies wurde von Männern aus ihrer Position der Herrschaft formuliert und ohne Rücksicht auf die Bereiche menschlicher Erfahrung, die die Prärogative der Frauen sind, in die Praxis umgesetzt.

Frauen werden dann Gleichberechtigung im Bildungswesen erzielt haben, wenn ihre Erfahrungen von der Gesellschaft als ebenso wertvoll und gültig wie die von Männern akzeptiert werden, wenn die Hälfte des Wissens, das zur Verfügung steht, von Frauen und über Frauen hervorgebracht wird, wenn sie die Hälfte des »pädagogischen Establishments« bilden, wenn ihre Ideen über das Bildungswesen dasselbe Gewicht haben und im gleichen Maße verwirklicht werden wie die von Männern. Im Augenblick sind wir von der Erreichung der Ziele ebenso weit entfernt, wie es Aphra Behn war.

In England und Wales ist die Bildungsbürokratie zu 97 Prozent in der Hand von Männern, wie Eileen Byrne (1978) berichtet, und das ist kein Zufall. Dorothy Smith (1978) schreibt: »Obwohl sich die Teilnahme der Frauen am Bildungsprozeß in diesem Jahrhundert auf allen Ebenen erhöht hat, sind dieser Teilnahme nach wie vor deutliche Grenzen gesetzt. Zu den wichtigsten dieser Grenzen zählt nach meiner Auffassung das Faktum, daß die Kontrolle über die Bildungspolitik und den Entscheidungsapparat des

Bildungswesens für die Männer reserviert ist.« (S. 287.) Männer haben entschieden, wie die Bildung beschaffen sein soll, und Frauen, die nur den gleichen Zugang zu diesem System anstreben, wollen ein gleiches Recht auf die von Männern geschaffene Bildung, die dazu da ist, Männern zu dienen. Für Frauen muß die Gleichberechtigung in einem gleichen Maß an *Herrschaft* über das Bildungswesen bestehen, und das ist in der Tat etwas ganz anderes.

Da die Männer zuerst da waren, besetzten sie alle Machtpositionen. Sie entschieden, was gelehrt, wie es gelehrt und wen es gelehrt werden sollte, und das auf der Basis des begrenzten Überblicks, den sie aufgrund ihrer männlichen Erfahrungen hatten. Und obwohl sie im Laufe der letzten Jahrhunderte ihre Vorstellungen davon, wer unterrichtet werden sollte, etwas modifiziert haben und das Schulsystem von der männlichen Ober- und Mittelschicht auf die Arbeiterklasse, auf Schwarze und auf Frauen aller Schichten und Kulturen ausgedehnt wurde,[1] hat sich an der Herrschaft darüber, was gelehrt und wie es gelehrt werden soll, wenig oder gar nichts geändert. Aus diesem Grund blieben die von Frauen erzielten Fortschritte nur sehr gering.

Wo einige (wenige) Frauen in die Machtstrukturen eingedrungen sind, blieben sie auf männliche Zustimmung und Unterstützung für ihre Positionen angewiesen, und das war einer der Gründe, warum sie häufig männliche Auffassungen vertreten haben, statt zu versuchen, ihre eigenen zu entwickeln. Deshalb vertreten Frauen selbst in Machtpositionen »gewöhnlich nicht die Standpunkte von Frauen«, erklärt Dorothy Smith (1978), denn »das sind diejenigen, die diesen sehr rigorosen Filter passiert haben. Es sind diejenigen, deren Arbeit, Arbeitsstil und Benehmen die Billigung von Richtern gefunden haben, die überwiegend Männer sind. Aber auf jeden Fall sind es sehr wenige.« (S. 289.)

Männer haben das System geschaffen, und sie herrschen

1 Wie in der Einführung erwähnt, sind die meisten in diesem Buch vorgebrachten Argumente gleichermaßen auf Gesellschaftsschichten wie auf ethnische Gruppen anwendbar; so wurde beispielsweise auch das von der Arbeiterklasse oder den Schwarzen hervorgebrachte Wissen diskreditiert und mißachtet: Der Unterschied ist, daß ich ausgehend von der Erfahrung von Frauen verallgemeinere, die die Hälfte der Arbeiterklasse und die Hälfte jeder ethnischen Gemeinschaft darstellen, während aus patriarchalischer Sicht immer die Männer dieser Klassen oder Volksgruppen Aufmerksamkeit erhalten und die Frauen unsichtbar bleiben.

darüber. Diese Herrschaft kann dazu dienen, in ihre Ränge nur diejenigen aufzunehmen, die zur Erhaltung der Männerherrschaft darüber beitragen, *was* gelehrt und *wie* es gelehrt wird. Natürlich geht man nicht so plump vor, in Anzeigen nach Kandidaten zu suchen, die dem Prinzip der Männerherrschaft unerschütterliche Treue geloben, aber es gibt viele Mittel, einen Modus zu finden, nach dem »die besten Kandidaten« für einflußreiche Positionen Männer zu sein scheinen oder Frauen, die Männern verpflichtet sind.

Dieser Prozeß ist allgegenwärtig in Schulen, in denen Frauen und Männer, je höher sie aufsteigen, um so mehr über Männer und deren Autorität und um so weniger über Frauen lernen, die keine Autorität besitzen. Die meisten Absolventen von Schulen sind im unterschiedlichen Wert der Geschlechter gedrillt worden, und man kann sich im allgemeinen darauf verlassen, daß beide Geschlechter diese spezielle Lektion recht gut gelernt haben. Die Konsequenzen davon sind bedeutsam, denn ohne Bezugnahme auf Individuen oder auf Arbeitsgebiete wurde die allgemeine Überzeugung gezüchtet, Männer seien zwangsläufig die *besseren Kandidaten,* folglich wird die Formel, daß es dann, wenn alle übrigen Umstände gleich seien (als ob das möglich wäre!), besser sei, einen Mann zu wählen, allgemein akzeptiert.

Männer herrschen nicht bloß über das Bildungswesen, sondern sie bestimmen auch weitgehend den Aufbau der gesellschaftlichen Organisation, und der Grundsatz »der Mann ist der bessere Kandidat« hat auch noch andere Aspekte. Da den Frauen die Kindererziehung und der Haushalt zugewiesen werden, ist es beispielsweise nicht zu leugnen, daß vielen Männern die Verantwortung für die lebenserhaltenden Aufgaben erspart bleibt und sie daher imstande sind, ihrem Beruf mehr Zeit und Engagement zu widmen. Sie sind auch mobiler und können weitere Wege zu ihrer Arbeitsstätte in Kauf nehmen, da sie nicht gezwungen sind, Kinder am Schultor abzuliefern und sie von dort wieder abzuholen. Auch in bezug auf Übersiedlungen von einem Landesteil in einen anderen sind sie mobiler, denn von den Ehefrauen wird erwartet, daß sie ihren Männern folgen.

Daß es wahrscheinlich hundert gute Gründe gibt, warum

Männer bessere Kandidaten sind als Frauen, sagt wenig über Männer und Frauen, aber eine ganze Menge über die Männerherrschaft aus. Es gibt keine biologische Basis dafür, daß Frauen keine Autorität haben, daß sie vom Lehrplan ausgeschlossen sind, daß sie die volle Verantwortung für die Kindererziehung (statt nur die Hälfte) tragen müssen, daß sie die Kinder und einen anderen Erwachsenen betreuen müssen und daß man von ihnen erwartet, ihrem Mann zu folgen, statt sich ihre eigene finanzielle Basis zu schaffen. All dies sind gesellschaftliche Arrangements, die die Männer entwickelt haben und die für sie offenbar durchaus befriedigend sind. Wenn Frauen anfangen, diese willkürlichen Arrangements näher zu betrachten (willkürlich insofern, als es ja zahllose Möglichkeiten gibt), dann erscheinen sie keinesfalls befriedigend und haben vielmehr den Anstrich einer »Verschwörung« mit dem Ziel, Frauen im Vergleich zu Männern *ungeeignet* für eine Berufstätigkeit zu machen. Adrienne Rich (1980) hat behauptet, *alle* gesellschaftlichen Strukturen seien von Männern in der Absicht geschaffen worden, Frauen in Abhängigkeit von ihnen zu halten, und dies gilt gleichermaßen für das System, das Männer im Bildungswesen geschaffen haben, wie es für die Justiz, die Politik und den Arbeitsmarkt gilt.

Es gibt jedoch Frauen, die die bestehenden Verhältnisse nicht hinnehmen; Frauen, die nicht an den weiblichen Mangel an Autorität glauben, die den Ausschluß der Frauen aus dem Bildungswesen nicht als gerecht akzeptieren (wie sie übrigens auch alle sonstigen gesellschaftlichen Strukturen nicht als gerecht akzeptieren) und die dem Grundsatz, es sei vernünftiger, einen Mann zu wählen, wenn alle übrigen Umstände zwischen den Geschlechtern gleich seien, nicht zustimmen. Sie distanzieren sich nicht von ihren Erfahrungen als autonome Menschen und bestehen auf dem Wert und der Gültigkeit ihres eigenen Lebens. Dies sind die Frauen, bei denen man sich nicht unbedingt darauf verlassen kann, daß sie im Interesse der Männer handeln werden, wenn sie in einflußreiche Positionen gelangen, und das erklärt wahrscheinlich, warum es in Großbritannien so wenige Feministinnen in Führungspositionen gibt. Solche Frauen sind *schwierig*.

Sie können in vielerlei Hinsicht als *ungeeignet* für die

Übernahme einflußreicher Positionen in dem System gelten, das Männer geschaffen haben: Es gibt so viele Bereiche, in denen sie als fehl am Platz oder unfähig empfunden werden können. So werden Frauen in einer Gesellschaft, in der Höflichkeit und Ehrerbietung von Frauen gegenüber Männern als die Norm gelten (siehe Spender, 1980), Frauen, die sich Männern nicht unterordnen, von Frauen und Männern oft als gesellschaftlich inakzeptabel angesehen. Frauen, die die Kraft und Unabhängigkeit von Frauen zu behaupten suchen, werden (in einer Gesellschaft, in der die Männer den Frauen keine Kraft und Unabhängigkeit zubilligen) zwangsläufig als aggressiv bezeichnet, das heißt, als keinesfalls fügsam, und die Arbeitsplätze sind nicht zu zählen, an denen Aggressivität bei einer Frau als disqualifizierend gilt. (Von Männern, die die Kraft und Unabhängigkeit von Männern behaupten, heißt es natürlich viel eher, daß sie feste Überzeugungen und Führungsqualitäten hätten und entschlußfreudig seien. Solche Überzeugungen – und die Art und Weise, wie sie bewertet werden – stehen gewöhnlich nicht in Konflikt mit denjenigen, die die Zuschreibungen vornehmen.)

Auch dies ist ein Circulus vitiosus, wobei das »gesellschaftlich inakzeptable« Verhalten mancher Frauen – das sie von einer Eingliederung in das System ausschließt – wenig über die Frauen und eine Menge über das System sagt. Wenn aber Frauen je in einer Position sein sollten, in der sie ihr eigenes System schaffen und ihre eigenen Maßstäbe sozialer Erwünschtheit für Männer wie auch für Frauen definieren können, dann würden sich möglicherweise die gegenwärtig besseren Kandidaten in der peinlichen Lage befinden, mit ihren heutigen Einstellungen und Fertigkeiten den Maßstäben nicht zu genügen. Vielleicht ist dies der Grund, warum den Frauen eine solche Macht verweigert wird.

Die Tricks, mit denen Männer das System so aufgebaut haben, daß Frauen als Frauen disqualifiziert werden, sind zu zahlreich, um sie alle aufzuzählen, aber eine der häufigsten Rechtfertigungen dafür, bestimmte Positionen den Männern vorzubehalten, ist die, Frauen seien dafür nicht qualifiziert. »Ich würde furchtbar gern eine Frau ernennen, wenn nur eine qualifiziert wäre«, ist die oft wiederholte Erklärung für rein männliche Vorstände, Ausschüsse und sonstige Führungsgremien. Wenn das nicht eine so ernste Sache wäre, dann könnte frau darüber lachen, daß so viele Männer imstande sind, den Erfolg ihres eigenen Systems zu beklagen.

Solange Männer die einflußreichen Positionen monopolisieren, können sie natürlich zu Recht behaupten, Frauen hätten diese Positionen *nicht inne* und verfügten daher weder über die nötigen Qualifikationen noch über die *Erfahrung*. Daß Frauen nicht die Erfahrung haben, in einflußreichen Positionen zu sein, kann zu einem Grund werden, sie nicht für einflußreiche Positionen zu ernennen, und so geschieht es denn auch. Dieser Zirkelschluß kommt uns bekannt vor: Es ist derselbe, der vor mehr als dreihundert Jahren von Aphra Behn entlarvt wurde, ein Zirkelschluß, der immer wieder diskreditiert worden ist. Wieder wird den Frauen der Zugang zu einem bestimmten Bereich oder zu speziellen Fertigkeiten erst verwehrt, und dann wirft man ihnen vor, sich nicht zu beteiligen beziehungsweise nicht die entsprechenden Fertigkeiten zu erwerben.

Theoretisch könnte man erwarten, daß ein solches Argument im Bildungswesen keine Rolle spielen dürfte und daß es als logisch angesehen werden müßte, den Unerfahrenen Erfahrungen zu verschaffen und den Unqualifizierten Gelegenheit zu geben, sich zu qualifizieren. Aber die *Annahme,* Mädchen seien in Mathematik oder Naturwissenschaften, in Holzarbeiten oder im Fußball schlecht, wird oft als Grund angeführt, warum sie keinen Unterricht in Mathematik oder Naturwissenschaften, in Holzarbeiten oder im Fußball erhalten. Die Mädchen haben häufig keinen Zugang zu den Einrichtungen, die den Jungen zur Verfügung stehen – für die Aktivitäten, bei denen man von Jungen annimmt, sie seien gut darin –, und so kann es sein, daß sie verglichen mit den Jungen schlechtere Leistungen erbringen, eben deshalb, weil in dem System solche Resultate eingebaut sind: nicht deshalb, weil Jungen besser sind als Mädchen, sondern weil Männer das System geschaffen haben.

Wohin immer man im gegenwärtigen Bildungssystem schaut, fast überall wird man feststellen, daß die Überlegenheit des Mannes künstlich herbeigeführt wird, und darum ist es unerläßlich, daß Frauen die Kontrolle über ihre eigene Bildung fordern. Nur das gleiche Recht zu haben, die Vormachtstellung des Mannes verwirklichen zu helfen, heißt keinesfalls, gleichberechtigt zu sein. Es mag nicht nötig sein, zwei separate Systeme zu schaffen, wenn es möglich ist, zu erreichen, daß Frauen dasselbe Recht haben, zu bestimmen, was innerhalb des vorhandenen Systems geschieht, aber es ist darauf hinzuweisen, daß in einer von Männern beherrschten Gesellschaft zahlenmäßige Gleichheit keine Garantie für Gleichheit im Hinblick auf die Machtverteilung ist – schließlich stellen Frauen etwas mehr als die Hälfte der Bevölkerung. Wenn die heutigen Werte beibehalten werden, wonach Männer aufgrund ihrer Männlichkeit als »besser« gelten, dann könnte sich die männliche Autorität vielleicht immer noch durchsetzen, selbst wenn die Hälfte aller Entscheidungsträger Frauen wären.

Einer der Gründe dafür, eine solche Möglichkeit ins Auge zu fassen, ergibt sich aus der Erkenntnis, was mit Frauen geschehen kann, die das Spießrutenlaufen bestehen, die trotz aller Hindernisse Zutritt zu den Männerkreisen finden und dennoch ihr Engagement für die Autonomie der Frauen beibehalten. Wir können beispielsweise fragen, was mit Frauen in leitenden Funktionen des Bildungswesens geschieht, mit jenen drei Prozent, die versuchen, Entscheidungen aufgrund ihrer Erfahrungen als Frauen zu treffen.

Wieder ist festzustellen, daß solche Entscheidungen und die Gründe für sie nur zu leicht diffamiert werden können. Ihre Ansichten werden zwangsläufig unorthodox sein, wenn sie die Männerherrschaft als ein Problem betrachten, und ihre andere Sichtweise kann dann als inkompetente Sicht bezeichnet werden. Ihre Handlungen werden durch die Brille interpretiert, wonach Frauen im Unrecht sind.

Solange die Norm besagt, daß Männer im Recht sind, ist ein inkompetenter Mann für sein Geschlecht nicht repräsentativ: Solange Frauen im Unrecht sind, ist jede wahrgenommene Inkompetenz (und das könnte Unterschiedlichkeit bedeuten) seitens einer Frau repräsentativ für ihr Geschlecht. Wenige würden es für logisch halten zu sagen, »wir hatten einen männlichen Schuldirektor, und er war furchtbar: wir wollen keinen zweiten«, aber »wir hatten einmal eine Frau, und das hat nicht funktioniert« wird nicht immer als lächerlich abgetan.

Männer haben die Maßstäbe geschaffen, die Regeln rationalen Verhaltens, nach denen unsere Gesellschaft funktioniert, und sie haben dies in einer Weise getan, die ihnen schmeichelt, die die bevorzugte Behandlung von Männern gestattet, so daß sie als die besten Kandidaten in dem von Männern beherrschten System erscheinen. Und die Männerherrschaft erstreckt sich auch auf die Rechtfertigung dieses Systems, denn wenn die Frauen nicht zu den besten Kandidaten zählen – so lautet das Argument –, dann sind sie selbst daran schuld. Viele Männer können – von ihrer Position als Männer aus – aufrichtig behaupten, es gebe kein Vorurteil und keine Diskriminierung, Frauen hätten gleichen Zugang zu ihrem System, sie studierten nur nicht die richtigen Fächer, erwürben nicht die nötigen Qualifikationen und könnten nicht die entsprechende Erfahrung vorweisen. Wenn Männer ihre Maßstäbe aufgrund ihrer Erfahrungen für die *einzigen* Maßstäbe (und die einzigen menschlichen Erfahrungen) halten, dann ist es einleuchtend, wenn sie sagen, Frauen »genügten« nach ihren Begriffen einfach nicht.

Ihre Erfahrungen und Maßstäbe stellen jedoch nur die *Hälfte* der menschlichen Erfahrungen dar, und die Maßstäbe der Frauen, die ihren Ursprung in den »unteren«, den »unerforschten«, untergeordneten und unterdrückten Sphären der Existenz haben, wären ganz anders. Solange aber Männer die Kontrolle über das Bildungswesen behalten, werden Frauen nur in den Genuß einer Bildung kommen, die dazu beiträgt, sie für die Teilnahme am System der Männer zu disqualifizieren.

Obwohl viele Menschen glauben und versichern, die Frauen hätten im Bildungswesen in den letzten fünfzehn Jahren echte Fortschritte gemacht, ergeben die Statistiken ein anderes Bild, insbesondere in bezug auf die Stellung der Lehrerinnen. Die Reorganisation des Bildungswesens scheint von einer Abnahme der Zahl der Frauen in leitenden Stellungen begleitet zu werden. Dies geschah auch bei den Gesamtschulen für Jungen und Mädchen und wurde zweifellos in manchen Kreisen begrüßt. Wie Jill Lavigueur (1980) bemerkte, hat R. R. Dale, der Experte für Koedukation, die Gesamtschulen mit männlichen Direktoren an der Spitze geplant, während die Frauen als Oberlehrerinnen den zweiten Rang einnehmen sollten (S. 189). Vielleicht wurde dieser Plan verwirklicht, denn Eileen Byrne (1978) hat erklärt, daß »der Prozentsatz an Frauen in Führungsfunktionen zwischen 1965 und 1974 de facto abgenommen hat und daß die provisorischen Statistiken seither auf eine Fortsetzung dieser sinkenden Tendenz hindeuten« (S. 219–220). Trotz einer Zunahme an weiblichem Lehrpersonal ist die Zahl der Frauen in den Spitzenpositionen und in leitenden Stellungen ständig zurückgegangen.

Dieses Muster, demzufolge nach einer Reorganisation mehr Männer und weniger Frauen in einflußreichen Positionen auftauchen, ist kein Kennzeichen der Vergangenheit. Als 1980 die Volkshochschulen in London reorganisiert wurden und von sieben Leiterinnen nur noch zwei übrigblieben, erhielten wir aufs neue den Beweis dafür, daß die Männer nach wie vor dafür sorgen, in ihrem eigenen System als die besten Kandidaten zu erscheinen (Mary Hughes, 1981).

Jetzt, da Männer in den Vorschulunterricht drängen, werden wir bald feststellen, daß sie die Leitung dieser Vorschulen beziehungsweise Kindergärten übernehmen, trotz ihres geringen prozentualen Anteils am Gesamtlehrkörper: Sie werden sich als die besten Kandidaten erweisen. Männer stellen in einem unproportional großen Teil aller Schulen und Hochschulen die Direktoren, selbst dort, wo sie einen sehr geringen Prozentsatz des Lehrpersonals ausmachen. In einer patriarchalischen Gesellschaft ist es die Regel, daß man, je höher hinauf man sich in der Hierarchie begibt, desto mehr Männer und desto weniger Frauen antrifft, weil sich die Männer als die besten Kandidaten erweisen, wie die Männer an der Spitze der Pyramide behaupten.

Natürlich gibt es nichts so Handfestes wie die Herausgabe von Erlassen und Proklamationen, die sagen, die Männer seien die Richtigen und die Besten (fast könnte frau wünschen, daß es so wäre, denn es würde die Diskriminierung viel greifbarer machen); vielmehr spielen alle Elemente des Schulsystems harmonisch zusammen und projizieren dieses Bild, so daß es von allen Mitgliedern der Gesellschaft als die Realität akzeptiert wird.

Auf allen Führungs- und Entscheidungsebenen treffen wir Männer an, die die Richtlinien bestimmen und die Entscheidungen im Interesse der Männer treffen, und ihre Begründungen werden durch die objektiven Befunde der Forscher und Wissensfabrikanten gestützt. Herauszufinden, wie die Männer dieses System aufgebaut haben, ist ein faszinierendes Unterfangen.

Wir haben bereits gesehen, daß in den bildungspolitischen Kreisen mehr Wissen über Männer produziert und den männlichen Erfahrungen größere Signifikanz beigemessen wird, und dies trägt dazu bei, die gegenwärtigen Prinzipien und Praktiken des Bildungssystems zu unterstützen. Dies könnte sich ändern, wenn Frauen den gleichen Zugang zur Macht hätten, denn wir könnten dann nicht nur darauf bestehen, *früheres Wissen* über Frauen in die Lehrpläne einzubringen, wir würden auch darauf bestehen, daß *heute* mehr Wissen über Frauen produziert wird. Wir würden von den Männern fordern, davon abzulassen, ihr Wissen über sich selbst als Wissen über den Menschen zu deklarieren, und ihre Verallgemeinerungen statt dessen auf Männer zu beschränken.

So veröffentlichten beispielsweise A. H. Halsey, A. F. Heath und J. M. Ridge vor kurzem ihre autoritative Abhandlung mit dem Titel *Origins and Destinations: family, class and education in modern Britain* und erzeugten bei der Leserschaft den Eindruck, sie erörterten *menschliche* Probleme. Das traf nicht zu: Ihre Untersuchung beschränkte sich auf Männer. Hätten sie Frauen miteinbezogen, dann hätten sie nicht zu diesen Schlußfolgerungen kommen können (und sie hätten auch keinesfalls ihre Hypothesen bestätigen und ihr »Renommee« festigen können). Einer der Gründe, warum Halsey *et al.* ihre Forschungen durchführen und als Befunde über die allgemeinen menschlichen und sozialen Bedingungen ausgeben konnten, war, daß es Männer waren, die das Forschungsprojekt billigten und finanzierten und die auch die Kontrolle über das Verlagswesen ausüben (siehe Lynne Spender, erscheint demnächst).

Hätte die Leitung in der Hand von Frauen gelegen, dann wären ganz andere Dinge herausgekommen. Tessa Blackstone (*THES,* 18. Januar 1980, S. 14) wies beispielsweise auf die Mängel ihrer »auf Männer beschränkten, aber angeblich alle Menschen betreffenden« Forschungsarbeit hin, und Sarah (Sic) Delamont erklärte in einem Leserbrief an *Network* (19. Januar 1981, S. 2), daß sich die Autoren nicht nur auf Männer beschränkten, sondern ihre männliche Voreingenommenheit auch auf andere Studien ausdehnten, in denen beide Geschlechter behandelt werden: »Halsey und seine Mitautoren sprechen selbst abwechselnd von ›Kindern‹ und ›Jungen‹«, erklärt Delamont, »aber dies ist kaum eine Entschuldigung dafür, bei Zitaten aus anderen Quellen mit derselben Schludrigkeit zu verfahren«.

Im Unterschied zu Sara Delamont würde ich diese Praxis nicht als »Schludrigkeit« bezeichnen; es ist kein bloßer Lapsus, kein Abweichen vom normalen Verfahren. Im Gegenteil, genau das haben Männer seit Jahrhunderten in dem System getan, das sie geschaffen haben, um Frauen aus dem allgemeinen Bewußtsein zu eliminieren (siehe Spender, 1981, *Women of Ideas – and what men have done to them!*).

Können wir unsere Schülerinnen und Studentinnen mit Überzeugung auf Bücher wie *Origins and Destinations* verweisen, wenn sie solche Nachlässigkeiten enthalten, fragt Sara Delamont, wobei sie implizit anzunehmen scheint, es gebe andere Untersuchungen, die nicht auf dem Vorurteil basieren, daß Männer die Norm darstellen. »Wir hätten doch sicher etwas Besseres verdient«, fügt sie hinzu, und das ist freilich richtig, aber nicht bloß von Halsey & Co. Wir haben etwas Besseres von *allen* Forschungsrichtungen in *allen* Wissenschaftssparten verdient, aber die Wahrscheinlichkeit, daß wir weniger sexistischen Nonsense bekommen werden, ist gering, solange das Wissen unter männlicher Kontrolle bleibt, denn es ist dem von Männern kontrollierten System inhärent, daß sie davon ausgehen, ihre Erfahrungen seien wichtiger, sie stellten die Norm dar und ihre Prämissen würden nicht grundlegend in Frage gestellt, solange sie sich nur mit anderen Männern darüber austauschen.

Ihre Prämissen werden von Frauen – Sandra Acker, Tessa Blackstone und Sara Delamont – schnell in Frage gestellt, und es ist leicht zu sehen, wie anders die Dinge wären, wenn die Frauen die Herrschaft ausübten und die Männer ihnen während der halben Zeit Rechenschaft schuldeten. Aber solange die Frauen in dem von Männern geschaffenen System nur am Rande vorkommen, kann sogar ihre Kritik trivialisiert und übergangen werden, wie sich an der Art und Weise zeigt, wie Halsey & Co. die Angriffe gekontert haben. Sie hätten Frauen deshalb nicht in ihre Untersuchung einbezogen, erklärten sie, weil Frauen auch in früheren Untersuchungen nicht berücksichtigt worden seien (Blackstone, 1980; S. 14).

Eine solche Verteidigung ist lächerlich. Erstens haben sie unrecht, denn Frauen sind in früheren Untersuchungen berücksichtigt worden, aber sie haben es vorgezogen, sie zu ignorieren beziehungsweise sie als Männer zu bezeichnen, das heißt, sie haben den Versuch fortgesetzt, Frauen unsichtbar zu machen und sie aus dem allgemeinen Bewußtsein zu verbannen. Und zweitens läuft die Argumentation von Halsey *et al.* darauf hinaus, daß Frauen in gegenwärtigen und künftigen Untersuchungen gerade deshalb übergangen werden sollten, weil sie in früheren Untersuchungen übergangen wurden. Aphra Behn hätte diese Absurdität auch mit ihrer Analyse bloßstellen können.

Solange die Männer die Herrschaft ausüben, ist die Wahrscheinlichkeit gering, daß sich an der Praxis, die Existenz von Frauen zu leugnen, etwas ändern wird. Die von Halsey *et al.* vorgebrachten fadenscheinigen Ausreden mögen vielleicht ausreichen, um männliche Zweifel an ihrer Glaubwürdigkeit zu zerstreuen, aber die Frauen, die zu vielfältige Erfahrungen mit den Tricks haben, wie sie ausgeschlossen werden, können sie nicht befriedigen. Schon die Chancen, die nötigen Mittel für ihre Forschung zu erhalten, wären drastisch reduziert gewesen, wenn sie sich bei einem weiblichen Gremium um Förderungsmittel beworben hätten: Wenn sie gesagt hätten, ihre Forschung werde sich auf beide Geschlechter beziehen (obwohl sie sich auf Männer beschränkte), dann wäre ihnen dieser Fehler vorgehalten worden, und wenn sie eine Untersuchung nur über Männer in Aussicht gestellt hätten, dann wäre ihr Antrag vielleicht mit der Begründung abgelehnt worden, ihre Studie sei zu einseitig.

Vielleicht vermuteten sie, daß sie nicht zu denselben Resultaten gekommen wären, wenn sie Frauen einbezogen hätten, und daß dadurch ihre Befunde gefährdet und ihre Forschungsarbeit zu einem »Fehlschlag« geworden wäre. In dem Bewußtsein, daß Frauen Theorien und Resultaten »in die Quere« kommen können, haben manche Sozialwissenschaftler sie ausdrücklich als Forschungsobjekte ausgeschlossen. In ihrem Kommentar über die Ursachen und Gründe für die Einführung von Frauenstudien hat Sheila Tobias (1978) bemerkt, neue Forschungsarbeiten über

Frauen hätten unternommen werden müssen, weil sich in so vielen Wissenschaftssparten herausgestellt habe, »daß dort, wo sich Frauen in Versuchen zur Überprüfung psychologischer und soziologischer Hypothesen nicht so verhalten wie erwartet, davon ausgegangen wird, daß weibliche Probanden die Daten verzerren und deshalb als Versuchspersonen abgelehnt werden«, aber, fügt sie hinzu, »die Hypothesen über menschliches Verhalten werden dennoch beibehalten« (S. 89). Lee Jenkins und Cheris Kramarae (1978, 1981) haben ebenfalls gezeigt, daß Theorien auf Männern basieren, und wenn sich Frauen anders verhalten, dann werden sie »als sonderbar angesehen, statt die auf Männern basierenden Theorien als einseitig zu begreifen«.

Bei ihrer Forschung über Bildungsuntersuchungen in Großbritannien hat Sandra Acker (1980) festgestellt, daß die Wissenschaftler überall dort, wo die Theorien auf Männern basieren und Frauen davon abweichen, im allgemeinen verwirrt oder perplex auf diese Unterschiede reagieren und sich nur selten herbeilassen, ihre Theorien so zu revidieren, daß Frauen davon berücksichtigt werden. Bei ihrer Untersuchung der Forschungsberichte stellte Sandra Acker beispielsweise fest, daß »Witkin vor einem Rätsel stehe, da er mit den Befunden für die Schülerinnen der heutigen Oberschulen nicht gerechnet hatte. Für Synge standen die hohen Bildungsziele von Landmädchen im Gegensatz zu den Erwartungen. Robinson und Rackstraw geben zu, daß sie gegenwärtig keine begründbare Erklärung für diese gelegentlichen Geschlechtsunterschiede in den Leistungen anzubieten haben. Liversidge ist überrascht, daß sich die Berufsziele von Mädchen aus Arbeiterfamilien, gleich, ob es sich um Schülerinnen in den Hauptschulen oder den modernen weiterführenden Schulen handelt, im Gegensatz zu den Jungen nicht stark voneinander unterscheiden. Und Robertson und Kapur gehen so weit zu erklären, ihre Resultate in bezug auf Studentinnen seien bizarr.« (Acker, 1980; S. 9.)

In diesem Augenblick wird eine Fülle von Informationen in den Unterrichtsministerien produziert, die den Entscheidungsträgern und Administratoren im Bildungswesen sowie den pädagogischen Hochschulen als Grundlage dienen und Einfluß darauf haben werden, was im gesamten Schul- und Hochschulbereich gelehrt wird und wie es gelehrt wird; und diese Informationen enthalten die »Fakten«, daß männliche Erfahrungen signifikant, vorhersagbar und plausibel seien und berücksichtigt werden müßten, während weibliche Erfahrungen irrelevant, unzuverlässig und unerklärlich seien und übergangen werden könnten. Das System ist so aufgebaut, daß die Gründe und Rechtfertigungen für die männliche Vormachtstellung ständig geliefert und verstärkt werden.

Es ist unwahrscheinlich, daß man diese Fakten an den Stellen erfolgreich in Frage stellt, an denen sie geschaffen und präsentiert werden, denn diese Bereiche werden überwiegend von Männern beherrscht. Es sind hauptsächlich Männer, die die Forschungsgelder bekommen (denn Männer sind gewöhnlich die besten Kandidaten mit den besten Qualifikationen), sie übernehmen auch die Forschungsleitung, während Frauen, dort, wo sie an den Projekten beteiligt sind, im allgemeinen den Status von Forschungsassistentinnen haben. Wenn diese Frauen darauf hinweisen würden, daß die »Fakten« nur die Ergebnisse männlicher Subjektivität sind, daß sie begrenzt sind und daher verfälschend und irreführend, würden sie nicht immer erleben, daß ihre Proteste ernstgenommen werden (siehe zum Beispiel Helen Roberts, *Doing Feminist Research,* 1981). Wie viele Forschungsassistentinnen bei dem Seminar *The Politics of Research,* das von dem Women's Research and Resources Centre veranstaltet wurde, aussagten, setzte sich, auch wenn sie ihre Einwände geltend machten, die männliche Sicht, die männliche Interpretation dennoch durch, und sie wurden häufig als schwierig oder inkompetent betrachtet und riskierten es, künftig arbeitslos zu sein.[1]

Viele Frauen sind nicht mehr bereit, all dies hinzunehmen. Deshalb werden oft alternative Interpretationen derselben Daten vorgelegt, deshalb erscheinen Bücher wie *Doing Feminist Research,* und deshalb gibt es Diskussionen und Seminare wie das obengenannte über *Forschungspolitik.* Es ist der Grund, warum viele Frauen sich für feministische Forschungsarbeit engagieren, häufig außerhalb von Institu-

1 Es ist kein Zufall, daß die Stelle einer Forschungsassistentin gewöhnlich zeitlich befristet und ohne Sicherheit ist. Dadurch sind viele Frauen in einer prekären Situation, sie suchen ständig neue Jobs und brauchen Zeugnisse und Empfehlungen von (männlichen) Forschungsdirektoren.

tionen, für die keine öffentlichen Mittel vorhanden sind. Aber das Wissen, das Frauen produzieren und das von den Erfahrungen der Frauen abgeleitet ist und die Tatsache der Männerherrschaft in Rechnung stellt, hat mit all den Hindernissen zu kämpfen, von denen ich gesprochen habe, und wird in der Mehrzahl aller Fälle übergangen und geleugnet und daran gehindert, den Rang von Erkenntnissen und Einsichten der ganzen Gesellschaft einzunehmen.

Es ist äußerst schwierig für Frauen, ihre Forschungsergebnisse zu publizieren (siehe Lynne Spender, *Unpublished Heritage: The Politics of Selection* [im Druck], das weitere Beispiele enthält), aber solange sie nicht veröffentlicht werden, können sie nicht bekannt werden und einen Teil unseres kulturellen Selbstverständnisses bilden. Immer und immer wieder entscheiden sich die von Männern beherrschten Lektorate, Rezensenten und Berater gegen die Veröffentlichung des Wissens von Frauen – zum Teil, weil es aus patriarchalischer Sicht mindestens hundert Gründe gibt, warum dieses Wissen weder das beste ist, das zur Verfügung steht, noch das akademisch anspruchsvollste noch das nützlichste, das plausibelste, das nötigste oder das bedeutsamste. Wenn die Probleme der Männer die Parameter bestimmen, dann werden die Probleme der Frauen bestenfalls als marginal angesehen.

Weil es so schwierig – manche würden sagen unmöglich – war, daß Wissen über Frauen aus der Perspektive von Frauen zur Veröffentlichung gelangte, sind in den letzten paar Jahren viele feministische Verlegerinnen, Herausgeberinnen *etc.* hervorgetreten. Wissen über Frauen *kann* sich heute Gehör verschaffen, aber oft nur in einem sehr begrenzten Kreis. Da Männer die Kanäle kontrollieren, durch die das Wissen in das Bildungssystem gelangt, ist es relativ leicht für sie, Barrieren zu errichten und zu verhindern, daß dieses Wissen für wertvoll gehalten und zu einem Bestandteil der pädagogischen Theorie und Praxis wird.

Einer dieser Kanäle ist beispielsweise der *British Research Index*, der von sich behauptet, den »Inhalt aller Artikel von dauerhaftem pädagogischem Interesse« anzugeben und zu analysieren. Da von niemandem zu erwarten ist, alle in Großbritannien erscheinenden Forschungsberichte zu lesen, hat der *British Research Index* einen Stab, der sich dieser Aufgabe unterzieht und eine Auswahl aus allen neuen Publikationen trifft und die Benützer des *Index* auf die wichtigsten und bedeutsamsten Arbeiten hinweist. Aber obwohl dieser Stab 195 Zeitschriften und Periodika durchkämmt, ist keine der 195 Publikationen ein feministisches Blatt (trotz der Tatsache, daß es in Großbritannien viele gibt und daß sie alle über Aspekte des Bildungswesens berichtet haben). Feministischen Veröffentlichungen wird es schwerfallen, in den Hauptstrom vorzudringen, wenn sie sich auf diesen Kanal verlassen!

Durch dieses Verfahren wird nicht nur Wissen über Frauen unterdrückt, sondern da der *Index* ja schließlich ein Bild von den aktuellen Fragestellungen und Erkenntnissen bieten soll, erweckt er bei seinen Benutzern auch den Eindruck, es würden *keine* feministischen Forschungen durchgeführt, dies sei kein Thema, und es gebe niemanden, der auf diesem Gebiet arbeitet. Es ist derselbe Prozeß, durch den Frauen seit Hunderten von Jahren aus dem allgemeinen Bewußtsein verbannt wurden, und genauso wie wir annehmen, daß wir keine Vorfahrinnen haben, die sich mit den Fragen beschäftigten, die uns heute in Anspruch nehmen, so werden auch künftige Generationen von Frauen davon überzeugt sein, daß wir nicht existierten – insbesondere wenn sie in dem »objektiven« und angesehenen *Index* nachschlagen.[1]

Wieder muß man sich klarmachen, daß die vom *British Research Index* getroffene Auswahl aufgrund von bestimmten Maßstäben – männlichen Maßstäben – gerechtfertigt werden könnte. Aufgrund dieser Maßstäbe könnte man behaupten, Wissen über Frauen sei *nicht* von dauerhaftem pädagogischem Interesse – für Männer. Dies wäre keine Parteilichkeit oder Voreingenommenheit, sondern einleuchtend und logisch, wenn nur die Subjektivität von Männern zählt.

Im gesamten Bildungswesen üben in allen Schlüsselstellungen Männer die Macht aus, entweder persönlich oder

1 Die Realität ist natürlich ganz anders. Das Forschungsregister am *Women's Research and Resources Centre* enthält buchstäblich Hunderte von Forschungsarbeiten, die gegenwärtig über pädagogische Fragen durchgeführt werden. Aber der *British Research Index* ist an diesen Materialien nicht interessiert, siehe 12. Kapitel über Frauenbildung.

durch die Ernennung von Frauen, die ihnen genehm sind und die, weil sie von dieser männlichen Zustimmung abhängig sind, darauf hinarbeiten, die Männerherrschaft aufrechtzuerhalten. Männer haben das System so geschaffen, daß es die männlichen Erfahrungen mit der Welt vermittelt – und diesen männlichen Erfahrungen zufolge sind Männer weitaus wichtiger.

Wenn Frauen den gleichen Zugang zu den Machtpositionen hätten, träten tiefgreifende Veränderungen ein. Viele der nach den Maßstäben der Männer besten Kandidaten dürften sich nach weiblichen Maßstäben rasch als die schlechtesten erweisen, wenn sie nicht die Begrenztheit und Parteilichkeit der männlichen Erfahrungen erkennen und ihr Verhalten entsprechend ändern. Viele der heutigen Forschungen erhielten keine Förderung, viele der heutigen Ergebnisse würden nicht akzeptiert, manche der Bücher und Artikel würden nicht als solide angesehen und nicht veröffentlicht werden, wenn Frauen darüber zu entscheiden hätten. Der *British Research Index* und andere vergleichbare Publikationen, die vorgeben, die ganze Wahrheit zu sagen, während sie nur die halbe sagen, würden zur Rechenschaft gezogen, wenn sie Frauen Rechenschaft schuldeten. Die Kanäle für Einsichten, Erkenntnisse und Theorien, die den pädagogischen Hauptstrom speisen, wären Frauen nicht verschlossen, wenn sie im gleichen Maße unter denjenigen repräsentiert wären, die die Kontrolle darüber ausüben, wenn Frauen und ihre Stellungen nicht von männlicher Billigung abhängig wären, sondern wenn sie selbständig und in ihrem eigenen Interesse handeln könnten.

Aber dies ist ein künftiges Ziel und nicht eine gegenwärtige Realität. Im Augenblick ist es möglich, meterlange Statistiken zu produzieren, die das Ausmaß der Männerherrschaft dokumentieren (obwohl es verständlicherweise hauptsächlich Frauen sind, die diese sammeln und zu veröffentlichen suchen[1]). Solange Männer jedoch die Macht innehaben und die Maßstäbe setzen, können auch diese höchst blamablen Statistiken leicht als ein Anzeichen dessen »rationalisiert« werden, daß Frauen eben den männlichen

1 *WEdG,* die *Women's Education Group,* stellt gegenwärtig die Statistiken über ILEA zusammen, weil sie wissen, daß die Enthüllungen über den Status der Frauen im System den Behörden peinlich sein werden.

Maßstäben nicht genügen: Männer können dafür umfangreiches »Beweismaterial« vorlegen, das sie fabriziert haben, um zu »belegen«, daß dem so ist.

Frauen können jedoch ganz anders rationalisieren, denn während die Männerherrschaft für Männer oft kein Problem darstellt und in ihren Erklärungen normalerweise nicht auftaucht, ist sie für Frauen zentral. Frauen können »beweisen«, daß Männer das System so geschaffen haben, um belegen zu können, daß sie die besten Kandidaten für einflußreiche Positionen sind: Frauen können »beweisen«, daß Männer das System so geschaffen haben, daß die Probleme der Männer die einzigen sind, die von dauerhaftem pädagogischem Interesse beziehungsweise Bedeutung sind, mit dem Erfolg, daß man die Frauen »verschwinden lassen«, sie aus dem öffentlichen Bewußtsein verbannen und ins Unrecht setzen kann. Während für Männer jede Ernennung eines Mannes zum Leiter, zum Direktor, zum Beamten »beweisen« mag, daß Männer die besten Kandidaten sind, sehen Frauen darin den Beweis dafür, daß Männer das System so eingerichtet haben, daß es im Interesse der Männer funktioniert!

Dritter Teil
Im Klassenzimmer

4
Schlagen Sie Krach – das wirkt!

Historisch gesehen haben die Männer die Frauen immer ausgeschlossen. Sie haben bewiesen, daß Frauen minderwertig sind und unrecht haben und daß sie deshalb nicht dieselbe Rücksichtnahme und dieselben Chancen verdienen wie die Männer. Historisch gesehen sind die Männer den Frauen immer ins Wort gefallen; sie haben sie zum Schweigen gebracht und den Interessen der Männer gedient.

Wer aber annimmt, dies sei bereits Geschichte, der ist auf dem Holzweg, denn derselbe Prozeß setzt sich heute in den meisten Klassenzimmern dieses Landes fort, wo die Männer in den gemischtgeschlechtlichen Klassen die Autoritätsfiguren sind, wo die Männer reden und der Unterricht auf die Interessen der Jungen zugeschnitten ist, weil diese, wie die meisten Lehrer/innen wissen, dazu neigen, Schwierigkeiten zu machen, wenn sie nicht kriegen, was sie wollen. Schülerinnen werden heute in der Schule in genau derselben Weise übergangen, wie ihre Vormütter übergangen wurden, und es ist weder wahrscheinlich, daß die Erfahrungen von Frauen in gemischten Schulen Inhalt des Lehrplans, noch daß sie Bestandteil des kollektiven Bewußtseins sind.

Es ist nicht schwer festzustellen, wer in der Klasse die Aufmerksamkeit der Lehrer/innen auf sich zieht, und zahlreiche Untersuchungen zeigen, daß in gemischten Klassen Jungen das meiste Augenmerk auf sich ziehen (siehe Sears & Feldman, 1976, das einen Überblick über diese Frage enthält, und Birgit Brock-Utne, undatiert). Aber obwohl es seit langem bekannt ist, daß Jungen weitaus mehr Aufmerksamkeit seitens der Lehrer/innen erhalten als Mädchen, sind – und das überrascht nicht – nur wenige Versuche unternommen worden, dieses Phänomen zu erklären oder über seine Bedeutung zu spekulieren: In einer Gesellschaft, in der Männer als wichtiger angesehen werden, bestätigen solche Statistiken lediglich, was wir über die männliche Vormachtstellung bereits wissen; sie werden daher eher als selbstverständlich empfunden, statt zum Gegenstand weiterer Untersuchungen gemacht zu werden.

Die Lehrer/innen sind sich oft selbst nicht bewußt, wie sie ihre Zeit aufteilen, und wenn man sie fragt, ob sie einem Geschlecht mehr Aufmerksamkeit zollen als dem anderen, protestieren sie nicht selten heftig; das täten sie *nicht*, sie behandelten beide Geschlechter gleich. Wenn aber ihre nächste Unterrichtsstunde auf Band aufgezeichnet wird, stellt sich oft heraus, daß sie mehr als zwei Drittel ihrer Zeit mit den Jungen zubrachten, die weniger als die Hälfte der Klasse ausmachen. Die meisten Lehrer/innen wollen die Mädchen nicht bewußt diskriminieren; sie sagen, sie wollten beide Geschlechter fair behandeln, unsere Gesellschaft und unser Schulwesen sind aber so strukturiert, daß »Gleichberechtigung« und »Fairness« bedeuten, daß die Jungen mehr Aufmerksamkeit erhalten (siehe Spender, 1981, a).

Wenn auch die Lehrer/innen nicht wissen, daß sie den Jungen mehr Aufmerksamkeit widmen – *positive* Aufmerksamkeit, die dem Image der Jungen zugutekommt –, die Schüler/innen wissen es sehr wohl. In ihrer kürzlich in Cambridge durchgeführten Untersuchung fragte Michelle Stanworth (1981) die Studenten und Studentinnen, wer im Unterricht die Aufmerksamkeit erhalte und welche Art von Aufmerksamkeit, und aus den Antworten ging hervor, daß überwiegend den männlichen Studenten Aufmerksamkeit geschenkt und das Bewußtsein vermittelt wurde, sie seien wichtig, und man habe sie gern.

In den Diskussionen im Unterricht, sagten die Studentinnen/Studenten, dominierten die Jungen: Das Verhältnis der Studenten, die sich beteiligten, gegenüber den Studentinnen sei etwa 4:1. Wenn die Lehrpersonen Fragen stellten, dann fragten sie Jungen etwa doppelt so häufig wie Mädchen, und wenn die Lehrer Lob und Ermutigung aussprachen, dann geschah dies im Verhältnis von 3:1 zugunsten der Jungen. Und in diesen Klassen gab es mehr Mädchen als Jungen.

Die Studentinnen/Studenten selbst machten die Angabe, die Jungen stellten doppelt so viele Fragen wie die Mädchen und nähmen die Zeit der Lehrer/innen doppelt so lange in Anspruch. Und sowohl die Jungen als auch die Mädchen erklärten, die Lehrer/innen kümmerten sich mehr um die Jungen, hielten sie für gewissenhafter und fähiger, kämen mit ihnen besser aus, unterrichteten sie lieber und hielten sie doppelt so häufig für Müsterschüler (Stanworth, 1981).

Was auch immer Lehrer/innen ihrer Ansicht nach tun, unter den weiblichen und männlichen Schülern besteht Übereinstimmung darüber, daß Jungen als wichtiger gelten, als diejenigen, die maßgebend sind und mehr Aufmerksamkeit verdienen, und diese Überzeugung der Schüler/innen hebt das Selbstbewußtsein der Jungen (die sich dadurch noch mehr zu Wort melden und mehr Aufmerksamkeit beanspruchen) und unterminiert das Selbstvertrauen der Mädchen (die noch weniger sagen und noch weniger Aufmerksamkeit beanspruchen). Diese Lektionen werden vom Kindergarten bis zur Hochschule in den Klassenzimmern gelernt.

Lehrer/innen, die die Erkenntnis vermitteln, Jungen seien wichtiger als Mädchen, sind keine bösartigen und grausamen Menschen, die bewußt eine sexistische Gesellschaft erzeugen oder reproduzieren wollen: Viele mögen sich im Gegenteil bewußt bemühen, den Sexismus zu bekämpfen. Wenn ich und viele andere aktiv versucht haben, unsere Verhaltensmuster im Unterricht zu ändern, wenn wir uns bemühten, den Prozentsatz der mit den Mädchen zugebrachten Zeit zu erhöhen, anderes Lehrmaterial zu benutzen und andere Themen zur Diskussion zu stellen, dann sind wir dabei oft und aus zahlreichen Gründen kläglich gescheitert (siehe auch Elizabeth Sarah, *Interaction in the Classroom*).

Ein Grund dafür ist, daß der Sexismus so allgegenwärtig und unserer Betrachtungsweise der Welt so inhärent ist, daß wir uns manchmal nicht des Ausmaßes bewußt sind, in dem er unsere Handlungen beherrscht, so daß selbst dann, wenn wir das Gefühl haben, gerecht und fair zu sein oder sogar die Mädchen zu bevorzugen, die empirischen Daten das Gegenteil beweisen können. Weil wir es derart verinnerlicht haben, daß Jungen wichtiger sind und mehr Zeit und Aufmerksamkeit verdienen, kann bei uns dann, wenn wir den Mädchen 35 Prozent unserer Zeit widmen, das Gefühl entstehen, den Jungen gegenüber unfair zu sein.

Solange es »normal« ist, unsere Anstrengungen größtenteils den Jungen zu widmen, erscheint es schon als bedeutsamer Eingriff und besondere Bemühung um Gleichbehandlung, wenn man den Mädchen etwas mehr als ein Drittel der Aufmerksamkeit schenkt.

Ich habe viele Unterrichtsstunden, die ich und andere Lehrer/innen in gemischten Klassen gehalten haben, auf Band aufgezeichnet, und bei zahlreichen Gelegenheiten war es unser ausdrückliches Ziel, gleich viel Zeit mit beiden Geschlechtern zuzubringen. Am Ende der Stunde hatte ich den Eindruck, es sei mir gelungen, dieses Ziel zu erreichen – manchmal glaubte ich sogar, zu weit gegangen zu sein und *mehr* Zeit mit den Mädchen als mit den Jungen zugebracht zu haben. Aber die Bänder bewiesen das Gegenteil. Von zehn auf Band sufgenommenen Stunden (an Oberschulen und am College) brachte ich mit den Mädchen maximal 42 Prozent und im Schnitt 38 Prozent der Zeit zu, mit den Jungen nie weniger als 58 Prozent. Es war ein ziemlicher Schock für mich, auf diese Diskrepanz zwischen dem, was ich zu tun *glaubte*, und dem, was ich tatsächlich *tat,* zu stoßen.

Andere Lehrer/innen waren ebenfalls überzeugt davon, ihr Ziel, ihre Zeit gleichmäßig auf die beiden Geschlechter aufzuteilen, erreicht zu haben, aber als die Bänder analysiert wurden, mußten sie feststellen, daß sie, wenn sie etwa 38 Prozent ihrer Zeit den Mädchen widmeten, bereits den Eindruck hatten, die Mädchen zu *entschädigen,* und gleichsam das Gefühl, künstlich Gleichberechtigung herbeigeführt zu haben.

»Ich bemühte mich so bewußt, mehr Zeit mit den Mädchen zuzubringen, daß ich wirklich glaubte, es übertrieben zu haben«, sagte eine Lehrerin kopfschüttelnd, als sie das Band abhörte und errechnete, daß sie in ihren Interaktionen mit den Schüler/inne/n nur 36 Prozent ihrer Zeit mit den Mädchen zugebracht hatte. »Aber ich glaubte, ich hätte den Mädchen mehr Zeit gewidmet«, sagte eine andere, die konstatierte, daß sie den Mädchen nur 34 Prozent ihrer Zuwendung geschenkt hatte, »und die Jungen dachten das auch«, fügte sie hinzu. »Sie beklagten sich, daß ich die ganze Zeit mit den Mädchen redete.«

Es sollte uns nicht überraschen, daß die Schüler/innen eine ähnliche Vorstellung von Fairness haben wie die Lehrer/innen, denn wir sind alle Mitglieder derselben Gesellschaft, die den Männern größere Bedeutung zuspricht. In den Klassen, wo sich die Lehrer/innen bemühten, ihre Zeit gleichmäßig aufzuteilen, blieben ihre Bemühungen nicht unbemerkt von den Schülerinnen und Schülern, und trotz der Tatsache, daß die Lehrerinnen ihr Ziel nicht erreichten und es ihnen nur gelang, etwas mehr als ein Drittel ihrer Zeit mit den Mädchen zuzubringen, protestierten viele Jungen und behaupteten, daß etwas mehr als ein Drittel unfair sei und daß der ihnen *zustehende* Anteil an Aufmerksamkeit seitens der Lehrpersonen beschnitten werde.

»Sie richteten alle Fragen immer an die Mädchen«, sagte ein Junge in einer Klasse, in der die Lehrerin 34 Prozent ihrer Zeit den Mädchen gewidmet hatte. »Sie mag Jungen nicht und hört nur den Mädchen zu«, sagte ein anderer Junge in einer Stunde, in der die Jungen 63 Prozent der Zeit mit der Lehrerin interagiert hatten; und das sind noch einige der »höflicheren« Proteste. Das erweckt den Anschein, daß Jungen in einer sexistischen Gesellschaft annehmen, es sei nur fair, wenn sie zwei Drittel der Aufmerksamkeit der Lehrperson für sich beanspruchen, und wenn dieses Verhältnis geändert wird, so daß sie weniger als zwei Drittel der Aufmerksamkeit erhalten, dann haben sie schon das Gefühl, diskriminiert zu werden.

Viele übten im Klassenzimmer Druck auf ihre Lehrerinnen aus, manche aber gingen noch weiter und beklagten sich bei deren Vorgesetzten über die bevorzugte Behandlung der Mädchen (oder drohten, sich zu beklagen), wenn diese mehr als ein Drittel der Zeit ihrer Lehrperson erhielten. Dies ist ein weiterer Grund, warum es den Lehrpersonen nicht gelingt, ihre Zeit gleichmäßig auf beide Geschlechter zu verteilen – viele der Jungen sind dagegen, sie rebellieren und setzen sich damit durch.

Jede Lehrperson muß versuchen, das Interesse und die Kooperation der Klasse zu gewinnen. Eine einzige Lehrperson steht vielen Schülerinnen und Schülern gegenüber, und wenn »Ordnung« im herkömmlichen Sinne herrschen soll, dann ist die Lehrperson gewöhnlich darauf angewiesen, das Interesse und den guten Willen derjenigen zu nutzen, die sie unterrichten soll. Heute wird mancherorts der Standpunkt der Schüler häufig weit stärker berücksichtigt, als allgemein bekannt ist, und es erscheint vielen Lehrkräften vernünftig, sich um die Kooperation ihrer Schüler/innen zu bemühen.

Aber viele Jungen beziehungsweise Männer sind nur dann zur Zusammenarbeit bereit, wenn ihre Interessen berücksichtigt werden. Das bedeutet, daß die Lehrkräfte nicht immer die freie Wahl haben, die Diskussionsformen oder Lehrmittel einzuführen, die sie wollen. Statt sich um die ganze Klasse zu kümmern, erleben sie in gemischten Klassen häufig, daß sie von einer Gruppe von Jungen manipuliert werden, die unkooperatives und störendes Verhalten an den Tag legen, wenn ihnen kein Stoff präsentiert wird, den sie interessant finden.

Damit erhebt sich die Frage, was in unserer Gesellschaft im allgemeinen als interessant gilt. Es wurde bereits festgestellt, daß Wissen über Frauen nicht geschätzt wird – außer von einigen komischen Feministinnen wird es nicht für interessant oder bedeutsam gehalten –, und selbst wenn Wissen über Frauen leicht verfügbar wäre, diente es nicht dem Zweck, die Aufmerksamkeit oder den Respekt mancher Jungen zu erringen. Im Gegenteil, die Präsentation von Wissen über Frauen (und der Versuch, sich mehr mit den Schülerinnen zu befassen) ist eher dazu geeignet, einen Aufstand auszulösen als ein vernünftiges Gespräch.

Was als interessant gilt, ist Wissen über Männer. Da Männer die Kontrolle über die Geschichtsschreibung und die Herrschaft über das Wertsystem ausüben, wird allgemein angenommen, sie hätten all die aufregenden Dinge gemacht: Männer haben Geschichte gemacht, sie haben Entdeckungen und Erfindungen gemacht und Glanzleistungen an Mut und Können vollbracht – wenn man ihnen glaubt. Dies seien die wichtigen Errungenschaften, und nur Männer hätten daran teilgenommen, will man uns einreden. Und so kommt es, daß die Taten der Männer die Lehrpläne füllen.

Es ist ein facettenreicher Prozeß, durch den männliches Wissen zum Kernstück des Lehrplans wird. Daran wirken diejenigen mit, die bestimmen, welche Wertvorstellungen eine Gesellschaft hat, es wirken die Entscheidungsträger daran mit und die Forscher, die Wissen über Männer produzieren; aber eine Rolle spielen dabei auch die männlichen Schüler und Studenten in gemischten Klassen, die darauf bestehen, daß ihren Interessen entsprochen wird – häufig ausschließlich. Viele Lehrer/innen können einem erzählen, was in einer gemischten Klasse geschieht, in der die Jungen nicht im Mittelpunkt der Aufmerksamkeit stehen: es gibt Stunk!

Wenn Jungen nicht bekommen, was sie wollen, dann neigen viele von ihnen zu unkooperativem Verhalten, und in einer sexistischen Gesellschaft äußert sich ihr Mangel an Kooperation oft auf sexistische Weise. In einer Gesellschaft, in der von den Männern erwartet wird, aggressiv, herrisch, energisch und despotisch aufzutreten, tun Jungen gewissermaßen nur das, was von ihnen erwartet wird, wenn sie ihre Proteste in aggressiver Weise vorbringen. Viele Lehrkräfte und Schüler/innen sehen es als durchaus legitim an, daß Jungen Schwierigkeiten machen, andere an der Teilnahme hindern und ihnen ihre Werte aufzwingen, wenn sie nicht bekommen, was sie wollen.

»Die Jungen regen sich auf, wenn wir versuchen, über Mädchenprobleme zu reden«, sagte eine Schülerin, »wahrscheinlich haben sie im Grunde recht.« Als ich sie fragte, ob sich die Mädchen auch ärgern, wenn sie sich nur mit den Interessen der Jungen befassen müssen, antwortete sie: »Das ist nicht dasselbe. Es macht uns nichts aus, ihre Sachen zu machen. Manchmal ärgern wir uns, aber wir sagen nicht viel.« Wenn Mädchen gezwungen werden, »Jungensachen« zu machen, dann mucken sie nicht so laut auf und erheben nicht dieselben störenden Proteste. Mädchen zwingen ihre Werte den Jungen nicht auf, und sie manipulieren die Lehrkräfte auch nicht in dieser Weise.

Da der Unterricht in unserer Gesellschaft so eng mit der Klassenzimmerdisziplin verknüpft ist (ein Umstand, der sich ändern könnte, wenn Frauen etwas zu sagen hätten), können es sich die Lehrkräfte einfach nicht leisten, eine Klasse voller widerspenstiger Jungen zu haben, die sich für den Unterricht nicht interessieren und entschlossen sind, Radau zu machen. Die Jungen setzen ihren Kopf durch – der Unterricht wird auf sie zugeschnitten!

Als Katherine Clarricoates (1978) Grundschullehrer/innen interviewte, zeigte sich eindeutig, daß diese ihren Unterricht auf die Interessen von Jungen zuschnitten (trotz der Tatsache, daß sie im selben Augenblick behaupteten, beide Geschlechter gleich zu behandeln), denn das sei die einzige Möglichkeit, um die Klasse unter Kontrolle zu halten.

»›Jungen sind schwieriger zu disziplinieren‹, sagte eine Lehrerin. ›Ja‹, stimmte eine andere zu, ›sie sind so lebhaft und laut.‹

›Es ist wichtig, ihre Aufmerksamkeit zu fesseln ... sonst machen sie einem die Hölle heiß.‹

›Die Jungen sind schwieriger dazu zu bringen, sich hinzusetzen und zu arbeiten ... sie scheinen nicht die gleiche Selbstdisziplin zu haben wie die Mädchen, deshalb ist es wichtig, das Thema für sie aufzubereiten.‹

›Ich versuche, den Stoff immer so interessant wie möglich zu machen, damit die Jungen nicht ihre Konzentration verlieren und unruhig werden ...‹

›Es ist etwas schwieriger, im Unterricht die Aufmerksamkeit der Jungen zu fesseln ... zumindest habe ich das festgestellt, deshalb bereite ich den Stoff eher für sie als für die Mädchen auf, denen es leichtfällt, in der Stunde aufzupassen.‹« (Clarricoates, 1978; S. 356–357)

Dies ist teilweise der Grund, warum sich die Aufmerksamkeit der Lehrkräfte eher auf die Jungen richtet. Deshalb lassen sie ihnen mehr Zuwendung, mehr Lob und Ermutigung zuteil werden, und deshalb reden die Jungen auch mehr, erheben größere Ansprüche, stellen mehr in Frage und benehmen sich herausfordernder. Dies ist der Prozeß, durch den die *männliche* Erfahrung zur Erfahrung der ganzen Klasse wird und durch den im Unterricht die sozialen Muster der Gesamtgesellschaft verdoppelt werden.

Bei Mädchen, von denen erwartet wird, abhängig und fügsam zu sein, können die Einwände, die sie dagegen haben, daß ihnen die männlichen Erfahrungen aufgedrängt werden, eine andere Form annehmen. Ihre Verweigerung der Zusammenarbeit kann zu einem Rückzug in sich selbst führen, entweder indem sie »ihre Arbeit machen«, ohne zu erwarten, daß diese sinnvoll und interessant für sie ist, oder indem sie sich in der Ecke still mit etwas anderem beschäftigen. So oder so wird dieses Verhalten seitens der Mädchen meist nicht als Indiz dafür betrachtet, daß die Lehrer ihre Klasse nicht unter Kontrolle haben, denn in den meisten Klassen wird der Lärmpegel als Kriterium für die Effizienz der Lehrperson betrachtet, und innerhalb und außerhalb des Bildungswesens ist der Mann derjenige, der mehr Lärm macht.

Die Schüler/innen wissen, daß von den Mädchen Ruhe

und Fügsamkeit erwartet wird (und dies hat zahlreiche Konsequenzen), und als Angele Parker (1973) Schülerinnen und Schüler befragte, erklärten beide Geschlechter, es sei typisch für die Jungen, Fragen zu stellen, die Autorität der Lehrkraft herauszufordern, Gründe und Erklärungen zu verlangen – kurz, sich im Unterricht aktiv zu verhalten. Und beide Geschlechter wissen, daß Mädchen, die diesen Erwartungen nicht entsprechen, aller Wahrscheinlichkeit nach bestraft werden.

Meine eigenen Forschungen haben immer wieder die zweierlei Maßstäbe aufgedeckt, die im Unterricht angelegt werden. Wenn Jungen Fragen stellen, protestieren oder die Lehrkraft (beziehungsweise andere Schüler) herausfordern, verschaffen sie sich dadurch Respekt und Belohnungen; wenn Mädchen genau dasselbe Verhalten an den Tag legen, handeln sie sich häufig Strafen und Tadel ein. Für Jungen, die Aufmerksamkeit und Erklärungen fordern, gibt es *nicht einmal einen Begriff in der Sprache* zur Bezeichnung ihres unerwünschten Verhaltens, wohl aber für Mädchen – sie benehmen sich nicht damenhaft, unschicklich, unweiblich! Von Jungen wird erwartet, daß sie sich behaupten, daß sie sich durchsetzen, und selbst wenn dies für eine Lehrkraft unangenehm ist, so ist es doch immer noch ein Verhalten, das bei Jungen in der Regel als positiv angesehen wird. Ein Junge ist nun einmal ein Junge!

Von Mädchen wird dagegen nicht erwartet, daß sie sich in einer unabhängigen Weise verhalten, und falls sie es doch tun, wird ihr Benehmen häufig als unangebracht bewertet, es wird negativ gesehen und in vielen Fällen als »ein Problem« klassifiziert.

Die Lehrkräfte können damit fortfahren, ihre Schüler/innen auf diese geschlechtsspezifische Weise zu behandeln und gleichzeitig ihr Verhalten als fair und gerecht zu bezeichnen, eben weil in unserer Gesellschaft Jungen und Männer als wichtiger angesehen werden. Es erscheint uns als fair und gerecht, Jungen beziehungsweise Männern mehr Aufmerksamkeit zu schenken, ihrem Verhalten größere Bedeutung beizumessen und ihre Forderungen als legitimer anzusehen. In einer Gesellschaft, in der es normal ist, daß Männer bevorzugt behandelt werden, ist es auch normal, diese Bevorzugung in der Schule walten zu lassen.

Dies hat viele verschiedene Konsequenzen für Mädchen, und keine davon ist gut. Es ist daran zu erinnern, daß im vergangenen Jahrzehnt eine Vielzahl von Forschungen durchgeführt wurden, die ergaben, daß es von allergrößter Wichtigkeit sei, den Schüler/innen Gelegenheit zu geben, als Ausgangspunkt des Lernens über ihre eigenen Erfahrungen zu sprechen. Doch haben wir ein Schulsystem, in dem es für die Hälfte der Bevölkerung nicht nur äußerst schwierig ist, Gelegenheit zum Reden – insbesondere mit der Lehrperson – zu finden, sondern wo die Erfahrungen, über die die Mädchen sprechen könnten, als unpassend angesehen werden, als nicht genügend »interessant«, um darüber zu sprechen. (Es versteht sich von selbst, daß in den Untersuchungen über die Heranziehung der eigenen Erfahrungen als Ausgangspunkt für das Lernen die einflußreichen Arbeiten von Fachleuten wie Douglas Barnes, James Britton und Harold Rosen die Einschränkungen, denen die Mädchen unterworfen sind, nicht erwähnen.)

Wenn das Sprechen über die eigenen Erfahrungen wesentlich für das Lernen ist, dann muß gesagt werden, daß Mädchen in gemischten Klassen sehr begrenzte Chancen haben – sowohl wegen der Einschränkungen, denen ihre Redezeit unterliegt, als auch wegen der Einschränkungen, denen ihre Erfahrungen unterworfen sind.

Es kann keinen Zweifel darüber geben, daß der Schulunterricht dazu beiträgt, das Selbstvertrauen der Mädchen zu unterminieren und ihre Selbstachtung zu verringern (dies wird in den folgenden Kapiteln noch eingehender erörtert), denn solange die Lehrkräfte den Jungen mehr Zeit, Aufmerksamkeit und Lob zukommen lassen und solange die Lektionen, die sie zu lernen haben, die Erfahrungen der Jungen in einem positiven Licht erscheinen lassen, sind sie ständig von Beweisen dafür umgeben, daß sie nicht so wichtig sind wie die Jungen. Den Mädchen bleibt nicht viel anderes übrig als zu akzeptieren, was man ihnen täglich beibringt, nämlich daß sie minderwertig und im Unrecht seien.

Lehrkräfte, die den Wünschen der Jungen in ihrer Klasse entgegenkommen, stellen fest, daß es an Stoff, der auf die Interessen der Jungen zugeschnitten ist, nicht mangelt: Die meisten Lehrbücher gehen davon aus, daß der Durchschnittsmensch männlichen Geschlechts ist, daß die männlichen Erfahrungen die Gesamtsumme menschlicher Erfahrungen sind und daß die Handlungen von Jungen beziehungsweise Männern per se interessanter und bedeutsamer sind. Statt die sexistischen Überzeugungen der Gesellschaft in Frage zu stellen, tragen viele, wenn nicht die meisten Lehrbücher zur Verstärkung der Ungleichheit der Geschlechter bei. Marion Scott (1980) untersuchte *alle* Lehrbücher, die in einer Londoner Gesamtschule verwendet werden, und in ihrem Artikel »Erteile ihr eine Lektion« berichtet sie, daß der Sexismus das Feld beherrsche, denn nicht nur idealisiere die Mehrzahl der Lehrbücher das Image der Männer auf Kosten der Frauen, diese präsentierten sogar häufig ein verzerrtes Bild der Welt, das noch sexistischer sei als die Realität (S. 114–115).[1] Dies ist als keine geringe Leistung anzusehen.

Was aber im Unterricht gelernt wird, beschränkt sich nicht auf den Stoff, der in Lehrbüchern angeboten wird. Viele Einsichten und Erkenntnisse können im Unterricht unabhängig von vermitteltem Wissen entstehen. Erstens können die Schüler/innen Dinge selbst herausfinden – sie können Fragen vorbringen, neue Verbindungen herstellen und die Welt in neuer und anderer Weise beschreiben und erklären –, und wenn die Schülerinnen die Freiheit hätten, solche Erkundungen zu machen und ihre eigenen Erfahrungen zu artikulieren und zu verifizieren, dann wäre die Tatsache, daß das meiste in Büchern vorliegende Wissen sexistisch ist, nicht annähernd so bedeutsam. Es bliebe ihnen dann ein anderer Zugang offen, und sie hätten eine andere Möglichkeit, ihre eigenen Meinungen zu äußern und ihrer eigenen Existenz Wert zu verleihen.

Eine solche Möglichkeit aber ist gewöhnlich blockiert: Die Dynamik des Unterrichts ist so beschaffen, daß die Jungen/Männer dominieren und die Mädchen/Frauen selten Gelegenheit haben, selbst Erkenntnisse über sich zu gewinnen. Statt dessen müssen sie ständig die Lektion über sich ergehen lassen, daß sie nicht zählen.

Diese Lektion nimmt viele Formen an. Manchmal ist es eine indirekte Lektion, die ihnen durch den Mangel an Auf-

1 In welchem Grad Lehrbücher ein noch sexistischeres Bild der Welt bieten, als die Schüler/innen es in ihrem Alltag erleben – und die Gründe dafür –, das wird in Spenders »Education or Indoctrination?« (1980) erörtert.

merksamkeit und Interesse der Lehrkraft erteilt wird. In den Schulstunden, wo ich den Unterrichtsverlauf protokolliert habe, wurde den Mädchen von den Lehrkräften nicht nur weniger Aufmerksamkeit geschenkt, sie mußten auch länger darauf warten. Wenn Jungen Aufmerksamkeit erregen wollen, dann ist »fordern« der treffende Ausdruck dafür, und wenn sich ihnen die Lehrkraft nicht sofort zuwendet, können sie ihr (und den Mitschülerinnen) das Leben oft sehr schwer machen. Mädchen aber kann man »abwimmeln«; sie können ewig die Hände hochhalten, und ihre oft höflichen Bitten um Hilfe werden überhört, da sich die Lehrkraft ja um die Jungen kümmern muß.

Die Jungen nehmen im allgemeinen mehr Platz in Anspruch, selbst wenn sie in der Minderheit sind. Sie nehmen auf ihren Stühlen mehr Raum ein (wobei ihre ausgestreckten Beine unvorsichtige Passanten leicht stolpern lassen), ihre Stühle und Tische nehmen mehr Platz ein, sie bewegen sich auch mehr im Raum (sie beanspruchen auch außerhalb des Klassenzimmers in den Gängen und natürlich ebenso bei den Sporteinrichtungen mehr Raum: Es ist nicht ungewöhnlich, daß große Teile von Schulspielplätzen ausdrücklich für die Jungen reserviert sind, und wenn der Spielplatz geteilt wird, dann sind es sicher die Mädchen, die den kleineren Teil erhalten. Auch dies kann in derselben Weise als »fair« angesehen werden, wie ein geringerer zeitlicher Aufwand der Lehrkraft als fair gelten kann).

Manche dieser Lektionen, die Mädchen über ihre relative Wichtigkeit (oder genauer Unwichtigkeit) lernen, unterliegen nicht der unmittelbaren Kontrolle der Lehrkraft, denn so, wie die Schüler/innen auf die Lehrperson reagieren müssen, so müssen auch die Lehrpersonen – bis zu einem gewissen Grad – auf ihre Schüler/innen reagieren. Und sie werden gezwungen, mehr auf die Jungen einzugehen. Dadurch erhebt sich die Frage, ob die Mädchen anfangen sollten, in derselben aggressiven und fordernden Weise aufzutreten wie viele Jungen. Abgesehen davon, daß ich um die Lehrkräfte besorgt wäre, wenn zu einem solchen Verhalten ermutigt würde, habe ich weitere Gründe dafür, andere Lösungen anzustreben.

Erstens glaube ich nicht, daß dieses Verhalten der Jungen bewundernswert ist, und ich sehe keinen Grund, es nachzuahmen. Obwohl es logisch völlig richtig wäre, darauf hinzuweisen, daß es produktiver wäre, wenn die Jungen das Benehmen der Mädchen nachahmten, wird ein solcher Vorschlag in einer Gesellschaft, in der das männliche Verhalten als das beste gilt, nur selten gemacht. Zweitens aber ist es in gewisser Weise »artifiziell«, den Mädchen zu raten, sich in autonomer, effektiver und legitimer Weise zu verhalten, wenn ihnen alle übrigen Signale, die sie aus der Umwelt erhalten, vor Augen führen, daß sie nicht autonom, daß sie ineffektiv und illegitim sind. Ein solches Verhalten im Unterricht wäre ein Verstoß gegen die Norm, eine Abweichung ohne soziale Billigung und könnte leicht zu verstärkten Minderwertigkeitsgefühlen führen, falls es scheitert. Und ich halte es für möglich, daß solche Versuche scheitern würden.

Der Grund dafür ist, daß die Jungen nicht nur den Lehrkräften die Hölle heiß machen können – und dadurch Resultate erzielen –, sondern auch den Mädchen. Sie können die in der Gesellschaft reichlich vorhandenen »Beweise« dafür ausnutzen, daß Mädchen unterlegen und minderwertig sind, und sie können sie *mit* sozialer Billigung gegen die Mädchen ausnutzen.

John Eliot (1974) zeigte sich verwundert darüber, daß sich die Mädchen nicht in derselben Weise wie die Jungen an seinem Unterricht beteiligten; sie stellten keine Fragen, steuerten keine Informationen bei, ja diskutierten nicht einmal ausführlich über das Thema. Während die Bedeutung der Themenwahl für Eliot kein Problem zu sein schien – es war *der Krieg* –, führte er dennoch Protokoll über die Vorgänge in seinem Unterricht und stellte fest, daß dann, wenn einmal ein Mädchen zu sprechen versuchte, es rasch von den Jungen unterbrochen wurde, die sich über es lustig machten und es zum Schweigen brachten.

Es braucht nicht die Lehrkraft zu sein, die die Regeln festlegt und die Strafen verhängt und die den Jungen gestattet, mehr und ungehinderter zu reden. Oft sind es die Jungen selbst, die die Spielregeln festlegen und dafür sorgen, daß diese von den Mädchen verstanden und beachtet werden: Oft sind es die Jungen, die die Strafen austeilen und für die Einhaltung der Regeln sorgen, wie sie das auch in gemischtgeschlechtlichen Gesprächen außerhalb der Schule tun (siehe Spender, *Man Made Language;* 1980).

Daß Jungen Mädchen nicht mögen, daß sie sie für minderwertig und ihrer nicht würdig halten – ja sie sogar verachten –, ist eine Schlußfolgerung, die schwer zu vermeiden zu sein scheint, wenn man das Verhalten von Jungen gegenüber Mädchen in der Schule beobachtet und dokumentiert. Die Bandaufzeichnungen, die ich im Unterricht gemacht habe, beweisen, daß Jungen häufig beleidigende und schmähende (oft sexuell anzügliche) Bemerkungen zu Mädchen machen. Es gibt auch Indizien dafür, daß die Lehrkräfte in der Mehrzahl der Fälle die Jungen wegen dieses Verhaltens nicht zur Rechenschaft ziehen.

Solche Angriffe werden meistens ignoriert und durch die Lehrkraft, die diese Ausbrüche entweder nicht bemerkt oder vorgibt, sie nicht zu bemerken, »unsichtbar« gemacht. Wie es scheint, bringen die Lehrkräfte solche Vorfälle selten zur Sprache, und wenn ich sie frage, warum solche Rüpelhaftigkeiten geduldet beziehungsweise geflissentlich übersehen werden, dann antworten sie gewöhnlich in Form einer Entschuldigung: »Alle Jungen benehmen sich in diesem Alter so, das ist ein Stadium, das sie durchmachen«, und »es ist am besten, keine Aufmerksamkeit darauf zu lenken, sie wachsen da wieder heraus«. Abgesehen von der Tatsache, daß ich mir ernsthaft Sorgen darüber mache, wo sie danach »hineinwachsen«, kann ich nicht übersehen, daß eine solche Bewertung nur die Interessen der Jungen berücksichtigt. Wie wirken sich solche Schmähungen auf die Mädchen aus?

Die meisten Lehrkräfte, die meisten Jungen – und sogar die meisten Mädchen – scheinen bereit zu sein zuzugeben, daß Jungen Mädchen nicht mögen und daß dies normal und zu erwarten sei. Wenn die Jungen dabei manchmal die Grenzen des »Anstands« überschreiten, dann sei es wahrscheinlich besser, ein Auge zuzudrücken. Was bei dieser Argumentation mitschwingt, aber ungesagt bleibt, ist, daß es verständlich sei, wenn Jungen Mädchen nicht mögen und das in Form von Obszönitäten äußern. Das »Problem« ist nur, daß Jungen manchmal zu weit gehen, nicht, daß mit ihrer Gesinnung etwas nicht stimmt.

Wenn diese Form des Verhaltens am Arbeitsplatz dokumentiert wurde, hat man sie als *sexuelle Belästigung* bezeichnet (Lin Farley, 1978; Catherine MacKinnon, 1979; Anne Whitbread, 1980) und als männliches Verhalten analysiert, das dem Zweck diene, Frauen einzuschüchtern und ihren unterlegenen Status zu zementieren. Es grassiert an koedukativen Schulen und gilt Frauen als Gruppe und nicht als Individuen. Anfangs dachte ich, die Mädchen, die die männliche Autorität im Klassenzimmer in Frage stellen, seien vielleicht am ehesten Zielscheiben der männlichen Verachtung, aber obwohl es möglich ist, daß diese Mädchen zum Objekt unverhüllterer Schmähungen werden (was sie natürlich entmutigt, weitere Herausforderungen der männlichen Autorität zu riskieren), beschränkt sich die männliche Verachtung keinesfalls auf sie, sondern ist viel stärker generalisiert. Mädchen, die sich still verhalten und die männlichen Diktate in der Klasse akzeptieren, sind in derselben Gefahr, mit Verachtung gestraft zu werden. Dies ist ein weiteres Beispiel dafür, daß Mädchen in einem ungünstigeren Licht gesehen werden, ganz gleich, was sie tun. Das Werturteil gilt eher ihrem Geschlecht als ihrem Verhalten, das heißt, Mädchen, die sich unweiblich benehmen, werden verspottet und herabgesetzt, und Mädchen, die sich weiblich verhalten, werden genauso behandelt. Und die Mädchen lassen sich durch dieses Verhalten einschüchtern: ein weiteres Beispiel dafür, daß Jungen Rabatz machen und damit ihre Ziele erreichen.

Michelle Stanworth (1981) fragte die Schüler/innen, die sie interviewte: »Wem möchtest du am wenigsten gleichen?«, und mit Ausnahme eines Mädchens nannten alle ein Mädchen. Die Gründe waren unterschiedlich.

INTERVIEWER: Wem möchtest du am wenigsten gleichen?

MÄNNLICHER SCHÜLER: Ich weiß nicht, Moment (blättert in den Karten mit den Namen der Mitschüler), ach, einem von diesen gesichtslosen Typen vermutlich. Die wirken so anonym. Wahrscheinlich einem der kichernden Mädchen, schauen wir mal. Linda, die is' häßlich. Ja, Linda.

INTERVIEWER: Weil sie häßlich ist?

SCHÜLER: Nein, aber sie erscheint mir so unreif, sie trägt nicht viel zu der Klasse bei. Sie verkörpert alles, was ich nicht mag.

(Stanworth, 1981; S. 43.)

Mädchen werden von Jungen (und von Mädchen) abgelehnt, weil sie Nullen sind, weil sie farblos, passiv und fügsam sind, sie werden aber ebenso abgelehnt, weil sie Persönlichkeiten sind und Aufmerksamkeit beanspruchen, weil sie sich »zu aggressiv äußern« und sich »in den Mittelpunkt drängen«.

Es ist natürlich kein Zufall, daß Mädchen nicht auf einen Fundus an Wissen über Frauen zurückgreifen können, um zu verdeutlichen, wie falsch und parteiisch die Annahmen über die Nichtswürdigkeit des weiblichen Geschlechts sind. Es ist kein Zufall, daß sie kein Beweismaterial präsentieren können, um die Überzeugung zu widerlegen, Frauen verdienten Verachtung, weil sie Frauen sind. Solches Beweismaterial wird, obwohl es von Frauen seit Jahrhunderten produziert wurde, von Männern nicht weitergegeben.

Ohne solches Beweismaterial ist es schwierig für Mädchen, die Männerherrschaft im gemischten Klassenzimmer in Frage zu stellen. Welche Argumente sollen sie gegen die Jungen ins Feld führen, die »Mädchenangelegenheiten« als albern abtun, die Vorrang für ihr Geschlecht fordern und die Schwierigkeiten machen, wenn ihnen dieser Vorrang nicht zugestanden wird? Welche Argumente sollen Mädchen benutzen, um ihre eigenen Erfahrungen zu verifizieren, wenn der Spott der Jungen auf der sozialen Grundprämisse basiert, Mädchen seien nichtswürdig und verachtenswert?

In der Vergangenheit haben die Männer Frauen aus der Interaktion ausgeschlossen, sie als minderwertig definiert und ihnen die Schuld an dem niedrigen Rang gegeben, den sie einnehmen, diese Art von Verhalten ist jedoch nicht bloß für die Vergangenheit charakteristisch, denn sie wird täglich in den Klassenzimmern ausagiert. Gleich, ob der Unterricht in Geschichte, Sprachen, Naturwissenschaften oder Mathematik erfolgt (manchmal gerade, wenn er sich auf die Naturwissenschaften oder Mathematik bezieht), den Mädchen wird klargemacht, daß sie nur wenig wert sind, daß sie nicht zählen und daß ihre Erfahrungen (zu denen die Erfahrung gehört, durch männliche Schüler der Männerherrschaft unterworfen zu werden) nicht wichtig und nicht bedeutsam sind.

Viele ziehen sich zurück. Überwältigt von der Sprache des Lehrplans, der Lehrkräfte und der Jungen, akzeptieren sie ihre »Minderwertigkeit« und nehmen den Platz ein, der ihnen »zusteht«.

So schrecklich das auch erscheinen mag, es bedeutet nicht, daß ich den Fall für hoffnungslos halte und glaube, es könne nichts getan werden, um diese Überzeugungen und universellen Verhaltensmuster zu beseitigen. Frauen können ihre eigenen Verhaltensweisen entwickeln, ohne das Betragen der Männer zu imitieren, und manche Lehrpersonen nehmen bereits subtile und bedeutsame Veränderungen vor (siehe beispielsweise den Beitrag von Irene Payne in *Learning to Lose,* S. 174).

Einer der Gründe, warum die Männerherrschaft in gemischten Klassen weiterbesteht, ist der, daß ihre Funktionsweise nicht entlarvt wurde. Statt auf die Konsequenzen zu warten, die nicht ausbleiben, wenn man/frau versucht, den Mädchen mehr Zeit zu widmen, kann es sich empfehlen, die Klasse bestimmen zu lassen, wer die Aufmerksamkeit der Lehrperson erhält. Dadurch kommt man nicht nur dem Vorwurf der Ungerechtigkeit zuvor, wenn die Jungen weniger als zwei Drittel der Zeit erhalten, man liefert den Mädchen auch die Beweise, die sie brauchen und die sie benutzen können.

Eine Strategie, die geeignet sein könnte, die gegenwärtigen Probleme zu überwinden, besteht darin, daß Frauen Wissen aus ihrer Perspektive produzieren, das eine Alternative darstellt und viele der von Männern verbreiteten Legenden entkräftet. Ein Kernstück des Wissens, das Frauen hervorbringen, ist das Problem der Männerherrschaft.

Auch eine Frage zur Diskussion zu stellen – *wer redet am meisten?* –, eine Frage, die verständlicherweise von Männern nicht vorgebracht wird, zahlt sich für Frauen aus. Wer beansprucht Zeit und Raum, wer bestimmt die Themen, die im Unterricht erörtert werden, wer macht Schwierigkeiten, wenn er nicht bekommt, was er will? Alle diese Fragen können im Unterricht von den Schülerinnen und Schülern selbst beantwortet werden, und alle sind geeignet, Wissen und Erkenntnisse über das Weltbild der Frauen hervorzubringen.

Wenn Raum für eine auf ein Geschlecht beschränkte Diskussion geschaffen werden kann, um so besser für die Mädchen, die dann ihre eigenen Erfahrungen in einer von Männern beherrschten Gesellschaft untersuchen und äußern können, ohne sich vor einem feindseligen Publikum verteidigen zu müssen.

Gegenwärtig sind die Männer im Besitz der Macht, und es ist deshalb nicht überraschend, daß sich die Frauen um die

Zustimmung und Bestätigung der Männer bemühen. Mädchen, die sich in gemischten Klassen der männlichen Autorität unterordnen, verhalten sich in einer vernünftigen und logischen Weise, solange sie glauben, diese Autorität sei gerechtfertigt. Sobald aber die Frauen anfangen, Fragen zu stellen, wird die männliche Autorität problematisch. Die Mädchen begreifen bald, wie unfair es ist, daß die Jungen im Unterricht dominieren und daß sie seine Dynamik bestimmen. Indem sie die Strukturen des Unterrichts in Frage stellen, beseitigen sie viele Stützpfeiler der männlichen Autorität. Die Schleusen öffnen sich. Es besteht nicht mehr dieselbe Notwendigkeit, sich den Männern unterzuordnen, nicht mehr dieselbe Abhängigkeit von ihrer Zustimmung.

In einem John Stuart Mill zugeschriebenen Buch – dessen Ideen nach seinem eigenen Eingeständnis von Harriet Taylor stammten[1] – heißt es, es genüge nicht, wenn Frauen Sklavinnen seien, sie müßten willige Sklavinnen sein. Wenn Frauen anfangen, ihr eigenes Wissen hervorzubringen, sind sie oft nicht mehr willig. Mädchen sind nicht mehr gewillt, es für fair zu halten, daß Jungen mehr Aufmerksamkeit seitens der Lehrkräfte bekommen, daß Mädchen warten sollen, daß die Lehrpläne auf die Jungen zugeschnitten sind. Die Macht, die Männer über Frauen ausüben, mag universell sein, aber sie ist brüchig, denn sie ist weitgehend vom Konsens der Frauen abhängig.

In jedem Klassenzimmer besteht die Gelegenheit, Wissen hervorzubringen und dieses neue Wissen als Werkzeug zur Untersuchung des bereits vorhandenen Wissens zu benutzen. Im Augenblick begünstigen die Umstände noch die Interessen der Männer, zum Teil, weil viele Männer glauben, ein Recht auf solche Umstände zu haben: aber auch Frauen können sich dieser Chancen bedienen.

1 Siehe Alice Rossi, 1970, *John Stuart Mill and Harriet Taylor Mill: Essays on Sex Equality.*

5
Die Lieblingsschüler

Trotz der Tatsache, daß die Jungen im Unterricht oft schwieriger sind, daß sie die Lehrkräfte vor größere Probleme stellen und sogar die Optionen, die der Lehrperson in der Klasse offenstehen, einengen, scheint es, daß die meisten Lehrer/innen (mit Ausnahme unter anderem der Feministinnen) es vorziehen, Jungen zu unterrichten, und daß die Schüler beiderlei Geschlechts das wissen. In gemischten Klassen wissen die meisten Lehrkräfte mehr über Jungen, es macht ihnen mehr Spaß, sie zu unterrichten, sie mögen sie mehr, und sie halten sie für bessere Schüler – das gilt für Schüler von der Grundschule bis zur Oberschule, und es gibt wenig Ursache anzunehmen, dies sei auf der Hochschulebene erheblich anders.

Am Beispiel der Lehrkräfte, die Michelle Stanworth interviewte, wird klar, daß sowohl Lehrerinnen als auch Lehrer mehr über Jungen wissen. Für die meisten von ihnen waren die Jungen individuelle Persönlichkeiten – sie kannten ihre Namen und lernten sie früher, sie konnten über ihre Eigenschaften und Besonderheiten reden. Im Gegensatz dazu handelte es sich dann, wenn sie den Namen oder den Sitzplatz eines Kindes nicht wußten, immer um ein Mädchen. Ein Lehrer nannte die Namen aller Jungen in seiner Klasse und ging auf ihre Interessen und Fähigkeiten ein. Er beschloß die Erörterung mit der Bemerkung: »Und der Rest sind Mädchen«.

Die Mädchen waren manchmal nichts als eine undifferenzierte Masse an der Peripherie des Bewußtseins der Lehrkraft. Manchmal war mehr über sie bekannt, aber fast immer stand den Lehrkräften nicht dieselbe Menge an Informationen über die Mädchen zur Verfügung wie über die Jungen.

In Stanworths Stichprobe wurde ein anderer Lehrer gefragt, welche ersten Eindrücke er von Emma gehabt habe: »Im Grunde gar keine«, antwortete er, »ich kann mich nur an den ersten Eindruck von ein paar Schülern erinnern, die mir sofort auffielen. Adrian natürlich; und Philip; und David Levick; und auch Marion, weil sie die erste von den Mädchen war, die etwas in der Klasse sagte. Es dauerte tatsächlich ziemlich lange, bevor ich manche der Mädchen auseinanderhalten konnte.« Als der Lehrer gefragt wurde, wer diese seien, antwortete er: »Nun, Angie und ihre Freundinnen Leonore und Helen. Sie schienen anfangs ziemlich schweigsam zu sein, und sie waren Freundinnen, glaube ich, aber es war mir nicht möglich – so schien es mir damals –, sie auseinanderzuhalten. Im Grunde gleichen sie sich äußerlich gar nicht«, fügte er hinzu, »so viel sehe ich inzwischen, die eine ist blond und die andere dunkelhaarig, zum einen. Aber am Anfang waren sie einfach drei stille Mädchen.« (Stanworth, 1981; S. 23.)

Andere Lehrkräfte machten ähnliche Bemerkungen: Die Mädchen hätten keinen Eindruck auf sie gemacht, es habe lange gedauert, bis sie sich ihre Namen gemerkt hätten, es sei leichter gewesen, die Namen der Jungen zu behalten, die Mädchen seien zu einer Masse verschwommen und schwer auseinanderzuhalten gewesen, sie hätten nichts Individuelles an sich gehabt. Kurz, viele der Mädchen, die die Lehrpersonen unterrichteten, waren anonym und unbekannt, sie waren gesichtslos geblieben. Und das nicht nur deshalb, weil sie im Unterricht still und zurückhaltend sind, denn wie Michelle Stanworth bemerkt hat: »Die Lehrkräfte erinnerten sich auch ganz deutlich an die wenigen männlichen Schüler, die sie als außergewöhnlich still in der Klasse beschrieben« (S. 24); die Schweigsamkeit der Jungen wurde zu einem Teil ihrer Identität und Individualität.

In unserer Gesellschaft wird dem Mann und seinen Erfahrungen größere Bedeutung beigemessen, und es ist daher nur einleuchtend zu erwarten, daß sich dieses Werturteil auch in den Schulen niederschlägt. In jedem Aspekt des Unterrichts, von den Lehrplänen bis zur Interaktion im Klassenzimmer, ist nachweisbar, daß dem männlichen Geschlecht mehr Augenmerk gewidmet wird, mit dem Resultat, daß die Lehrkräfte die männlichen Erfahrungen und einzelne Angehörige des männlichen Geschlechts besser kennen. Die Lehrpersonen verhalten sich völlig in Übereinstimmung mit den Wertvorstellungen und Überzeugungen der Gesellschaft, wenn sie männliche Schüler und Studenten bevorzugen, und dies ist wahrscheinlich einer der Gründe, warum sie ihr Verhalten als fair und nicht diskriminierend empfinden, selbst wenn die empirischen Befunde ihre Parteilichkeit rasch offenbaren.

Aber eine entscheidende Frage stellt sich – welche Konsequenzen hat diese Bevorzugung beziehungsweise Benachteiligung für die Mädchen? Beide Geschlechter lernen die tägliche Lektion, daß die Lehrkräfte es vorziehen, ihre Zeit mit den männlichen Schülern zu verbringen, über männliche Erfahrungen zu sprechen und dic einzelnen männlichen Schüler in der Klasse zu kennen und zu verstehen, und während das eine Geschlecht infolge dieses Wissens gedeihen, sich entfalten und entwickeln kann, trifft dies auf das andere Geschlecht sicherlich nicht zu. Während die Angehörigen des einen Geschlechts eher als Individuen mit individuellen und ganz eigenen Problemen behandelt werden, die individuelle Lösungen erfordern, werden die Angehörigen des anderen Geschlechts eher als eine Gruppe gesehen, deren Probleme wie auch ihre Lösungen verallgemeinert werden.

Zu diesem Thema wurden bisher keine Untersuchungen durchgeführt: Es ist kein Problem, das sich den Männern stellt, denn solange den männlichen Schülern und Studenten diese bevorzugte Behandlung zuteil wird, sind die schulischen und akademischen Erfahrungen der männlichen Jugend zweifellos positiv, und die Welt scheint ihnen in Ordnung zu sein. Aber auch ohne Untersuchungen ist es nicht schwierig, über die Bedeutung dieser unterschiedlichen Behandlung für die Mädchen zu spekulieren.

Nicht gekannt und mit Namen genannt zu werden wird von Schülerinnen als Zeichen der Ablehnung, des »Nichtvorhandenseins« in den Augen der Lehrperson gewertet. Es ist ein Mangel an Anerkennung in einem System, das weitgehend von der Vermittlung von Anerkennung abhängt. Für viele Mädchen verstärken ihre schulischen Erfahrungen die von der Gesellschaft übermittelte Botschaft, sie seien tatsächlich unsichtbar. Und Ablehnung und Unsichtbarkeit können zu einem Teufelskreis werden und zu verstärkten Gefühlen des Abgelehntwerdens und Unsichtbarseins führen, wenn sich die Schülerinnen »zurückziehen«, geringere Ansprüche stellen und immer weiter in den Hintergrund treten.

In vielen Klassenzimmern verstärkt sich unbarmherzig die Tendenz, die Schülerinnen an den Rand zu verdrängen, da die Lehrkräfte konstant mehr Zeit mit den Jungen zubringen, den männlichen Erfahrungen mehr Wert beimessen und nur die Jungen als benennbare Individuen und Identitäten behandeln. Die Chancen, dieses Schema zu durchbrechen, sind sehr gering.

Douglas Barnes (1976) hat erklärt, Lehrkräfte bildeten sich Meinungen über ihre Schüler, als seien diese »ganz unberührt von den Ereignissen im Klassenzimmer oder durch das eigene Verhalten der Lehrer« (S. 163), so daß die Lehrpersonen glauben könnten, die anonymen, anspruchslosen Mädchen zeigten einfach ihre »wahren Eigenschaften«, ohne je zu argwöhnen oder zu erkennen, daß sie, die Lehrer, eine Rolle bei der »Entstehung« dieser anonymen und anspruchslosen Mädchen gespielt haben (ich habe die Erfahrung gemacht, daß viele Lehrkräfte recht feindselig auf die Vermutung reagieren, solche Verhaltensweisen könnten eine plausible Reaktion auf das Lehrerverhalten sein). Nachdem sie sich ihre Meinungen über die Schüler gebildet haben, bemerkt Barnes, werden diese Bewertungen »dann als Basis für die Interpretation seines (sic) künftigen Verhaltens und zur Rechtfertigung seiner Behandlung durch den Lehrer benutzt« (S. 163). Wenn die Lehrpersonen zu der Überzeugung gelangt sind, daß die Mädchen in ihren Klassen nicht so lebendig oder neugierig oder kompetent sind wie die Jungen – und es gibt Gründe für die Vermutung, daß viele Lehrkräfte solche Bewertungen vornehmen –, dann werden sie den Mädchen als Gruppe wahrscheinlich einen Lehrstoff geben, den sie als geeignet für weniger lebendige, neugierige und kompetente Schüler ansehen.

Nell Keddie (1975) hat beispielsweise darauf hingewiesen, daß Schüler/innen, die für fähiger gehalten werden, andere Aufgaben und Fragestellungen erhalten und daß dann andere Verhaltensweisen von ihnen erwartet werden als von Schülern und Schülerinnen, die für weniger begabt gehalten werden. Das Resultat ist, daß denjenigen, von denen man ursprünglich annimmt, sie verfügen über Vorzüge, geholfen wird, weitere zu erwerben, während diejenigen, die in irgendeiner Weise als »unfähig« angesehen werden, feststellen, daß die verminderten Erwartungen, die die Lehrkräfte ihnen gegenüber hegen, dazu beitragen, ihren eigenen Horizont zu verengen und die Erwartungen zu vermindern, die sie an sich selbst richten. Wenn diese Befunde auf Geschlechtsunterschiede angewandt werden, ergeben sich ernste Konsequenzen (wie Alison Kelly, 1981, zum Beispiel in bezug auf den naturwissenschaftlichen Unterricht gezeigt hat), diese wurden aber nicht systematisch erforscht. Die gängige Annahme ist, daß beide Geschlechter dieselbe Behandlung erhalten und daß die Mädchen einfach »versagen«. Diese erhalten jedoch nicht dasselbe Maß an Zuwendung – die Jungen werden bevorzugt behandelt, und dies spiegelt sich in ihren Leistungen wider.

Es ist ein Grundprinzip jedes Lehrerbildungsprogramms, die Individualität und die individuellen Bedürfnisse des Schülers zu betonen, und es ist eine Maxime, daß die Lehrpersonen ihre Schüler/innen individuell kennenlernen müssen, wenn sie sie erfolgreich unterrichten – und disziplinieren – wollen. Die bisherigen Erfahrungen aber deuten darauf hin, daß die Mädchen von den Lehrkräften gemischter Klassen möglicherweise nicht als Individuen behandelt werden. Viele dieser Lehrpersonen wissen oft so wenig über die Mädchen, die sie unterrichten, daß sie einfach nicht imstande sind, ihnen individuell geeignetes Lehrmaterial zur Verfügung zu stellen. Die Mädchen werden als eine Gruppe behandelt – und zwar als eine minderwertige Gruppe –, und die Ziele, die ihnen gesetzt werden, die Rückmeldungen, die sie erhalten, stehen eher mit ihrem minderwertigen und unterlegenen Status in Einklang als mit ihren individuellen Bedürfnissen. Auf diese Weise erwerben die Jungen einen immer größeren Vorsprung, und die Mädchen bleiben zurück. Und wenn sich bei den Mädchen die rationale Reaktion auf diese diskriminierende Behandlung manifestiert und sie nicht so gute Leistungen erbringen wie die Jungen – dann werden sie selbst dafür verantwortlich gemacht. Es ist ihre Schuld: sie haben versagt:

Ich habe diesen Prozeß in meinen eigenen Beobachtungen an Oberschulen festgestellt, wo sowohl Lehrer als auch Lehrerinnen eher dazu neigen, die Mädchen als eine Gruppe zu behandeln, die Jungen hingegen als Einzelpersönlichkeiten, deren spezielle Unterschiede berücksichtigt werden müssen (siehe Spender, 1978; S. 2). So ist es beispielsweise nach meiner Erfahrung allgemein üblich, daß Lehrkräfte einzelnen Jungen, deren Namen sie kennen, Fragen stellen, während sie an die Mädchen als Gruppe Fragen richten (und zwar solche, die auf reduzierte Erwartungen hindeuten und die natürlich viel seltener gestellt werden).

Die Lehrpersonen neigen dazu, näher an die Jungen heranzugehen, wenn sie ihnen Fragen stellen, sie beziehen ihre Kenntnis persönlicher Einzelheiten aus deren Leben ein und vermitteln in offenkundiger und versteckter Weise die Botschaft, Jungen seien das bevorzugte Geschlecht.

MÄNNLICHER LEHRER: Nun, James, hast du diese Aufgaben gemacht? Ich habe an dich gedacht, ob du wohl die dritte Frage geschafft hast ... Derek, wie steht's mit dir, hast du das ein bißchen verzwickt gefunden? ... Und Martin, ich bin *sicher,* daß du es geschafft hast. Dir hat das sicher keine Schwierigkeiten gemacht. Ich wollte noch zusätzliche Aufgaben für dich mitbringen. ... Und wie steht's mit dir, Simon? Hast du's geschafft? Bist du dazu gekommen oder warst du wieder zu stark von Parties in Anspruch genommen? Zu sehr abgelenkt, hm? ... Und wie steht's mit den Mädchen? Ich nehme an, ihr habt es alle gemacht.

Um der Kürze willen habe ich die Reaktionen der Schüler auf diese Fragen des Lehrers weggelassen, aber es wurden vier männliche Schüler scherzhaft und liebevoll einzeln angesprochen. Der Lehrer begab sich in ihre Nähe und ging sogar ganz nahe an zwei der Jungen heran. Im Gegensatz dazu wurden die Mädchen als Gruppe aus einer Distanz angesprochen, und für mein Gefühl lag keine »Wärme« in der Routinefrage, die man ihnen stellte, sondern fast ein Anflug von Resignation über das Nichtvorhandensein der Mädchen im Klassenzimmer. Während die Jungen aufgefordert wurden zu reagieren, und das recht lebhaft, erhielten die Mädchen keine solche Einladung: von ihnen war keinerlei Reaktion nötig.

Die Mädchen wissen, daß sie kein hohes Ansehen genießen. Viele führten Beispiele dafür an, wie sie ignoriert und übergangen werden, und manche meinten, die einzige Chance, Aufmerksamkeit zu erregen, sei die als Sexualobjekt: »Ach, Mr. Smith, dem fällt die Cynthia immer auf. Sie bemerkt er immer und fragt sie, was sie gemacht hat. Er treibt Späßchen mit ihr. Aber wir übrigen sind für ihn nicht vorhanden. Wir machen ihn nicht an!« (Eine Sechzehnjährige in einer Londoner Gesamtschule.)

Die Geringschätzung der Schülerinnen schien mir in den naturwissenschaftlichen Fächern und in der Mathematik noch ausgeprägter zu sein, und dies wurde von den Mädchen bestätigt, die in Gegenwart männlicher Lehrer das Gefühl hatten, abgewertet und übergangen zu werden. »Wissen Sie, ich glaube nicht, daß Mr. Lawrence je einem einzigen Mädchen eine Frage gestellt hat.« Und: »Für ein Mädchen würde es sich nicht einmal lohnen, sich zu melden, um ihm zu sagen, daß es brennt. Wir würden alle verbrennen, bevor er uns fragen würde, was wir ihm zu sagen haben. Die Jungen brauchen sich gar nicht die Mühe zu machen sich zu melden. Er redet die ganze Zeit mit ihnen.« Eine andere: »Es ist wie in einer Farce, und die Jungen haben alle Rollen. Wir spielen einfach nicht mit.«

Schülerinnen und Schüler benutzen diese Informationen, die sie von ihren Lehrkräften erhalten, um sich Urteile über sich selbst zu bilden, und während die Jungen häufiger ein positives Feedback erhalten und positive Selbstbewertungen vornehmen, bekommen die Mädchen häufiger negative Rückmeldungen (ich gehe davon aus, daß es ebenso negativ ist, überhaupt *kein* Feedback zu haben), und sie gelangen daher eher zu negativen Selbstbildern – was ihnen natürlich hilft, den Ansprüchen der Gesellschaft zu genügen und den ihnen in der Welt »zustehenden« Platz einzunehmen.

Eine Schülerin sagte zu Michelle Stanworth: »Ich glaube, er hält mich für ziemlich durchschnittlich. *Ich* halte mich selbst für ziemlich durchschnittlich. Er greift mich nie aus der Gruppe heraus, er redet nie mit mir oder schaut mich persönlich an, wenn er über etwas spricht. Ich bin eine Art Mauerblümchen.« (S. 33) Und Mauerblümchen blühen und gedeihen nicht: sie entwickeln keine Wißbegier und keinen Mut. Sie kümmern dahin.

In einem weiteren Gesprächsprotokoll dokumentiert Michelle Stanworth eine andere, nicht untypische Reaktion:

INTERVIEWERIN: Wie denkt Mr. Fletcher deiner Ansicht nach über dich?

SCHÜLERIN: Ich weiß es nicht, denn ich habe meine Meinung über ihn im Lauf des Jahres stark geändert. Zuerst dachte ich, er sei ganz gut, ganz freundlich ... Dann ist mir sehr aufgefallen, daß er einige Lieblinge hat und daß er manche Leute irgendwie verachtet, das ist mein Eindruck.

INTERVIEWERIN: Wen verachtet er deiner Ansicht nach in dieser Gruppe?

SCHÜLERIN: Nun, da sitzen einige Mädchen hinten, die nichts sagen, die nicht den Mund aufmachen, und er ermutigt keine von ihnen, etwas zu sagen, er ignoriert sie einfach.

INTERVIEWERIN: Und glaubst du, daß er diese Mädchen verachtet? Das ist ein ziemlich starker Ausdruck, nicht?

SCHÜLERIN: Ja, vielleicht verachtet er sie nicht. Vielleicht blickt er nur ein bißchen auf sie herab, ich weiß es nicht. Man kriegt bloß dieses Gefühl, wenn man in dieser Klasse ist.

INTERVIEWERIN: Daß er nicht viel Respekt für sie hat?

SCHÜLERIN: Ja.

INTERVIEWERIN: Glaubst du, daß er sich gegenüber allen stillen Schülern so verhalten würde oder nur gegenüber Mädchen?

SCHÜLERIN: Ich weiß nicht. Es ist wahrscheinlich, weil es ziemlich wenig Mädchen in unserer Gruppe gibt, daß sich das so zeigt.

INTERVIEWERIN: Und wer sind seine Lieblinge?

SCHÜLERIN: Nun, da sind einige Jungen, die ziemlich sportlich sind, mit denen macht er Späße, und er läßt sie aus der Stunde weggehen, um Rugby zu spielen und solche Sachen. Und da sind zwei Jungen, mit denen er ziemlich oft außerhalb der Klasse redet und dergleichen. (S. 34)

Die Mädchen wissen, was geschieht, aber es ist kein Bezugsrahmen vorhanden, der ihnen helfen könnte, diese Situation zu klassifizieren, zu interpretieren oder zu erklären. Einen solchen Bezugsrahmen zu liefern, ist keine so schwierige Aufgabe. Sobald das Problem benannt und aus der Perspektive der Frauen erklärt wird, fügen sich all diese Fakten, die wir in unseren Köpfen gespeichert haben, rasch und mühelos zu einem Bild zusammen. Wie Jessie Bernard (1975) erklärt hat, haben die Frauen ein Aha-Erlebnis, wenn sie die Welt plötzlich unter anderen Vorzeichen sehen und ihre Erfahrungen mit einem Mal sinnvoll und wirklich für sie werden – wenn der Faktor, der bisher beiseite gelassen wurde, die *Männerherrschaft,* bei der Beschreibung und Analyse ihres Lebens eine zentrale Bedeutung für sie anzunehmen beginnt.

Inzwischen sind die Jungen weiterhin die Favoriten des Lehrers und fahren fort, die Herrschaft und Macht des Mannes zu verstärken, und in Ermangelung einer Erklärung, die gesellschaftlich erhärtet und akzeptiert ist, werden die Mädchen weiterhin unterdrückt und ihres Selbstvertrauens und ihrer Selbstachtung beraubt. Wie Kathy Clarricoates (1978) bemerkte, beginnt dieser Prozeß mit dem Eintritt in die Schule.

Clarricoates stellte fest, daß die Lehrkräfte in den Grundschulen vorziehen, Jungen zu unterrichten, daß sie mit Jungen mehr Spaß haben und in ihnen die besseren Schüler sehen – selbst wenn sie im Unterricht nicht so gut sind wie die Mädchen.

»Im großen und ganzen kann man generell sagen, daß die Jungen weitaus besser lernen und angenehmer zu unterrichten sind.

Obwohl die Mädchen in der Regel in den meisten Dingen gut sind, werden Sie am Ende feststellen, daß Ihr brillantester Schüler ein Junge ist.« (Clarricoates, 1978; S. 358.)

Dies sind einige Aussagen von Lehrpersonen über ihre Schüler/innen (und das waren Lehrkräfte, die behaupteten, Jungen und Mädchen nicht verschieden zu behandeln). Wenn die Erwartung eine so entscheidende Rolle für das Wachstum und die Entwicklung der Schüler/innen spielt, dann liegt es auf der Hand, daß beide Geschlechter wissen, welch unterschiedliche Erwartungen sie zu erfüllen haben. Die Jungen sind die Favoriten, von ihnen wird viel mehr erwartet; und ein Großteil dessen, was im Unterricht gelernt wird, ist die Rechtfertigung für dieses zwischen den Geschlechtern differenzierende Arrangement – obwohl dies außerhalb der Klassenzimmer, in denen feministische Lehrerinnen unterrichten, nicht oft deutlich gemacht wird.

»Ich gebe gern Fächer wie Geographie, und ich stelle fest, daß das ein Gebiet ist, wo sich die Jungen bewähren ... verstehen Sie ... sie verfügen über wissenschaftliche Daten, sie verfügen über geographische Fakten, während die Mädchen in den meisten Dingen etwas verschwommener sind.

Die (Mädchen) haben nicht dieselbe Phantasie wie die meisten Jungen.

Ich finde, die Jungen sind etwas leichter zu entflammen als die Mädchen.

Jungen scheinen sich schwierigere Aufgaben zu wünschen als Mädchen, während die Mädchen mit den meisten Dingen zufrieden sind.« (Clarricoates, 1978; S. 357.)

Indem sie die Jungen (ungeachtet der Fakten) für begabter halten, indem sie sie als wichtiger, aufregender und die Mühe lohnender betrachten, tragen die Lehrkräfte maßgeblich dazu bei, daß diese Überzeugungen »wahr werden«: Die Schüler/innen fangen an, diesen Überzeugungen und Erwartungen entsprechend zu handeln und sich in der »angemessenen« Weise zu verhalten.

Die bevorzugte Behandlung, die den Jungen in gemischten Klassen zuteil wird, erstreckt sich praktisch auf jeden Aspekt des Unterrichts, und angesichts dieser überwältigenden Evidenz ihrer eigenen Minderwertigkeit ist es überraschend, daß sich die Mädchen so gut halten und nicht, daß ihre Leistungen – nach manchen Untersuchungen – nicht an die der Jungen herankommen. Was sich aus der Beobachtung vieler Klassen ergibt, ist, daß selbst dann, wenn Mädchen genauso gute oder bessere Leistungen erbringen als Jungen, dieses Faktum die tief verwurzelte Grundüberzeugung vieler Lehrkräfte, Jungen seien begabter und sollten daher anders behandelt werden, nicht ins Wanken bringt.

Douglas Barnes (1976) schrieb in diesem Zusammenhang:

»Manche Lehrkräfte akzeptieren bei manchen Kindern ständig Verhaltensweisen, die anderen eine Strafe eintragen würden. Ein Kind kann die Erfahrung machen, daß von ihm erwartet wird, sich schlecht zu betragen, dumm zu sein und häufig gerügt zu werden; man sagt ihm, es spreche unrichtig und es merkt, daß alles, was es zu sagen hat, mißverstanden oder ignoriert wird. Ein anderes Kind erlebt dagegen, daß ihm die Lehrkraft zuhört, seine Vernunft lobt, ihm gute Absichten unterstellt und angemessen auf das reagiert, was es sagt. Wenn solche Unterschiede in der Behandlung der Schüler/innen vorhanden sind, dann ist zu erwarten, daß im Laufe der Jahre bei den Schülern und Schülerinnen völlig unterschiedliche Einstellungen zum schulischen Lernen und zu der Rolle, die jedes Kind darin spielen kann, entstehen.« (S. 164–165.)

Die Hälfte der Schulpopulation ist jedoch weiblichen Geschlechts, und Lehrkräfte akzeptieren häufig bei dem einen Geschlecht ein Verhalten, das dem anderen Strafen eintragen würde. Ein Mädchen kann feststellen, daß von ihr erwartet wird, unsichtbar und langweilig zu sein, ihre Lehrer/innen können sie ablehnen und ihr wenig Aufmerksamkeit schenken, ihr Verhalten kann als albern bezeichnet werden[1], oder sie kann mißverstanden oder ignoriert werden. Ein Junge kann erleben, daß die Lehrperson ihm zuhört und Intelligenz bescheinigt, ihm gute Absichten zuschreibt und angemessen auf seine Worte reagiert. Und aufgrund dieser unterschiedlichen Behandlung verhalten sich das Mädchen und der Junge anders, ihre Leistungen unterscheiden sich, und sie haben sehr verschiedene Vorstellungen von ihrem Wert und ihrem Platz in der Welt. Nur eine patriarchalische Gesellschaft kann Mädchen daraus einen Vorwurf machen, wenn sie diese Lektion lernen.

Elaine Showalter (1976) hat sich zu den Konsequenzen, die eine bevorzugte Behandlung der Jungen für die Mädchen hat, geäußert. Die Schülerin lerne, meint sie, daß die Meinungen des männlichen Geschlechts wichtig seien und daß das Studium des im Lehrplan vorgeschriebenen Stoffes »dem Studium einer anderen Kultur« (vergleichbar sei), »Was von ihr die Anpassungsfähigkeit eines Anthropologen erfordere« (S. 319). Die Schule nötige die Frauen zu einer langen Lehrzeit in der negativen Entwicklung ihres Selbstbildes und Selbstvertrauens – je länger sie zur Schule gehen, desto mehr lernen sie über ihre eigene Unzulänglichkeit. Die männliche Kultur ist so allumfassend, daß es für Schülerinnen praktisch unmöglich ist, der Beweislast zu trotzen und eine positive Identität zu entwickeln. »Frauen sind ihren eigenen Erfahrungen entfremdet und außerstande, deren Form und Authentizität wahrzunehmen«, sagt sie, weil diese im Lehrstoff beziehungsweise in der Interaktion im Unterricht nicht gespiegelt werden und keine Resonanz erhalten. »Da sie kein Vertrauen zu der Gültigkeit ihrer eigenen Wahrnehmungen haben, die sie selten bestätigt ... oder akzeptiert ... finden, kann es uns wundern, ... (wenn) ...

1 Florence Howe (1976) hat bemerkt, daß Mädchen in gemischten Klassen die Wahl haben, albern zu sein oder zu schweigen.

Schülerinnen so oft zaghaft, vorsichtig und unsicher sind, wenn wir sie drängen, selbst zu denken?« (S. 319–320) Kann es uns wundern, wenn sie anfangen, an ihre eigene Anonymität zu glauben?

Manche mögen die in diesem Kapitel angeführten Befunde überzeugend und beschämend finden, und es ist wichtig, darauf hinzuweisen, daß die Arbeit von Kathy Clarricoates 1978 veröffentlicht wurde und noch keine Spuren im etablierten Bildungswesen hinterlassen hat. Nicht, weil es nicht möglich wäre, im Laufe von drei Jahren in den pädagogischen Wissensfundus einzudringen: Hätte sie entdeckt, daß Mädchen die Jungen am Lernen hindern oder hemmen, dann hätte dies zweifellos in der Schulwelt Schlagzeilen gemacht. Über Nacht hätte es Teil des für wertvoll gehaltenen Wissens werden können, das in den Klassenzimmern den Lehramtskandidaten und -kandidatinnen vermittelt wird. Aber sie beschreibt ja die Probleme von Mädchen aus der Perspektive von Frauen.

Die Erkenntnisse dieses Kapitels könnten mit Begründungen abgetan werden, die bereits genannt wurden – die Untersuchungen seien nicht *objektiv,* es handle sich um anfechtbare und persönliche Befunde; die Frauen, die zu diesen Erkenntnissen gekommen sind, hätten ein konkretes Interesse an diesen speziellen Befunden. Ich kann nicht für Katherine Clarricoates oder Michelle Stanworth sprechen, die ihre Daten in unzähligen mühseligen Stunden gesammelt haben (überwiegend ohne Forschungsförderung), aber sie würden sicher nicht bestreiten, daß wir tatsächlich ein konkretes Interesse an diesen Resultaten haben. Wogegen wir protestieren würden – und zwar sehr heftig –, das wäre, wenn Männer bestritten, daß sie ein enormes konkretes Interesse an den Resultaten haben, die sie erzielten!

Wir würden uns auch nicht durch den Vorwurf einschüchtern lassen, unsere Arbeit sei nicht objektiv: Da die Männer im Namen der Objektivität so viele Verdrehungen und Halbwahrheiten über Männer und Frauen in die Welt gesetzt haben, glauben wir, Nachsicht zu verdienen, wenn wir Besseres wollen.

Wir sind uns darüber im klaren, daß die Befunde, die wir vorlegen, anders sind als die traditionell akzeptierten und daß wir der Öffentlichkeit zumuten, Dinge zur Kenntnis zu nehmen, die nach konventionellen Definitionen irreal, ja absurd sind. Aber wir sind uns untereinander einig und bereit, unsere Erkenntnisse aus unserer Perspektive als Frauen zu bestätigen und zu legitimieren: Wir sind von der Glaubwürdigkeit dessen überzeugt, was wir an Grund-, Haupt-, weiterführenden Schulen und Hochschulen beobachtet haben, denn es deckt sich mit unseren eigenen Erfahrungen: Dies ist unsere Version unserer Existenz, und wir wollen sie nicht leugnen. Wir gehen einfach von unseren Erfahrungen der Welt aus, die andere Annahmen hervorbringen.

Wir erwarten auch, daß unsere Arbeit im Schulwesen ihren Niederschlag findet. Wir haben das Problem dokumentiert und fordern Konsequenzen seitens der Bildungsplaner, der Lehrkräfte und der Schüler/innen. Wir sind nicht bereit, unsichtbar zu bleiben. Wir wollen anerkannt werden.

6
Mädchen – negative Bezugsgruppe für Jungen

Aus der Untersuchung von Lehrpersonen und Schülern geht hervor, daß Jungen nach dem allgemeinen Konsens intelligenter sind als Mädchen. Sowohl Lehrerinnen als auch Lehrer neigen zu der Annahme, Jungen seien intelligenter, die Jungen selbst glauben das, und Mädchen glauben es ebenfalls – ungeachtet der Leistungen, die die Jungen im Unterricht erbringen. Woher diese Überzeugung kommt, ist nicht schwer zu erklären, es wurde aber bisher kaum dokumentiert, wie sie sich im Unterricht auswirkt, und traditionell wurde wenig Aufmerksamkeit auf die Konsequenzen gerichtet, die diese Überzeugung für Jungen und für Mädchen hat.

In ihrer Untersuchung von Grundschulkindern stellte Kathy Clarricoates sehr bald fest, daß selbst dann, wenn die Jungen nach allen konventionellen Maßstäben nicht so gute Leistungen erbrachten wie die Mädchen, ihre Lehrkräfte dennoch ausnahmslos glaubten, sie seien intelligenter als diese. In vieler Hinsicht ist dies eine weitere Variation des Themas, daß Mädchen selbst dann im *Unrecht* sind, wenn sie »besser« sind. Daß die Jungen nicht so gute Leistungen erbrächten wie die Mädchen, war sogar der von vielen Lehrkräften angegebene Grund, warum sie mehr Zeit mit den Jungen zubrächten und den Stoff auf die Jungen zuschnitten, von denen sie annahmen, daß ihre potentiellen Fähigkeiten zwar größer seien, daß man es aber »aus ihnen herausholen« müsse.

»Jungen interessieren sich für alles und sind bereit, Dinge ernst zu nehmen«, sagte ein Lehrer zu Clarricoates, »sie stellen eher die tiefergehenden Fragen, während die Mädchen eine oberflächlichere Einstellung zum Lehrstoff haben: Sie stellen die »richtigen« Fragen, einfach weil es von ihnen erwartet wird.« (Clarricoates, 1978; S. 358.)

Dies ist eines der Muster, nach dem die Leistungen der Mädchen im Unterricht abgewertet werden und nach dem der Glaube an das überlegene *Potential* der Jungen fortbestehen kann. Clarricoates bemerkt dazu: »Die Fähigkeit der Mädchen, sich besser zu benehmen und in allen Aspekten ihrer Arbeit und ihres Betragens gewissenhafter, sauberer und ordentlicher zu sein, und die Erwartungen der Lehrkräfte in dieser Hinsicht führen zu einer allgemeinen Beschneidung ihrer geistigen Entwicklung zugunsten der Jungen« (S. 358). Wenn Mädchen *gute* Leistungen erbringen, wird dies oft in Hinblick auf ihren Konformismus erklärt – sie stellen die richtigen Fragen, weil es von ihnen erwartet wird. Sie befolgen die Anordnungen, weil sie passiv und abhängig sind, ihre Arbeiten sind sauber und ordentlich und daher nicht »kreativ«. Wenn Jungen *keine* guten Leistungen erbringen, wird dies oft unter Hinweis auf ihre Unabhängigkeit und ihren freien Geist erklärt – ihre »falschen« Fragen sind dann ein Anzeichen ihres unkonventionellen Denkens, ihre Verstöße gegen die Regeln Beweis ihres geistigen Nonkonformismus, ihre oft schlampigen Arbeiten ein Anzeichen ihrer Kreativität. Clarricoates behauptet, ungeachtet der Leistungen der Mädchen würden ihre Bemühungen nicht als Beweis wirklicher Intelligenz gewertet, während den Jungen ungeachtet ihrer Leistungen echte Intelligenz zugeschrieben werde.[1]

Es gibt sowohl allgemeine als auch feministische Untersuchungen, die die These Clarricoates' bestätigen. Philip Goldberg (1976) beispielsweise gab Studentinnen eine Reihe von Artikeln zur Beurteilung, von denen einige den Namen eines weiblichen Autors, andere den Namen eines männlichen Verfassers trugen. Wenn die Studentinnen glaubten, die Arbeit eines Mannes vor sich zu haben, beurteilten sie sie als weitaus eindrucksvoller, als wenn sie meinten, sie stamme von einer Frau (deren Ausführungen als mittelmäßig bezeichnet wurden), obwohl es sich um denselben Artikel handelte. In einer Gesellschaft, in der davon

1 Ich glaube, dies trifft nicht in gleichem Maß für die Sekundarstufen zu, wo Gruppen von Jungen oft Mangel an geistigen Fähigkeiten attestiert wird und wo sie häufig in Klassen abgeschoben werden, die man euphemistisch als »Förderkurse« bezeichnet. Diese Förderkurse bestehen überwiegend aus Jungen, und die meisten der Jungen sind – in England – Schwarze oder stammen aus Arbeiterfamilien. In vieler Hinsicht glaube ich, daß manche dieser Jungen ihren Lehrkräften »zuviel Schwierigkeiten« gemacht haben, und ihre Einweisung in Förderkurse ist ein Mittel, um sie zu zügeln und unter Kontrolle zu halten.

ausgegangen wird, daß Männer maßgebend und Frauen unzulänglich seien, ist jedoch nichts anderes zu erwarten.

Goldberg war jedoch über seine Resultate erstaunt, weil es sich bei den Probanden ausschließlich um Frauen handelte. Aber es ist keinesfalls überraschend, daß Frauen die Lektion lernen, die ihnen im Unterricht ständig beigebracht wird: Jungen seien intelligenter als Mädchen.

Im Unterricht erhalten die Schüler/innen von ihren Lehrkräften ständig Bruchstücke von Informationen, die ihnen sagen, *wie* sie vorankommen, und die es ihnen ermöglichen, sich ein Bild von ihren Leistungen in Relation zu ihren Klassenkameraden zu machen. Zu diesen Informationsfragmenten zählen auch Noten und Zensuren. Wie Goldberg und andere, darunter auch ich, feststellten, halten die Lehrkräfte die Beiträge der Jungen oft für besser – nicht aufgrund der Qualität ihrer Arbeiten, sondern weil sie Jungen sind. Bei fünf verschiedenen Gelegenheiten (und in drei Ländern) habe ich Lehrkräfte ersucht, Aufsätze und andere Arbeiten von Schülern zu beurteilen, die ich abwechselnd Jungen oder Mädchen zugeschrieben habe. Wenn die Lehrpersonen glaubten, die Arbeiten von Jungen zu zensieren, haben sie sie durchgehend als »besser« beurteilt, als wenn sie annahmen, sie stammten von Mädchen.

Ich habe auch festgestellt, daß in bezug auf die Sauberkeit und Ordentlichkeit beziehungsweise die äußere Form von Arbeiten komische Dinge passieren. Beim Anblick liebevoll ausgeführter Projekte, bei denen viel Zeit und Aufmerksamkeit auf die Präsentation verwendet wurde, neigen Lehrpersonen dazu, geringschätzig zu reagieren, wenn sie glauben, die Arbeit einer Schülerin vor sich zu haben. Bemerkungen wie: »Ich finde, sie hätte mehr Zeit darauf verwenden sollen, Fakten auf den Tisch zu legen, als sich um eine hübsche Form zu bemühen« oder: »Das ist doch typisch, nicht? Diese ganze Mühe, nur damit es hübsch aussieht – niemand legt so großen Wert auf Äußerlichkeiten wie die Mädchen« waren häufig zu hören. Aber wenn ich *dieselbe Arbeit einem Jungen* zuschrieb, war das Lob fast überwältigend: und es wurde nicht bloß die äußere Form erwähnt, sondern jedesmal wurde auch der Inhalt, die »Fakten«, als gewichtiger bewertet.

»Wenn ein Junge in eine Sache voll einsteigt, dann kann

ihm kein Mädchen das Wasser reichen«, sagte ein Lehrer von einer Hausarbeit über Erfindungen (die er für die Arbeit eines Jungen hielt, die aber in Wirklichkeit von einem Mädchen stammte). Die gleiche Arbeit bezeichneten andere Lehrkräfte als »pedantisch« und urteilten darüber: »*Sie* hat den Stoff nicht wirklich in den Griff bekommen.«

Aber was ist mit den Arbeiten, die nicht sauber und ordentlich sind und nicht ansprechend präsentiert werden? Es liegt einigermaßen auf der Hand, daß sich dann das Wertsystem ändert. Unordentliche und schlecht aufbereitete Arbeiten, die als Werk eines Mädchens angesehen wurden, erhielten gewöhnlich Strafpunkte – manchmal nicht wenige –, während nachlässige, schlecht dargebotene Arbeiten, die einem Jungen zugeschrieben wurden, keine Abwertung erfuhren und manchmal sogar gelobt wurden.

Wenn Mädchen sauber und adrett sind, dann kann man ihre Arbeiten abwerten, wenn sie unordentlich sind und den Stoff schlecht präsentieren, kann man ihre Arbeit ebenfalls abwerten. Wenn Jungen sauber und ordentlich sind, kann man ihre Arbeiten loben, und wenn sie unordentlich sind und den Stoff schlecht präsentieren, kann man ihre Arbeit immer noch loben. Es ist oft nicht die Arbeit als solche, die bewertet wird – sondern das Geschlecht, und nach den herrschenden Überzeugungen ist das eine Geschlecht dem anderen überlegen.

Dieses »objektive Faktum« wird sowohl von den Mädchen als auch von den Jungen begriffen: Es fördert das Selbstvertrauen und eine hohe Selbstachtung unter den Jungen und unterminiert das Selbstvertrauen und die Selbstachtung der Mädchen. Es ist nicht schwierig, die Konsequenzen aufzuzeigen.

Während es so scheint, als könnten Mädchen ihre eigene Leistung mit der anderer Mädchen vergleichen, gibt es dann, wenn sie ihre Leistungen mit denen von Jungen zu vergleichen suchen, und umgekehrt, wenn sich die Jungen mit den Mädchen messen, viele Mißverständnisse.

Mädchen und Jungen lernen *in der Tat,* was sie in einer patriarchalischen Gesellschaft lernen sollen, denn die Mädchen gewinnen den Eindruck, daß die Jungen viel besser abschneiden als sie selbst (gleichgültig, welche Leistungen die Jungen tatsächlich erbringen), und die Jungen glauben von sich selbst, viel Besseres zu leisten als die Mädchen (ungeachtet der tatsächlichen Leistungen). Mädchen – und Jungen – unterschätzen konstant die Fähigkeiten und Leistungen der Mädchen und überschätzen die der Jungen.

Michelle Stanworth führte ihre eigenen Untersuchungen über dieses schulische Phänomen durch und stellte in ihrer Stichprobe fest, daß *alle* Mädchen ihren (von der Lehrkraft festgesetzten) Rang in Relation zu den Jungen *unter*schätzten, daß aber die Jungen mit einer einzigen Ausnahme ihren Rang im Vergleich zu den Mädchen *über*schätzten. In der Schule, schreibt Stanworth, »sind Jungen unbestreitbar die dominanten Partner. Mädchen erscheinen den Jungen – und was noch wichtiger ist, sich selbst – als weniger fähig, als sie »wirklich« sind.« (1981, S. 40.)

Die Benotungen und Kommentare der Lehrkräfte über die Schüler/innen lagen Michelle Stanworth vor, als sie ihre Interviews machte. Ein Schüler (von dem die Geschichtslehrerin sagte, seine Leistungen seien nicht so gut wie die mancher Mädchen) machte folgende Bemerkungen, während er die Karten mit den Namen der Schüler durchsah, die er in Geschichte besser einschätzte als sich selbst.

SCHÜLER: Ich zähle ihn auch dazu. Eigentlich komisch. In diesem Stoß sind lauter Jungen.

INTERVIEWERIN: Merkwürdig, nicht?

SCHÜLER: Schwer vorzustellen, daß ein Mädchen besser ist als ich.

INTERVIEWERIN: Kannst du's dir vorstellen? Ist das ungewöhnlich?

SCHÜLER: Ja, vielleicht kann ich's, aber es ist ungewöhnlich. Rosemary – nun, ich weiß nicht, ob sie in Geschichte besser ist als ich, aber in anderen Fächern wie Englisch ist sie wahrscheinlich besser. Ich war fünf Jahre an derselben Schule wie sie, daher weiß ich das.

INTERVIEWERIN: Du kannst dir also doch vorstellen, daß ein Mädchen besser ist als du.

SCHÜLER: Schon, aber nicht in Geschichte.

INTERVIEWERIN: Findest du, daß Geschichte gewissermaßen mehr was für Männer ist?

SCHÜLER: Wahrscheinlich. In der Geschichte hat's viele Kriege gegeben. Darum geht es im Grunde, deshalb ist ein Land größer als das andere. Und Mädchen sind da in der

Regel nicht so gut. (S. 42) Die männlichen Schüler gaben Stanworth zu erkennen, daß sie oft gar nicht genau wissen wollten, was die Mädchen machten. Sie schienen es vorzuziehen, an ihren Illusionen nicht rütteln zu lassen. Auf die Frage, ob er sich mit einem Mädchen, Glenda, vergleichen möchte, antwortete ein Junge: »Mit Glenda nicht so gern. Ich glaube, sie ist ganz gut: die Lehrerin hat mir sogar gesagt, daß Glenda genauso gut ist wie ich. Aber ich würde beispielsweise nicht hingehen und mir ihre Aufsätze anschauen. Nicht von einem Mädchen.«

Jenny Shaw (1977) hat darauf hingewiesen, daß es Fälle gibt, in denen die Jungen die Arbeiten der Mädchen gar nicht berücksichtigen. Sie schreibt: »Ich erinnere mich, mit einem dreizehnjährigen Jungen gesprochen zu haben, der sagte, er sei jetzt an die Spitze gerückt. Er habe in seiner Klasse alle überflügelt. Es stellte sich heraus, daß er nicht Klassenbester geworden war, sondern nur bei den Jungen an die Spitze gerückt war.« (S. 57.) Die Existenz von Mädchen zu leugnen kann das Leben viel einfacher machen und den Jungen helfen, sich ihre Illusionen zu bewahren.

Die Mädchen helfen den Jungen auch oft, ihre Illusionen zu bewahren: Als ich in einer Londoner Gesamtschule fünfzehnjährige Mädchen interviewte und sie fragte, ob sie den Jungen je sagten, daß sie bessere Noten bekämen oder das Gefühl hätten, fähiger zu sein, faßte ein Mädchen die Reaktion aller mit der Bemerkung zusammen: »Ticken Sie nicht richtig?«

Sie weihten mich in ihre Tricks ein, wie sie ihre guten Leistungen vertuschen, wenn nicht gegenüber allen Jungen, dann auf jeden Fall gegenüber ihren männlichen Freunden. Die meisten erklärten ausdrücklich, sie stellten sich in der Gegenwart von Jungen, die »ihnen wichtig sind«, dumm, und sie äußerten die Überzeugung, daß »es sich für Mädchen nicht lohne, allzu klug zu sein.«

Dies deckt sich mit Erkenntnissen, die in den Vereinigten Staaten gewonnen wurden, wo Untersuchungen schon 1947 und 1949 ergaben, daß Schülerinnen im Gespräch mit männlichen Mitschülern geistige Unterlegenheit vortäuschten (Kamarovsky, 1946; Wallen, 1950), und wo Mädchen immer noch das Image der Männer auf ihre eigenen Kosten aufpolieren:

»Wenn mich ein Mädchen fragt, welche Noten ich im letzten Semester bekommen habe, antworte ich: ›Nicht so besonders – nur ein Sehr Gut.‹ Wenn mich ein Junge dasselbe fragt, antworte ich sehr munter, als sei ich überrascht: ›Stell dir vor, ich hab' ein Sehr Gut gekriegt!‹« (Nancy Frazier und Myra Sadker, 1973; S. 127.)

Damit sind wir beim Thema der »Attribution«, der Zuschreibung, eine Frage, die gegenwärtig in den Vereinigten Staaten systematisch studiert wird, wo Forscher/innen herauszufinden suchen, welchen Gründen Schüler/innen ihren Erfolg oder Mißerfolg zuschreiben. Es hat den Anschein, als gebe es geschlechtsspezifische Muster der Attribution. Im Zusammenhang mit Mathematik stellt Sheila Tobias (1978; b) fest, daß Mädchen, wenn sie Erfolg haben, ihren Erfolg purem Glück zuschreiben, haben sie keinen Erfolg, meinen sie, ihre »wahren« Fähigkeiten seien ans Licht gekommen; sie benutzen sogar Wendungen wie: man sei »ihnen draufgekommen«.

Jungen schreiben manche ihrer Leistungen ebenfalls dem Glück und manche ihren »echten« Fähigkeiten zu, aber in anderer Weise, denn während die Mädchen glauben, Glück zu haben, meinen die Jungen, vom Pech verfolgt zu sein. Jungen, die versagt haben, neigen eher dazu, ihre schlechte Leistung als Pech zu bezeichnen, und wenn sie Erfolg haben, tendieren sie dazu, ihre Leistung als Folge ihrer Fähigkeiten anzusehen. Jungen gehen an die Aufgabe mit hoher Selbstachtung heran, und diese wird durch »Mißerfolg« nicht unbedingt gefährdet (ja er kann sogar als ein »Ansporn« dienen, fleißiger zu sein), Mädchen aber, die mit geringer Selbstachtung an eine Aufgabe herangehen, fühlen sich durch Mißerfolg – selbst relativ milder Art – oft demoralisiert. Er bestätigt ihren Glauben an die eigene »Unzulänglichkeit« und kann sie dazu veranlassen, sich »zu verkriechen«, statt fleißiger zu lernen. Selbst wenn Schülerinnen und Schüler dieselben Noten bekommen, neigen Mädchen dazu, deren Bedeutung anders zu interpretieren als die Jungen, nämlich entsprechend dem Image, das Frauen in der Gesellschaft haben: Eine gute Note bedeutet, daß sie Glück gehabt haben, und eine schlechte heißt, daß ihre wahren Fähigkeiten ans Licht gekommen sind. Dagegen tendieren Jungen dazu, gute Noten ihren eigenen Fähigkeiten zuzuschreiben und schlechte Noten entsprechend dem sozialen Image von Männern mit dem Hinweis auf Pech oder ungenügendes Lernen zu »erklären«.

Das Bild, das sie von sich selbst haben, scheint eine wichtige Rolle für die Art und Weise zu spielen, wie Schüler/innen ihre Leistungen interpretieren und wie sie sich selbst Ziele setzen, aber leider hat dies nie als vordringliches Forschungsgebiet gegolten. In Großbritannien hat Margaret Spencer im Zusammenhang mit dem Lesen darüber geforscht; sie vertrat die Auffassung, daß Menschen, die sich selbst als Leser vorstellen können, die das Gefühl haben, lesen sei eine ihnen angemessene Tätigkeit, leichter – und schneller – lesen lernen als diejenigen, die das Lesen als etwas außer ihrer Reichweite Befindliches, Unwirkliches oder ihnen nicht Entsprechendes ansehen (Spencer und McKenzie, 1975). Obwohl dies genauso für eine Mathematikerin oder einen Naturwissenschaftler gelten könnte, sind in England dazu nur wenige Untersuchungen gemacht worden.

In den Vereinigten Staaten jedoch hat sich Elizabeth Fennema (1980) Forschungen über dieses spezielle Problem gewidmet. Sie hat festgestellt, daß Mädchen (bis zu einem gewissen Alter) die Frage, ob Mädchen fähig seien, Mathematikerinnen zu werden, und ob sie Mathematik mögen, Spaß daran hätten und gut darin seien, stets bejahen. John Ernest (1976) berichtet von ähnlichen Reaktionen (was bei seiner Untersuchung eher problematisch war, denn seine Arbeit war ursprünglich von der Prämisse ausgegangen, daß Mädchen Mathematik nicht mögen und das Gefühl haben, nicht dazu geeignet zu sein). Fennema aber ging weiter als Ernest und fragte die *Jungen,* ob *Mädchen* gut in Mathematik seien.

Die Jungen sagten nein: Mädchen könnten keine Mathematikerinnen sein. In der Adoleszenz änderten viele der Mädchen ihre Meinung und begannen zu erklären, Mädchen seien nicht gut in Mathematik. Sie verwarfen ihre eigenen Erfahrungen und übernahmen die Sichtweise der Jungen, anscheinend sobald sie das Alter erreichten, in dem die Meinungen der Jungen wichtig für sie wurden. Selbst wenn sie bereit waren, an der Idee festzuhalten, daß Mädchen in Mathematik gut sein *könnten,* erklärten viele ihr Ausscheiden aus den Mathematikkursen in Wendungen wie: »Das paßt nicht; Mädchen können keine Mathematikerinnen sein, oder?«

Die Vormachtstellung des Mannes resultiert daraus, daß Männer als überlegen angesehen werden, und wie Virginia Woolf (1974) sagte: »Frauen haben den Männern seit Jahrhunderten als Spiegel gedient, die die magische und köstliche Kraft besaßen, die Figur des Mannes in doppelter Größe wiederzugeben.« Aber das ist nur eine Seite der Geschichte, denn während die Frauen dem Bild der Männer Glanz verleihen, verdunkeln sie gleichzeitig ihr eigenes Bild. Sie lernen, die größere Autorität, Fähigkeit und Bedeutung der Männer zu akzeptieren, aber sie lernen auch, ihre eigene geringere Autorität, Fähigkeit und Bedeutung zu projizieren, damit der unterschiedliche Status der beiden Geschlechter wahrgenommen und gewahrt werden kann. Jenny Shaw (1977) ist auch auf diesen Verhaltensaspekt, soweit er im Unterricht sichtbar wird, eingegangen und hat die Auffassung vertreten, Mädchen dienten als *negative Bezugsgruppe* für die Jungen; das heißt, sie repräsentieren nicht nur eine Kategorie, der die Jungen nicht angehören möchten (die sie laut Stanworth »unsympathisch« finden und »verachten«), sondern ihre Anwesenheit ist sogar nötig, um das positive Image der Jungen noch aufzubessern. Gerade *gegen* die Mädchen profilieren sich die Jungen. Und die Dynamik des Klassenzimmers hilft ihnen, dieses Ziel zu erreichen.

Sowohl die Lehrpersonen als auch die Schüler/innen hängen diesem Glauben an die männliche Überlegenheit an und tragen dazu bei, diese im Klassenzimmer in verschiedenster Weise manifest werden zu lassen, obwohl dies, wie Katherine Clarricoates sagt, einer kompletten Beraubung der Kreativität und Intelligenz der Mädchen gleichkommen kann. Natürlich ist die Schule nicht die einzige Arena, in der die weibliche Kreativität und Kompetenz von den Jungen beziehungsweise Männern geleugnet wird oder wo sie sich diese gar für ihre eigenen Zwecke zunutze machen. Es ist ein Kennzeichen der Gesellschaft als Ganzes.

Meine eigenen Sprachforschungen haben immer wieder gezeigt, daß in Diskussionen, an denen beide Geschlechter teilnehmen, die Beiträge von Frauen scheinbar ignoriert werden, nur um Minuten – manchmal Sekunden – später als *männliche* Äußerung wieder aufzutauchen und dann ernstgenommen und sogar gelobt zu werden. Was, frage ich mich, geht da vor? Kriegen die Männer tatsächlich nicht mit, daß Frauen Vorschläge gemacht haben, die untergegangen sind, oder *eignen* sie sich die Vorschläge der Frauen *an* und betrachten sie dann als ihre eigenen? Es würde mir schwerfallen zu akzeptieren, daß Männer nicht »zuhören«, daß diese Ideen tatsächlich von ihnen stammen und daß die Tatsache, daß Frauen sie vorher ausgesprochen haben, »bloßer Zufall« sein soll. Eine solche Erklärung erscheint aufgrund der Häufigkeit dieser Vorfälle unwahrscheinlich, aber nicht zuletzt auch deshalb, weil es nachgewiesene Muster der »Aneignung« weiblicher Gedanken in anderen Bereichen gibt.

Hilary Simpson (1979) hat beispielsweise gezeigt, wie sich D. H. Lawrence die Aufzeichnungen von Frauen aneignete und sie als eigene ausgab. William Wordsworth benutzte das Tagebuch von Dorothy Wordsworth als Quelle vieler seiner Gedanken und eines Großteils seiner »Inspiration«, genauso wie sich F. Scott Fitzgerald der Tagebücher von Zelda Fitzgerald bediente. Und Marion Glastonbury (1978) weist darauf hin, daß diese Praktiken auch heute noch üblich sind: Frauen – gewöhnlich die Ehefrauen – verrichten viele der kreativen und imaginativen (sowie viele der alltäglichen, uninteressanten) Aufgaben angesehener männlicher Schriftsteller und werden dafür in zwei Zeilen erwähnt, während die Männer als Verfasser glänzen.[1]

Wo die Kreativität der Frauen generell als eine Dienstleistung für die Männer angesehen wird, ist es nicht unwahrscheinlich, daß sie sich auch im Unterricht bemerkbar macht. Wenn Mädchen Kreativität, Phantasie und intellektuelle Fähigkeiten zeigen, dann kann ihr Verhalten durch die Überzeugung gefiltert werden, Mädchen seien eine *negative* Gruppe, und dies sei gar keine Kreativität, Phantasie oder intellektuelle Kompetenz – was vielleicht erklären hilft, warum so viele Männer keine Gewissensbisse haben, wenn sie sich Leistungen der Frauen aneignen; Jungen sind dagegen eine *positive* Gruppe, und deshalb *kann* das, was sie

1 Germaine Greer (1980) vertritt die Auffassung, daß es in der Welt der Kunst ähnlich zugehe.

tun, als kreativ, phantasievoll und intellektuell angesehen werden – vielleicht sogar, wenn es zweitklassig ist.[1] Und sowohl Frauen als auch Männer können zur Errichtung der geistigen Überlegenheit der Männer beitragen, nicht aufgrund von deren Leistungen, sondern aufgrund des Geschlechts. Auf diese Weise werden Frauen beziehungsweise Mädchen in der Schule und in der Menschheitsgeschichte (wo ihnen nur eine »Danksagung« zuteil wird) zum Verschwinden gebracht, Frauen werden ins Unrecht gesetzt, Männer gelten als die besten Kandidaten, und das Patriarchat floriert.

Matina Horner (1976) hat erklärt, unsere Gesellschaft sei »durch eine allgemeine Unfähigkeit gekennzeichnet, Kompetenz, Ehrgeiz, intellektuelle Leistungen und Erfolg mit Weiblichkeit in Einklang zu bringen. Wenn beispielsweise Frauen von ihrem Image abweichen und selbständig denken und ihren Verstand entwickeln, dann lobt man ihren *männlichen Geist*« (S. 44), denn das Konzept positiver Intelligenz ist ein männliches. Frauen seien so lange eingeschüchtert worden, erklärt Horner, bis sie akzeptiert hätten, daß geistige Fähigkeiten unweiblich seien und daß Frauen, die solche an den Tag legen, keine »richtigen« Frauen seien. Traditionell hat die Drohung, als unweiblich angeprangert zu werden, ausgereicht, um die Frauen zu unterdrücken und sie zu zwingen, »Dummheit vorzutäuschen«. Aber eine solche Drohung hat heute nicht mehr dieselbe Wirkung wie in der Vergangenheit, und sei es nur, weil Frauen erkannt haben, daß das ganze Konzept der Weiblichkeit von Männern in deren eigenem Interesse geschaffen wurde und seinen Ursprung niemals in den Erfahrungen der Frauen hatte, trotz der Zahl der Frauen, die versucht haben mögen, seine Anforderungen zu erfüllen.

Aus der Sicht der Frauen ist es vielleicht nötig, unsere Theorien des Lernens zu revidieren. Bei den objektiven Untersuchungen, die von Forschern auf der Basis der männlichen Dominanz durchgeführt wurden, ist die Frage, ob sich Jungen überlegen fühlen müssen, um lernen zu können, nie gestellt worden. Aber angesichts der Tatsache, daß Jungen

1 Dies sind kulturspezifische Begriffe, und ich zögere, feste Kategorien von Kreativität *etc.* aufzustellen.

in gemischten Schulen, in denen die Mädchen als negative Bezugsgruppe dienen, was auf die Leistungen der Jungen beflügelnd wirkt, bessere Leistungen erbringen (siehe neuntes Kapitel, Getrenntgeschlechtliche Schulen sind unrealistisch), fragt man sich, ob es möglicherweise Geschlechtsunterschiede im Lernen gibt. Ist es so, daß Mädchen ihre Leistungen nicht in Relation zu einer unterlegenen Gruppe sehen müssen? Das könnte erklären helfen, warum sie an getrenntgeschlechtlichen Schulen gut abschneiden, Jungen dagegen nicht. Es ist eine Möglichkeit, die es wert wäre, untersucht zu werden, die aber wahrscheinlich in von Männern beherrschten Kreisen nicht auf Popularität stoßen würde: Sie könnte die Männer in einem wenig schmeichelhaften Licht erscheinen lassen.

Die gegenwärtige Situation, in der die Mädchen als negative Bezugsgruppe für die Jungen fungieren und das Image und die Leistungen der Jungen aufbessern, ist nicht unvermeidlich: sie kann verändert werden. Frauen können aufhören, als Spiegel zu dienen, die das Bild der Männer in doppelter Größe zurückwerfen, wir können aufhören, uns selbst als weniger fähig darzustellen, und damit beginnen, die Gültigkeit unserer eigenen Erkenntnisse und Erfahrungen zu bekräftigen. Das Fundament des Patriarchats ist so falsch und brüchig, es hängt so sehr vom Konsens der Frauen ab, daß es unweigerlich in Gefahr geraten muß, sobald wir unsere Zusammenarbeit einstellen. Die Wiedergewinnung unserer Kreativität und Intelligenz liegt weitgehend in unseren eigenen Händen und ist in unserer Reichweite. *Wir* sind diejenigen, die entscheiden werden, was »weiblich« ist und was nicht, und wir können mit der Feststellung anfangen, daß es sehr unweiblich ist, sich dumm oder töricht zu stellen. Es ist weder unvermeidlich noch unsere Pflicht, daß wir den Männern als negative Bezugsgruppe dienen.

Vierter Teil

Die Welt aus männlicher Sicht

7
Die »Logik« der Dominanz

Es ist kein Werk der göttlichen Vorsehung, daß die Schulen und das Bildungswesen insgesamt in ihrer gegenwärtigen Form mit ihren tiefverwurzelten hierarchischen Strukturen und ihrer primären Rolle der Trennung derjenigen, die es schaffen, von denjenigen, die es nicht schaffen, organisiert sein müssen. Die Schulen und das Bildungswesen müssen auch nicht unbedingt nach der Prämisse funktionieren, die krassen Unterschiede, die es in der Gesellschaft gibt, seien die Folgen unterschiedlicher angeborener Fähigkeiten (die natürlich von den Vertretern des Bildungswesens einfach auf »neutrale« Weise gemessen werden). Es ist nicht unvermeidlich, daß die Schulen die Ungleichheit als etwas akzeptieren, was sich »natürlich entfaltet«, statt als Differenzen, die herangezüchtet wurden. Wir können verfolgen, wie die Schulen dazu beitragen, diese Unterschiede zu schaffen, und wir können ihre Praktiken verändern. Die Schulen *könnten* dazu dienen, manche der existierenden Prämissen in Frage zu stellen, und das Bildungswesen *könnte* eine mächtige Antriebskraft für den sozialen Wandel und die Errichtung einer gerechteren Gesellschaft sein. Das könnte sein ...

Aber in einer dominanten Position zu sein hat seine eigene verführerische Logik, und es lohnt sich zu untersuchen, wie und warum diese Logik funktioniert, insbesondere wenn wir sie in Frage stellen wollen. Die herrschende Gruppe ist es, die die meisten der heutigen Strukturen, in denen sich ihre Dominanz verwirklicht, geschaffen hat, und deshalb sind diese Strukturen geeignet, den Mitgliedern dieser Gruppe zu gefallen, von ihnen als vernünftig empfunden zu werden und ihre Zustimmung zu finden. Wer die Spitzenpositionen in der Gesellschaft innehat, wer die mit seiner Position verbundenen Vorteile und Privilegien genießt, braucht nicht bösartig zu sein, um zu vermuten, daß die Mittel, durch die er seinen Status und seine Vorteile gewonnen hat, legitim waren und daß mit denjenigen, die den Bodensatz bilden und nicht denselben Erfolg errungen haben, etwas nicht in Ordnung sein müsse.

Wenn die Angehörigen der herrschenden Gruppe versichern, der Weg sei offen, und dem Zutritt zu ihrem privilegierten Kreis stünden keine Hindernisse im Wege (außer natürlich hinsichtlich der Befähigung), dann ist es durchaus wahrscheinlich, daß sie ihre eigenen Erfahrungen mit der Welt zutreffend beschreiben. Was sie auslassen, ist natürlich, daß ihre Erfahrung nicht die einzige ist, wenn auch ihre Macht es ihnen gestattet, sie als die einzig legitime Erfahrung auszugeben. Sie unterschlagen die Erklärung, daß sie diejenigen sind, die als fähig gelten – weil sie es sind, die entscheiden, was Fähigkeit ist.

Wenn die Mitglieder der herrschenden Gruppe das Gefühl haben, von einem System, in dem sie Erfolg hatten, gerecht behandelt worden zu sein, dann bedarf es nur eines kleinen Schlenkers für sie, um zu verallgemeinern, daß das System gegenüber allen gerecht sei. Sie können die Vorwürfe, das Bildungswesen und die Schulen seien diskriminierend, in der Tat unverständlich finden – denn schließlich war dies nicht ihre persönliche Erfahrung –, und sie können außerstande sein zu begreifen, daß nicht alle Schüler/innen unterstützt, ermutigt und bestätigt werden und daß nicht allen geholfen wird, ihr Potential zu verwirklichen. Wenn Mitglieder der Gesellschaft, die nicht der herrschenden Gruppe angehören, sagen, sie hätten sich in der Schule eingeengt, entmutigt und abgelehnt gefühlt, dann mag es für die herrschende Gruppe logischer sein, diese Diskrepanz denjenigen in die Schuhe zu schieben, die ihren Maßstäben nicht entsprochen haben, »den Opfern die Schuld zu geben« und solche Proteste und Anklagen als »saure Trauben«, als Zeichen der Verbitterung zu deuten, statt ihre eigenen Erfahrungen und ihre eigene Rolle in Frage zu stellen.

Wie oft haben die Verantwortlichen des Bildungsapparats – und viele Lehrkräfte – nicht schon nachdrücklich und eindeutig erklärt, alle Schüler/innen würden fair behandelt, im Schulwesen herrsche Chancengleichheit, und sie selbst lieferten den Beweis dafür, daß sie funktioniert? Und nicht selten treiben sie ihre Logik einen Schritt weiter und sagen, für die Tatsache, daß die Förderkurse im Lesen voller schwarzer Jungen sind und daß die Mädchen keine Fächer wie Mathematik und Naturwissenschaften belegen, könnte nur die Beschränktheit dieser Schülerinnen und Schüler selbst verantwortlich sein.

Wenn ich versucht habe klarzumachen, daß der Fehler nicht bei den Schüler/innen liege, sondern bei dem System, in dem sie sich befinden, bin ich wiederholt auf Reaktionen gestoßen, die von Befremden bis zu Feindseligkeiten reichen. Die Angehörigen der mächtigen Gruppe erklären mir – aus ihrer Machtposition heraus und aufgrund der Erfahrungen, die sie als Mächtige haben –, das System sei offen und fair und es sei kein Zweifel daran möglich, daß bestimmte Schüler/innen den nötigen Anforderungen nicht entsprechen.

Aber woher stammen diese Anforderungen? Wer hat sie geschaffen und aus welchen Gründen? Es sind weder neutrale noch absolute Maßstäbe. Sie sind zeitlichen und örtlichen Schwankungen unterworfen. Sie warteten nicht einfach in der Welt darauf, von Männern entdeckt zu werden. Es sind Maßstäbe, die von der herrschenden Gruppe gesetzt werden, sie entstammen ihrer Weltsicht und dienen ihren Interessen.

Ich stelle nicht die Gültigkeit dieser Erfahrungen für die Herrschenden in Frage: Was ich in Frage stelle, ist, daß ihre Erfahrung der Welt die *einzige* Erfahrung ist und daß ihre Maßstäbe die *einzigen* Maßstäbe sind. Diejenigen, die weder an ihrer Macht noch an ihren Erfahrungen Anteil haben, können sehr leicht andere »Maßstäbe« setzen. Es wäre nicht schwierig, aus den »Versagern« von heute die »Erfolgreichen« von morgen zu machen, wenn die Machtbasis verändert würde. Manchmal verzeichnet die Geschichte genau diesen Prozeß, der sich vollzieht, wenn sich die Macht verlagert und ein neues Angebot »bester Kandidaten« auf den Plan tritt, mit anderen Eigenschaften, die nötig sind, um den neuen Anforderungen zu genügen.

Wenn es eine herrschende Gruppe in der Gesellschaft geben muß und wenn ihre Dominanz akzeptiert (und nicht bloß durch pure Gewalt aufgezwungen) und als vernünftig anerkannt werden soll, dann muß ein geeigneter Mechanismus gefunden werden, um diese Dominanz zu rechtfertigen. Wenn die Männer als das herrschende Geschlecht akzeptiert werden sollen (oder die Weißen als die dominante Rasse), dann müssen sie imstande sein zu »beweisen«, daß sie in irgendeiner Form überlegen sind und daß ihre Dominanz somit gerechtfertigt ist. Wenn sie beweisen können, daß sie besser sind, dann ist es nur richtig und vernünftig, ihnen die besten Jobs zu geben.

Schulen und andere Bildungseinrichtungen, in denen Männer die Werte vorgeben und die Erfahrungen strukturieren, dienen nur als einer der Mechanismen, die »beweisen« helfen, daß Männer tatsächlich überlegen sind und daß sie deshalb zu Recht den größeren und besseren Teil des Kuchens erhalten. Wenn die Welt beispielsweise in öffentliche und private, in bezahlte und unbezahlte Arbeit aufgeteilt ist, und wenn die öffentliche Welt der bezahlten Arbeit mit mehr Prestige verbunden ist und einem beträchtliche Vorteile einbringen kann, dann tragen die Bildungseinrichtungen in vielerlei Weise dazu bei, den »Beweis« dafür zu führen, daß das männliche Geschlecht für das eine geeigneter ist als für das andere. Männer genügen den für die prestigeträchtige und bezahlte Arbeit gestellten Anforderungen viel häufiger als Frauen, deshalb ist es nur legitim, daß sie diese Positionen in viel größerer Zahl innehaben.

Ebenso sind die Anforderungen, die von Männern an Frauen gestellt werden, solche, die von Männern oft nicht erfüllt werden. Vielen Jungen ist es nach Aussage vieler Lehrkräfte unmöglich, ruhig, ordentlich und angepaßt, kooperativ und kompromißbereit zu sein, langweilige und monotone Arbeiten zu verrichten, andere zu bedienen und für andere – insbesondere emotional und psychologisch – verantwortlich zu sein. Dies ist einer der Gründe, warum Jungen angeblich bei der Hausarbeit nicht gut sind.

Als ich Lehrkräfte fragte, ob Männer an Hausarbeit und Kindererziehung beteiligt sein sollten, erhielt ich die folgenden Antworten, die ich für einigermaßen repräsentativ halte (nämlich repräsentativ für Lehrpersonen, die sich selbst nicht als Feministinnen bezeichnen):

»Ich finde es erniedrigend für einen Mann, Hausarbeit zu verrichten und wahrscheinlich noch schlimmer, sich um Kinder zu kümmern. Ich hätte keine Achtung vor einem Mann, der dies täte, und ich finde, es wäre schrecklich, wenn Jungen das in der Schule lernen müßten.

Wenn Eltern wollen, daß ihre Söhne zu Memmen werden,

dann müssen sie sie selbst unterrichten, denn Sie können Gift drauf nehmen, daß sie das hier nie lernen werden.

Ich glaube, Männer sollten imstande sein, ihren Frauen zu helfen und in Notfällen auch die Führung zu übernehmen. Ich finde, es wäre gut, wenn Jungen etwas von Hausarbeit und Kinderpflege verstünden, und ich finde auch, es könnte in der Schule Schnellkurse dafür geben. Obwohl ich verstehen kann, warum es den Jungen nicht gefallen würde. Das müßte wahrscheinlich zur Pflicht gemacht werden.

Das ist eine persönliche Entscheidung und sollte nicht mit der Schule in Verbindung gebracht werden. Manche Jungen würden vielleicht gern mehr über die häuslichen Probleme erfahren – gut für sie. Aber das können sie außerhalb der Schule lernen. Das zählt nicht zu den Dingen, die in der Schule gelehrt werden sollten, da ja keine geistigen Fähigkeiten dazu nötig sind. Wenn wir die Hälfte unserer Zeit damit zubrächten, den Kindern etwas über häusliche Dinge beizubringen, dann hätten wir keine Zeit für die richtige Arbeit. Das würde wirklich unseren akademischen Standard senken.«

Es ist also erniedrigend für einen Mann, sich mit Hausarbeit und Kinderpflege zu befassen, er wird dadurch als »Memme« stigmatisiert, es ist eine unattraktive Tätigkeit, mit der Jungen, wenn sie die freie Wahl haben, keine Zeit zubringen möchten. Vielleicht ist es etwas, was sie in Notfällen können sollten oder um denjenigen auszuhelfen, deren tägliches Leben daraus besteht und die überlastet sein könnten, aber es wäre nicht wünschenswert, Jungen in der Schule damit zu beschäftigen, denn das würde auf das Niveau drükken!

(Alle diese vier Lehrkräfte behaupteten, beide Geschlechter gleich zu behandeln.)

Was gut für die Gans ist, ist offensichtlich nicht gut für den Erpel: Für Mädchen ist es richtig, etwas über Hausarbeit und Kinderpflege zu lernen, es ist richtig für sie, wenn sie sich an den Gedanken gewöhnen lernen, daß dies ihr Los im Leben ist, aber gegen die Idee, daß Jungen dieselbe Rolle übernehmen beziehungsweise dafür ausgebildet werden sollten, herrscht ein enormer Widerstand. Sie sind nicht geeignet dafür, und die Rolle eignet sich nicht für sie. Männer haben Hausarbeit und Kinderpflege als eine nicht lohnende

Tätigkeit strukturiert und interpretiert, haben sie den Frauen zugewiesen, haben »bewiesen«, daß sich Frauen besser für deren erniedrigende Anforderungen eignen und daß sie aus diesem Grund gehandicapt sind, wenn es um die Welt der öffentlichen, bezahlten, prestigeträchtigen Arbeit geht. Mit solchen Mitteln wird die Überlegenheit des Mannes herbeigeführt.

Es entspricht der Logik der Herrschaft, daß diejenigen, die im Besitz der Macht sind, ihre Nachfolger nach ihren eigenen Vorstellungen wählen können und daß sie diejenigen wählen können, die ein handfestes Interesse daran haben, dasselbe System zu verewigen und dieselben ungerechten Strukturen zu reproduzieren, die ihnen so dienlich waren; ihre Wahl, so können sie aufrichtig behaupten, sei weder parteiisch noch voreingenommen, noch werde ein Geschlecht diskriminiert – können sie etwas dafür, wenn Männer nun einmal besser sind? Das sei doch nicht ihre Schuld, sagen sie.

Es ist nicht zu bestreiten, daß Bildung in unserer Gesellschaft ein Machtmittel ist und daß die Schüler/innen aus dem Bildungsprozeß mit einer höchst ungleichen Verteilung dieses Machtmittels hervorgehen, und zwar nach genau vorhersagbaren Mustern (die sich nicht auf die Geschlechtszugehörigkeit beschränken). Jungen schneiden besser ab als Mädchen und mehr in den besonders prestigeträchtigen Bereichen, die mit finanziellen Belohnungen einhergehen; sie erhalten auch mehr Chancen, sich dieses Machtmittel anzueignen und es zu benutzen (siehe auch Eileen Byrne, 1978). Wenn das akademische Endresultat so offensichtlich ungleich ist, dann erhebt sich die Frage, wie diese Verteilung als logisch und fair akzeptiert werden kann.

Ein Mittel, das es ermöglicht hat, dieses Resultat als fair auszugeben (durch diejenigen, von denen die Logik und die Erklärungen stammen), ist das Beharren beispielsweise darauf, daß Schulen eine passive Rolle spielten und nur die Interessen und Fähigkeiten der Schüler/innen mit Hilfe unparteilicher Tests und Maßstäbe, durch die Bereitstellung von Optionen, unter denen die Schüler/innen frei wählen könnten, und durch neutrale Beratung, die die Bedürfnisse und Interessen der Schüler/innen berücksichtige.

In der hegenden Umgebung der Schule, so lautet die Argumentation, entfalteten sich die Geschlechter lediglich ihrer Natur entsprechend, und dies werde von der Schule berücksichtigt. Die Schule sei nicht verantwortlich für diese Entwicklungsmuster, sie biete nur den Kontext, in dem sich diese Entwicklung vollzieht.

Obwohl dies für diejenigen, die als »von Natur aus« überlegen aus diesem Prozeß hervorgehen und deren Wachstum und Entwicklung ständig gefördert und begünstigt wurden, eine logische Beschreibung und Erklärung sein mag, ist sie es nicht für diejenigen, die sich als »von Natur aus« unterlegen erweisen. Ich habe drei Jahrgänge von Studentinnen, die ich unterrichtete, aufgefordert, ihren Bildungsweg zu beschreiben, und *ohne Ausnahme* bildeten die Aktivitäten und Zielsetzungen, die ihnen verboten waren, den Aspekt, an den sich alle am deutlichsten erinnerten (siehe auch Phillipa Brewster, 1980, *School Days, School Days*).

In ihrem Kommentar über das Bildungswesen des 19. Jahrhunderts bemerkte Gerda Lerner (1977): »Den amerikanischen Jungen stand die Welt offen, die sie erforschten, zähmten und eroberten; für die Mädchen sollten die Familie und das Heim die Welt sein. Für die amerikanischen Jungen war die Entwicklung einer starken Individualität und eines starken Willens ein notwendiger Wert, der sie auf ihre Rollen vorbereitete. Für die Mädchen waren die Unterwerfung des Willens, Selbstverleugnung und die Entwicklung eines extremen Altruismus die erwünschten Bildungsziele« (S. 3), und »häufiger als der Junge erlebte sie das Heranwachsen als einen Verlust, ein zunehmendes Eingesperrtsein, eine Verminderung der Freiheit« (S. 5).

Die Erfahrungen der Mädchen, die heute in Großbritannien aufwachsen, scheinen denen ihrer amerikanischen Vorfahrinnen zu gleichen, denn »Eingesperrtsein«, »Einschränkungen«, »verboten« waren häufig benutzte Worte. »Ich wollte Jura studieren, aber es wurde mir nicht erlaubt«, »Ich durfte nicht Physik nehmen», »Es wurde mir abgewöhnt, ausgelassen zu sein und Spaß zu haben«, »Immer wurde mir gesagt, was ich nicht tun darf, nie was ich tun könnte, und nachdem alles als verboten erklärt worden war, blieb nicht viel übrig.«

Glenys Lobban (1977) und Camilla Nightingale (1977) haben versucht, die Botschaften zu sammeln, die den Mädchen und Jungen in der Schule vermittelt werden, und haben dazu Bücher als Quelle herangezogen. Ihre Untersuchung bestätigt die von Mädchen geschilderten Erfahrungen. »Speziell für Jungen bestimmte Abenteuerbücher haben einen viel weiteren Horizont als solche für Mädchen«, schreibt Nightingale. »Jungenbücher befassen sich mit Themen wie Fallenstellen, Segeln, Schmuggeln, Arbeit in den Bergwerken, dem wilden Westen, Polizei und Räubern. Die Handlung spielt in der ganzen Welt, von Alaska bis zum Südchinesischen Meer. Die jugendlichen Helden brauchen nicht nur physischen Mut, sie müssen bei all ihren Unternehmungen über großes technisches Wissen verfügen. Solche Bücher sind dazu da, den Horizont eines Jungen zu erweitern. Wenn man ein entsprechendes Buch für Mädchen liest, kommt man zu der Überzeugung, daß es ausdrücklich dazu bestimmt ist, jegliche Unternehmungslust zu dämpfen, die ein Mädchen noch haben mag.« (S. 98.)

Es kann sein, daß solche Bildungserfahrungen Männern frei, unbehindert und fair erscheinen. Es kann sogar sein, daß sie das Gefühl haben, sich lediglich zu entfalten und ihr volles Potential zu entwickeln. Für viele Mädchen aber trifft dies nicht zu, insbesondere für diejenigen, die koedukative Schulen besuchen. Sie machen nicht die Erfahrung, daß ihnen Bildung die Welt eröffnet und sie ermutigt, sich zu entfalten. Viele Mädchen haben vielmehr das Gefühl, daß ihre Schulzeit entscheidend dazu beigetragen hat, ihre Erwartungen einzuschränken, ihre Interessen zu verengen und ihr Potential zu limitieren. Für sie spielte die Schule eine aktive, keine passive Rolle in ihrer Entwicklung. Jungen mögen das Gefühl haben, als das geboren worden zu sein, was sie sind, Mädchen aber haben das deutliche Gefühl, dazu gemacht worden zu sein. Dies ist ein weiterer Fall, wo die »Logik« der Herrschenden schwerer zu rechtfertigen ist, wenn sie der »Logik« der Beherrschten gegenübergestellt wird.

Es wäre nicht schwierig, den Schulunterricht so zu gestalten, daß echte Chancengleichheit vorhanden ist und daß die Schülerinnen und Schüler ein gleiches Maß an Kräften daraus schöpfen. Die herrschende Gruppe führt jedoch Argumente gegen eine solche Umgestaltung ins Treffen. Ein Argument hat sich seit Jahrhunderten kaum verändert; es besagt, Frauen hätten kein Bedürfnis mehr zu heiraten, wenn ihnen andere Optionen offenstünden. Dem würde ich zustimmen. Aber ich sehe darin eher ein Argument für die Veränderung der Ehe als dafür, Frauen in diese hineinzuzwingen.

Ein anderes Argument besagt, wir würden dann viele der gegenwärtigen Geschlechtsunterschiede beseitigen, und es ist einzusehen, warum eine solche Entwicklung für diejenigen, die aus der derzeitigen Situation Nutzen ziehen, schädlich wäre. Die gegenwärtige Machtbasis würde unterminiert, wenn es nicht länger möglich wäre zu beweisen, daß Männer überlegen sind und es daher ihr gutes Recht ist, den Bereich der bezahlten Arbeit im öffentlichen Sektor für sich zu beanspruchen. Nach der Logik der herrschenden Gruppe könnte Anarchie ausbrechen, wenn beide Geschlechter über dieselben Machtmittel verfügten und dasselbe Maß an Verantwortung für das Erbringen von Dienstleistungen für ihr eigenes Leben und das ihrer Sprößlinge übernähmen.

Gegenwärtig glauben wir den Behauptungen der Männer, sie seien die besseren Schüler beziehungsweise Studenten, die geeigneteren Bewerber für bezahlte Arbeit und die besten Kandidaten für Positionen mit Macht und Einfluß; wir akzeptieren ihre Behauptung, daß die Familie und die Gesellschaft zusammenbräche, wenn die von ihnen geschaffene Ordnung aufgegeben würde. Die Frage ist, ob wir fortfahren sollten, ihren Behauptungen zu glauben, ob ihre Logik hinreichend logisch ist oder ob wir anfangen sollten, unsere eigenen Erfahrungen und unsere eigene Logik zu artikulieren und zu erhärten.

Vielleicht können die Männer unter den gegenwärtigen Umständen einen größeren Teil ihres Potentials verwirklichen – obwohl ich nicht davon überzeugt bin, wenn ich mir vor Augen halte, daß die Männer Potential und Erfolg definiert haben und mir diese Definitionen höchst einseitig erscheinen –, aber man bedenke das Ausmaß der bevorzugten Behandlung, die ihnen zuteil wird. Das System ist auf sie zugeschnitten, es paßt auf ihre Erfahrungen mit der Welt, es lehrt und legitimiert diese Erfahrungen. Aus meiner Perspektive erscheint es logisch anzunehmen, daß die Mädchen dasselbe Maß an Qualifikation (nach männlichen

Maßstäben) erwerben könnten, wenn sie im gleichen Maße gefördert würden.

Natürlich müßte sich in den Schulen vieles ändern, wenn die Mädchen dieselben Vorteile genießen sollen wie die Jungen. Sie bräuchten ein System, das ihnen entspricht und das ihre eigenen spezifischen Erfahrungen bestätigt und verstärkt. Sie bräuchten Wissen von und über Frauen. Sie müßten ihre eigenen »Maßstäbe« entwickeln. Und das Bildungswesen sähe ganz anders aus – wie das in vielen Kursen des Frauenstudiums der Fall ist, in denen Frauen ihre Wissensvermittlung selbst gestalten.

Daß dies eine derart »unrealistische« Möglichkeit darstellt, ist ein Hinweis auf das Ausmaß des Sexismus im Bildungswesen, denn was für das männliche Geschlecht die tägliche pädagogische Realität ist, grenzt für das weibliche Geschlecht an Traumtänzerei.

Ich sehe keine »über Nacht stattfindende Revolution« kommen, durch die die Kontrolle über die Frauenbildung (und einen Teil der Männerbildung) in die Hände der Frauen überginge, aber ich kann mir eine Evolution vorstellen, in deren Verlauf die Frauen zunehmend Einfluß ausüben werden, und zwar ihrer eigenen Logik entsprechend.

Meine persönlichen sehr begrenzten Interventionen (und diejenigen anderer Feministinnen) lassen erkennen, daß es weniger Zeit, Energie und Organisation erfordert, Horizonte zu eröffnen, als sie zu schließen. Manchmal reicht schon eine simple Frage aus – zum Beispiel, wer redet in eurer Klasse? Warum handeln alle Bücher von Männern? Was werdet ihr machen, wenn ihr dreißig seid? Solche Fragen können Resultate hervorbringen, die geradezu erstaunlich sind, da sich der Bezugsrahmen zur Deutung der Welt innerhalb von Sekunden verändern kann. Die Antworten auf diese speziellen Fragen sind nicht so wichtig wie die Richtung, in die sie führen, da sich die Schüler/innen allmählich damit beschäftigen, wie und warum es kommt, daß ihnen diese Dinge vorher nicht aufgefallen sind.

Solche Fragen können Veränderungen bewirken, nicht die Art von Veränderung, die als Revolution empfunden und durch gewaltsame Mittel erreicht wird (die Herkunft dieses speziellen Modells des Wandels ist zu hinterfragen), sondern eine Art von evolutionärer Veränderung, wie sie mit einer neuen Weltsicht einhergeht.

Diese Art der Veränderung, die mit einer Neudefinition und Neubewertung der Objekte und Ereignisse der Welt verknüpft ist – *ist* echtes Lernen. Es ist dieselbe Verfahrensweise, zu der Galilei gegriffen hat, als er das Verhältnis der Erde zum Sonnensystem neu interpretierte, dasselbe Verfahren, dessen sich Darwin bediente, als er die Entstehung des Menschen neu deutete. Genau das hat auch Mary Wollstonecraft getan, als sie darauf hinwies, daß Frauen Bürger zweiter Klasse seien, eben weil Männer ihre Stellung in der Welt manipuliert haben, und auch Germaine Greer (1971), als sie erklärte, Frauen würden nicht als Frauen geboren, sondern dazu gemacht, es sei überhaupt nichts »Normales« an den Geschlechtsrollen, die wir von frühester Kindheit an zu spielen lernen. Wenn sich Männer dieser Tätigkeit hingeben, wird es gewöhnlich als Lernen und Theoretisieren bezeichnet, aber wenn Frauen das tun, um die Erfahrungen von Frauen zu analysieren, dann wird es heute in der Regel Bewußtseinsbildung genannt. Und nach männlicher Logik ist Bewußtseinsbildung *keine* echte Lernerfahrung, im Gegenteil, es ist eine Form von politischem beziehungsweise emotionalem Verhalten, das keinen Platz im geziemend unpersönlichen und distanzierten Unterricht hat.

Männer mögen ja der Auffassung sein, daß die Lernerfahrungen, an denen sie teilhaben, bedeutsamer, zuverlässiger, unpersönlicher, distanzierter und objektiver seien, denn diese Realität findet in der gesamten Gesellschaft ihren Niederschlag. Männern mag es so erscheinen, als ließen sich Frauen auf eine triviale, irrationale – und manchmal sogar politische – Unternehmung ein, wenn sie anfangen, ihre Erfahrungen zu artikulieren und die Welt aus ihrer Perspektive zu interpretieren. Frauen aber teilen nicht unbedingt diese Auffassung. Für sie sieht es eher so aus, als seien die ausschließliche Konzentration auf männliche Erfahrungen, die Reverenz, die vor männlicher Erfahrung und Autorität gefordert wird, und die emotionalen Proteste, die von Männern erhoben werden, wenn wir Änderungsvorschläge machen, durchaus als eine irrationale und politische Reaktion auf die Vernunft und Logik der Frauen zu betrachten.

Die Logik von Frauen und Männern kann so gesehen verschieden, ja widersprüchlich, aber dennoch gleichermaßen gültig sein. Der Grund, warum die eine Version allgemein akzeptiert wird und die andere nicht, liegt darin, daß die eine Gruppe die Macht hat, ihre Version von Erfahrung den Mitgliedern der Gesellschaft aufzuzwingen, die weder diese Erfahrung noch diese Logik teilen. Dadurch wird sie weder richtig noch gerecht.

Wenn die Erfahrung und die Logik der Frauen denselben Wert und dieselbe Gültigkeit hätten, wenn sie mit denen der Männer koexistierten, dann hätten wir eine völlig andere Gesellschaft und ganz andere Schulen. Die männliche Erfahrung könnte nicht länger als die Gesamtsumme der menschlichen Erfahrung auftreten, und die Männer wären gezwungen, den Frauen wenigstens manchmal zuzuhören, während heutzutage die Frauen fast immer den Männern zuhören müssen (siehe Pamela Fishman, 1977, die die »sprachliche Verfügbarkeit« der Frauen dokumentiert). Männer wären nicht länger die einzigen Autoritäten, ein Großteil der Rechtfertigung für ihre Vorherrschaft (und ihrer Begründung, warum Frauen im Unrecht sind) fiele in sich zusammen. Die »Logik« der männlichen Dominanz würde als höchst unlogisch entlarvt werden, wenn man die Frauen berücksichtige.

Vor allem weil ich die Gleichberechtigung der Geschlechter verwirklicht sehen möchte, trete ich dafür ein, daß Frauen jede Gelegenheit ergreifen und nutzen, ihren eigenen Erfahrungen Ausdruck zu verleihen und die Welt zu beschreiben und zu erklären, wie sie sich für Frauen darstellt. Dazu gehört es, von der Männerherrschaft und den Methoden zu sprechen, deren sie sich bedient, um die Frauen zum Schweigen zu bringen und sie zu diskreditieren. Ich trete dafür ein, daß alle Frauen Einflußnahme auf ihren Bildungsweg fordern und daß sie auf ihrem Recht bestehen, mehr über ihr eigenes Leben zu lernen, ohne sich darum zu kümmern, ob Männer dies als Lernen oder als Bewußtseinsbildung bezeichnen. Die falsche Logik der Herrschaft fordert einen zu hohen Preis, einen Preis, den wir uns nicht länger leisten können.

8
Die leere Zukunft

Eine Frau zu sein, ist im Bewußtsein der meisten Mitglieder unserer Gesellschaft untrennbar mit der Rolle einer Ehefrau und Mutter verknüpft. Obwohl sich Elternschaft auf beide Geschlechter bezieht, sind die Bedeutungen, die ihr zugeschrieben werden, geschlechtsspezifisch, das heißt, die Rolle des weiblichen Elternteils – der Mutter – wird ganz anders gesehen als die des männlichen Elternteils – des Vaters. Die Mutterschaft wird als immerwährende Aufgabe betrachtet, die mit der Geburt eines Kindes nicht endet, sondern vielmehr erst beginnt und die eine Frau Jahre ihres Lebens kostet; die Vaterschaft dagegen wird oft auf den Vorgang der Zeugung beschränkt und als einmaliger Akt betrachtet, der sehr wenig Zeit erfordert. Während die Fortpflanzung im Leben der Frauen als zentrales Element angesehen wird – und vielfach als der Weg gilt, auf dem Frauen Erfüllung finden –, wird sie für Männer gewöhnlich als peripher, als etwas »zusätzliches« und nicht als notwendige Voraussetzung der Existenz betrachtet.

Viele Bildungstheorien basieren auf der Prämisse, eine Bildung sei dann als gut anzusehen, wenn sie die Schüler/innen auf ihren Platz in der Welt vorbereite und sie für ihr künftiges Leben qualifiziere; und solange Männer die Zukunft der Frauen als Mutterschaft (und die der Männer als Berufstätigkeit) begriffen, erschien es »logisch«, Mädchen auf die Mutterschaft und Jungen auf die Berufstätigkeit vorzubereiten. Vielen Bildungsplanern erscheint eine solche Politik als »vernünftig«, und sie weigern sich zuzugeben, daß sie diskriminierend ist und dazu beiträgt, die Unterordnung der Frauen gegenüber den Männern zu gewährleisten. Es ist »dieselbe alte Geschichte«; Frauen wird bestimmtes Wissen vorenthalten mit der Begründung, daß sie Frauen seien, und dann wird ihnen »vorgeworfen«, nicht dasselbe Wissen wie Männer zu besitzen.

Diese Politik des geschlechtsspezifischen und diskriminierenden Angebots geht aus praktisch jedem offiziellen Bildungsbericht hervor, der je präsentiert wurde (siehe Carol Dyhouse, 1976, 1977, 1978, und Marion Scott, 1980, wo diesem Aspekt weiter nachgegangen wird), und weit davon entfernt, ein Vorurteil der Vergangenheit zu sein, ist es vielmehr ein Kennzeichen der gegenwärtigen Bildungsplanung, denn die Prärogative, »vernünftige« Bildungsgrundsätze zu formulieren, ist nach wie vor fest in der Hand der Männer. Im *Norwood Report* von 1943 hieß es, Mädchen müßten Kenntnisse in Haushaltsfächern haben, denn dies sei eine »notwendige Vorbereitung für alle Mädchen auf ihre künftige Rolle als Hausfrauen und Mütter«, und während die Jungen – die »besseren« Schüler – sich mit den schwierigen theoretischen Fächern auseinandersetzen könnten, sollten sich die Mädchen den Haushaltsfächern widmen, weil sie »die besondere Begabung haben, an theoretische Aufgaben mit einer praktischen Einstellung heranzugehen«.[1] Im *Newsom Report* (1963) heißt es ebenfalls klipp und klar: »Für *alle* Mädchen« (Hervorhebung durch D. S.) »existiert ein Interessenkomplex, der mit dem zusammenhängt, was viele, vielleicht die meisten Mädchen als ihren wichtigsten Beruf ansehen würden, nämlich die Ehe ...« Daraus ergebe sich, daß das für sie gedachte Bildungsangebot sich dieses Interesse für ihre Berufung zunutze machen und Fächer enthalten sollte, die mit Hausarbeit und Kindererziehung zu tun haben.

Es scheint so, als habe sich wenig verändert, seit Rousseau die Auffassung vertrat, der Zweck der Erziehung und Bildung von Mädchen sei, sie für Männer attraktiv zu machen – »attraktiv« in physischer Hinsicht (und viele der heute in Hauswirtschaftslehre angebotenen Kurse schließen »Körperpflege« und »Mode« mit ein; das Hauptgewicht liegt gewöhnlich nicht auf der Gesundheit) und in Hinblick auf ihre Fähigkeit, Männer zu versorgen.[2] Heute gehen viele Bildungsfachleute von der Prämisse aus, daß Mädchen die Mutterschaft zu ihrer Berufung machen *sollten,* und sie ma-

1 Man könnte behaupten, daß Metallarbeiten, Holzarbeiten, Maschinenbau *etc.* genauso gut ein praktisches Herangehen an theoretische Aufgaben ermöglichen würden, aber ein solches Angebot schien nicht nahezu so »vernünftig« zu sein.
2 Bei der Wahl der Miss Welt von 1980 legten die Sprecher eines Londoner Rundfunksenders den Teilnehmerinnen einen Fragebogen vor, wiesen aber auch darauf hin, daß den Bewerberinnen die eigentliche, wichtigste und grundlegendste Frage nicht gestellt werde, nämlich die, wie gut sie für Männer sorgen könnten!

chen sich dann daran, sie für diese Berufung auszubilden – was die Eliminierung vieler anderer Optionen erfordert –, und dieselben Bildungsexperten triumphieren dann und fühlen sich gerechtfertigt, wenn die meisten weiblichen Absolventen des Schulsystems später Mütter werden und die Mutterschaft zu ihrer Berufung machen. Manche gehen sogar so weit zu behaupten, die Mädchen wählten *bereitwillig* die Mutterschaft als den zentralen Faktor ihres Daseins, denn obwohl ihnen alle Bildungschancen »gleichermaßen offenstehen«, betrachteten sie eine bezahlte Beschäftigung *von sich aus* als sekundär und planten sie ihr Leben nicht im Hinblick auf die damit zusammenhängenden Anforderungen.

Sehr wenige Bildungsfachleute erkennen die Rolle, die sie dabei spielen, um diese Dinge für Frauen »wahr werden« zu lassen. Sie erkennen nicht, daß sie selbst die Frauen aktiv einer ganzen Latte von Optionen berauben und sie daran hindern, wirtschaftliche Unabhängigkeit zu erlangen, daß sie die Frauen aktiv einer fairen Chance berauben, mit der Folge, daß viele die Mutterschaft aus Mangel an Alternativen wählen.

Damit soll die Mutterschaft nicht abgewertet werden. Kinder zu gebären ist für jede Gesellschaft eine fundamentale Notwendigkeit, und Kinder aufzuziehen kann eine der wichtigsten und wertvollsten Aufgaben sein, die in einer Gesellschaft zu erfüllen sind. In unserer Gesellschaft aber, in der Männer die Spielregeln machten, haben sie die Kindererziehung den Frauen zugewiesen und als trivial behandelt; sie haben sie auch zu einer schwierigen und manchmal unmöglichen Aufgabe gemacht, indem sie darauf bestanden, daß sie unbezahlt sein sollte, von niemandem geteilt und von niemandem unterstützt. Wenn Frauen den Wert der Kindererziehung erkennen, sie als lohnend empfinden und sich *frei* für diese schwierige Aufgabe entscheiden, dann sollten wir ermutigt und unterstützt, ja bewundert werden; für viele von uns aber ist es gar keine freie Entscheidung, es ist eine Erwartung, die wir erfüllen, weil nichts anderes zur Verfügung zu stehen scheint. Von Geburt an mit der Botschaft bombardiert, daß wir Mütter werden müssen, durch unseren Bildungsweg dahingeführt, unsere Zukunft im Hinblick auf die Kindererziehung und nicht auf Berufstätigkeit zu planen, mit Beschäftigungen vorliebnehmend, die häufig eine Lückenbüßerfunktion haben, bis das Leben vermeintlich mit unserem Mann, unserem Heim und unseren Kindern erst richtig beginnt, finden sich viele von uns als Mütter wieder, ohne jemals ernsthaft eine andere Alternative in Erwägung gezogen zu haben. Verschreckt durch Geschichten über alte Jungfern, geängstigt durch Märchen über mangelnde Erfüllung, verlockt durch Liebe und Leidenschaft, gehen wir optimistisch auf das Schicksal zu, das Männer für uns bestimmt haben, und müssen häufig erleben, daß wir abhängig sind und uns unterordnen müssen und daß wir zu der nächsten Generation von Frauen wurden, welche die Männerherrschaft stützen und verewigen.

Es ist nicht nötig, ein großes Forschungsprojekt in Angriff zu nehmen, um herauszufinden, wie dieser »Betrug« bewerkstelligt wurde und wird. Der Grund, warum Frauen keine Alternativen sehen, liegt zum Teil darin, daß es keine gibt: Männer haben die Indizien verschwinden lassen. Die Frauen hören nur die eine Seite der Geschichte – die der Männer –, und es ist nun einmal im Interesse der Männer, daß wir fortfahren, unsere Rolle im Leben darin zu sehen, ihnen zu gefallen und für sie zu sorgen. Wenige von uns wissen, daß 1739 »Sophia, A Person of Quality«, ein Pamphlet verfaßte, *Woman Not Inferior to Man,* in dem sie schrieb: »... wenn jeder einzelne Mann seine Gedanken über unser Geschlecht offenbaren (würde), dann würden alle darin übereinstimmen, daß wir zu ihrem Gebrauch bestimmt sind, daß wir nur dazu taugen, Kinder zu bekommen und in ihren jungen Jahren zu hegen, uns um den Haushalt zu kümmern und unseren Herren zu gehorchen, zu dienen und zu gefallen, fürwahr *ihnen.*« »Sophia« erläuterte, warum dies absurd und ungerecht sei und nur die Ansicht von Männern sein könne. Nachdem man ihr das Argument entgegengehalten hatte, Lernen und Bildung seien bei Frauen Verschwendung, weil sie doch nur heirateten und Kinder bekämen, entlarvte Sophie die lächerliche Logik dieser Argumentation: »Warum ist *lernen* für uns nutzlos? Weil wir keinen Anteil an öffentlichen Ämtern haben. Und warum haben wir keinen Anteil an öffentlichen Ämtern? Weil wir *nichts gelernt* haben.«

Wenn Mädchen – und Jungen – in der Schule etwas über

Sophia lernen würden und über Mary Astell, die die Gründung einer Hochschule für Frauen betrieb, über Priscilla Wakefield, die Kinderbücher schrieb, Naturgeschichte populär machte und Sparkassen einführte, über Mary Somerville, die die Werke Newtons für Laien übersetzte und eine der führenden Naturwissenschaftlerinnen ihrer Zeit war, über Ada Lovelace, die Computer-Software entwickelte (deren Bedeutung erst vor relativ kurzer Zeit erkannt wurde), über Sophia Jex Beake, die das medizinische Establishment bekämpfte, über Christabel Pankhurst, die sich mit den Politikern anlegte, und über die vielen tausend anderen »bedeutungslosen« Frauen, die angeführt werden könnten, dann würden beide Geschlechter mit dem Bewußtsein die Schule verlassen, daß es seit Jahrhunderten eine schlüssige Kritik an die Männerherrschaft gegeben hat. Beide Geschlechter würden die Argumente *gegen* die Männerherrschaft kennen, aber auch über die Gründe für diese Herrschaft Bescheid wissen. Die Frauen wären dann in der Lage, zwischen Unabhängigkeit und Abhängigkeit zu *wählen*. Die Befürchtungen der Männer, sie könnten sich für die Unabhängigkeit entscheiden und die Institution der Ehe und Mutterschaft in ihrer gegenwärtigen Form, die die Frauen abhängig macht, ablehnen (siehe Rich, 1980), mögen durchaus begründet sein. Dies ist eine der Ursachen, warum Wissen über diese Frauen – und ihre Proteste gegen die Männerherrschaft – nicht ohne weiteres zur Verfügung steht.

Zahlreiche Mechanismen sorgen dafür, daß solches Wissen nicht in die Hände von Frauen, insbesondere von leicht beeindruckbaren Schülerinnen und Studentinnen gelangt. Zahlreiche Lehrkräfte können bezeugen, daß Versuche, solches Wissen über die Stärke der Frauen und die Geschichte des Frauenprotests in den Unterricht einzuführen, von vielen Verantwortlichen als *Propaganda* klassifiziert werden. Während sich fast der ganze Lehrplan mit Männern befaßt, kann die Behandlung einiger weniger Frauen als politisch und subversiv verteufelt werden.

In gewissem Sinn haben diejenigen recht, die behaupten, es sei politisch und subversiv, wenn Schülerinnen Frauen studieren, denn sobald die Frauen begreifen, daß es eine weibliche philosophische Tradition gibt, eine Tradition der

Analyse und Kritik der männlichen Macht und der weiblichen Abhängigkeit, werden sie die gegenwärtigen Verhältnisse, unter denen die Männer gedeihen, umstürzen wollen. Aber die Männer haben in ihrer Argumentation etwas ausgelassen – sie haben nicht gesagt, daß es politisch und subversiv sei, in einer von Männern beherrschten Gesellschaft Frauen zu studieren, sie haben nicht gesagt, daß Frauen nur das Recht haben, unter den Optionen zu wählen, die ihnen die Männer anbieten, und daß sie nicht die Freiheit haben, selbst zu entscheiden.

Solange die Männer über die Gesellschaft herrschen, haben sie auch die Kontrolle über die Optionen, die den Frauen offenstehen, und gleichgültig, ob sich die Frauen *entscheiden,* männliche Zustimmung anzustreben oder darauf zu verzichten (als Frauen ohne Männer), sie können sich in jedem Fall bestraft fühlen. Denn auch die Entscheidung für die männliche Zustimmung fordert unter den gegenwärtigen Verhältnissen einen Preis, da diejenigen, die sich dem »erwünschten« Schema anpassen und Ehefrauen und Mütter werden, fast immer in finanzieller Abhängigkeit enden, so wie diese Rollen gegenwärtig strukturiert sind; in unserer monetären Gesellschaft kann finanzielle Abhängigkeit zu vielen anderen Formen von Abhängigkeit führen, und die Optionen der Frauen können sich noch weiter reduzieren. Frauen, die diese Rolle »gewählt« haben, sehen ihre Zukunft häufig als nicht existent, als zugemauert.

Als ich etwa siebzehn war und als schwierig, unangepaßt und undankbar galt, bemühte sich meine Mutter ehrlich, mir zu helfen. »*Welcher Frau* möchtest du gleichen?« fragte sie mich. »Sag' mir bloß, *welcher,* und ich werde mein Bestes tun, um dir zu helfen.« Wir machten eine Liste der Frauen, die wir kannten; darunter befanden sich Lehrerinnen, Sekretärinnen und Friseusen. Aber selbst diese Frauen, die bezahlte Arbeitsplätze hatten, definierten sich dennoch in erster Linie als *Hausfrauen* und ihre bezahlten Jobs als »etwas Zusätzliches« zum »Aufbessern«. Ich wollte keiner von ihnen gleichen, ohne meine eigene Identität, ohne echte Unabhängigkeit.

Also wandten wir uns der Literatur zu – oder zumindest unserer begrenzten Kenntnis der Literatur. Jane Austens Emma kam nicht in Frage, ebensowenig Anna Karenina und Madame Bovary oder Lady Macbeth und Ophelia – und wer blieb übrig? Nach unserer systematischen Suche nach einem »Vorbild« waren wir uns einig, daß es keine Frau gab, der ich gleichen wollte, daß das unrealistisch war, was ich wollte, daß es einfach nicht existierte. Soweit wir das überblickten, wurden *alle* Frauen Hausfrauen oder nahmen ein höchst unrühmliches Ende. Werde Hausfrau und Mutter – oder du stehst vor dem Nichts.

In den letzten zwanzig Jahren hat es einige Veränderungen gegeben. Es ist heute möglich, eine Reihe weiblicher Vorbilder anzubieten, von denen manche männlichen Vorstellungen und manche sogar weiblichen Vorstellungen entsprechen, aber sie sind nicht die *Norm*. Es wird immer noch davon ausgegangen, daß das eigentliche Reich der Frau das Heim sei und daß sich Frauen im öffentlichen Sektor nicht angemessen behaupten könnten; schaffen das manche Frauen dennoch, heißt es, sie seien *nicht repräsentativ* für ihr Geschlecht, und niemand zweifelt daran, daß die Annahmen über das weibliche Geschlecht unzutreffend sein könnten. Und Frauen, die sich auf die öffentliche Bühne begeben, stoßen oft auf Feindseligkeit und Schmähungen, sie sind häufig die Zielscheibe von »Witzen« und »Frotzeleien«, in denen darauf angespielt wird, daß dies nicht der richtige Platz für sie sei. Keinem Mann wird je nahegelegt, in die Küche zurückzukehren, denn es wird nicht davon ausgegangen, daß er von da kommt.

Daß Frauen in unserer Gesellschaft zunächst und in erster Linie als Ehefrauen und Mütter gesehen werden, ist nicht schwierig zu demonstrieren, weil dies aber eines der Hauptmittel ist, Frauen zur Unterordnung zu zwingen, und weil viele Bildungsplaner erklären, sie wollten die Abhängigkeit der Frauen verändern und beiden Geschlechtern »Chancengleichheit« bieten, wäre zu erwarten, daß Lehrkräfte versuchen, positive Alternativen zu Mutterschaft und Ehe als einzige Ziele für Frauen anzubieten. Es scheint jedoch, als sei dies nicht der Fall, als gebe es Lehrer/innen, die eisern eine geschlechtsspezifische Arbeitsteilung verteidigen und einen »vernünftigen« Unterricht zu diesem Zweck anbieten, während viele, viele andere Lehrkräfte, die nicht aktiv für die Mutterschaft als ausschließliche Sphäre der Frauen eintreten, eine Unterlassungssünde begehen – wenn die Mutterrolle nicht in Frage kommt, dann bleibt nur das blanke Nichts.

Es wäre ein Fehler zu glauben, es seien nur männliche Lehrer, die Frauen primär als Ehefrauen und Mütter sehen (mit kurzfristiger bezahlter Berufstätigkeit am Anfang und vielleicht einer bezahlten Teilzeitbeschäftigung, wenn die Kinder zur Schule gehen), denn auch Lehrerinnen sind Opfer, und es fällt ihnen oft schwer, ihre Schülerinnen in anderen Kategorien zu sehen. Eine Lehrerin, die von Michelle Stanworth (1981) interviewt wurde, beschrieb eine sehr fähige und tüchtige Schülerin mit folgenden Worten:

LEHRERIN: Ich kann sie mir als sehr tüchtige, vielleicht etwas distanzierte Sekretärin vorstellen, sie sieht nett und adrett aus, sie macht ihre Arbeit sauber und ordentlich und ist immer pünktlich zur Stelle. Und sie macht den Eindruck, als wisse sie, was sie tut. Sie läßt sich nicht treiben.

INTERVIEWERIN: Warum wäre sie als Sekretärin *distanziert*?

LEHRERIN: Ich kann mir nicht vorstellen, daß sie sich in ihren Chef verlieben würde! Oder ins Flattern gerät.

INTERVIEWERIN: Und in fünf Jahren?

LEHRERIN: Nun, ich sehe sie im Kreise ihrer Familie und alles bestens organisiert. Die Kinder werden rechtzeitig aufstehen und rechtzeitig zur Schule gehen und die richtigen Kleider anhaben. Das Essen wird fertig sein, wenn ihr Mann nach Hause kommt. Sie wird alles bestens im Griff haben (S. 26).

Die betreffende Schülerin trug sich de facto mit dem Gedanken an ein Jurastudium – aber wenn sie sich immatrikuliert, dann wird es gegen den impliziten und expliziten Rat und die Erwartungen mancher ihrer Lehrerinnen sein. (Standworth fügt hinzu, daß die Schülerin ohne Zweifel fähig sei, einen Hochschulabschluß zu erlangen.) Schülerinnen verlassen sich stark auf den Rat und das Urteil ihrer Lehrkräfte, und es ist schwierig für sie, einen solchen Rat zu ignorieren; aber wenn diese Ratschläge und Erwartungen mit den Zweifeln zusammentreffen, die systematisch bei den Mädchen gesät werden, und wenn man außerdem den totalen *Mangel* an Leitbildern bedenkt, die es für ein Mädchen als richtig erscheinen lassen, einen Studienabschluß insbesondere in Jura anzustreben, dann wäre es nicht überraschend, wenn diese Schülerin den Beruf einer Sekretärin, vielleicht in einer Anwaltskanzlei, »wählen« würde. Überraschend hingegen ist, daß so viele Frauen nicht vernünftig sind, daß sie sich den Leitbildern unserer Gesellschaft widersetzen, eine bezahlte Berufstätigkeit anstreben und sich mit entsprechendem Einsatz darauf vorbereiten.

Während die Lehrerinnen in der Befragung von Stanworth immerhin gewisse (wenn auch traditionelle) Vorstellungen von der Zukunft der Frauen in der Arbeitswelt hatten, »scheint das Arbeitsleben der Frauen den Männern geradezu ein Rätsel zu sein«, erklärt Stanworth, »denn in den Erörterungen der Schülerinnen durch die Lehrer zeigte sich, daß sich diese in zwei Drittel aller Fälle das Mädchen nach dem Schulabschluß in *keinerlei* Beruf vorstellen konnten« (S. 27, Hervorhebung durch D. S.).

LEHRER: Sie hätte die Fähigkeit zu einem Studium an einer Universität oder Fachhochschule, wenn auch vielleicht nicht der anspruchsvollste Studiengang zu empfehlen wäre.

INTERVIEWERIN: Welche Art von Studium könnte ihr denn entsprechen?

LEHRER: Das kann ich nicht sagen. Ich weiß eigentlich nichts über Arbeitsplätze für Mädchen.

*

LEHRER: Sie wird wahrscheinlich einen höheren oder weiteren Bildungsweg anstreben. Sie wissen wahrscheinlich besser als ich, was ein junges Mädchen mit einem unabhängigen Geist in fünf Jahren tun könnte (S. 28).

Psychologische, soziologische und erziehungswissenschaftliche Untersuchungen haben überzeugend nachgewiesen, daß die Erwartungen anderer eine signifikante Rolle in unserem Leben spielen. Wir sollten die Bedeutung des *Fehlens* von Erwartungen im Hinblick auf die Schülerinnen nicht unterschätzen; daß Lehrer/innen so viele (positive) Erwartungen in bezug auf Jungen haben, so viele unterschiedliche Erwartungen in bezug auf ihre besseren Schüler und so wenige Erwartungen im Hinblick auf die Mädchen, könnte eine entscheidende Rolle spielen. Jungen wird so häufig die Information vermittelt, ihnen stehe eine Vielzahl von Berufen offen, und es sei richtig, sich darauf vorzubereiten, während man Mädchen signalisiert, für sie komme *nichts* in Frage, die

Zukunft sei ein unbeschriebenes Blatt; wenn es gefüllt werden soll, dann müssen sie es selbst und aus eigener Kraft tun, ohne Anleitung und Ermutigung.

Von Mädchen erwartet man, daß sie die Jungen in ihren Bestrebungen und ihrer Leistungsbereitschaft unterstützen: Unter den von Stanworth Interviewten war eine Schülerin, die in ihren beiden Hauptfächern als Klassenbeste bewertet wurde, auf die Frage aber, was sie künftig machen werde, meinte ihr Lehrer, sie könne »persönliche Assistentin einer bedeutenden Persönlichkeit« werden (S. 28).

Wieder einmal können wir sehen, daß es weniger wichtig ist, was jemand macht, als welchem Geschlecht er oder sie angehört. Die Lehrer/innen manifestieren bloß einen weiteren Aspekt der oben erwähnten Einstellungen; von Jungen wird erwartet, mehr zu leisten als Mädchen und in unterschiedlicheren Bereichen (und, was ganz wichtig ist, in finanziell lohnenderen Bereichen).

Diese Erwartungen bleiben im Unterricht nicht verborgen. Es sind nicht einmal subtile Botschaften, die unterschwellig in den Interaktionen übermittelt werden. Häufiger machen sie die Substanz der Informationen aus, die Mädchen – und Jungen – täglich und bereitwillig geboten werden. In einer Mathematikstunde:

SCHÜLERIN: Herr Lehrer, ich kann die vierte Frage nicht beantworten. Ich weiß nicht, was gemeint ist. Können Sie mir helfen?

LEHRER: Zerbrich dir nicht den Kopf darüber, Karen. Das ist ein bißchen schwierig. Du wirst es nie wissen müssen. (Londoner Gesamtschule, 1978.)

In einer Geschichtsstunde:

SCHÜLERIN: Aber warum sind sie in den Krieg gezogen? Die hatten doch eigentlich gar keinen Grund. Es kommt mir so dumm vor, so etwas zu tun.

LEHRER: Ja, nun, ich habe nicht erwartet, daß *du* es verstehen würdest. Diese Entscheidungen werden von Männern getroffen, und die hatten eine Menge Gründe, oder? (*an die Jungen gewandt*). Das ist der Grund, warum sich Frauen um den Haushalt kümmern und Männer um die Nation. (*Lachen.*) (Gesamtschule eines Londoner Vororts, 1978.)

Schülerinnen und Studentinnen wird systematisch vor Augen geführt, daß es eine für sie bestimmte Sphäre gebe, daß diese beschränkt sei und daß auch sie beschränkt seien. Ehe und Mutterschaft werden als zentrale Elemente dieser Sphäre angesehen, und weder Ehe noch Mutterschaft wird als Hilfe oder Vorteil bei der Bewerbung um einen bezahlten Arbeitsplatz betrachtet. Die Vorstellung, daß eine Frau heiraten und ihr dies bei ihrer bezahlten Arbeit helfen könnte, ist geradezu absurd – aber es ist keinesfalls absurd im Hinblick auf einen Mann, trotz der Tatsache, daß beide Menschen sind, beidc gleich fähig sein können, beide verheiratet sind, beide arbeiten wollen und beide unabhängig sein möchten. Berufstätigkeit wird für die männliche Identität als integraler Bestandteil, für die weibliche als peripher angesehen, Ehe und Elternschaft dagegen als integral für die weibliche Identität, aber als peripher für die des Mannes, und das Schulwesen spiegelt diese Überzeugung nicht nur, es *bringt sie auch hervor.*

Die Abhängigkeit der Frauen entsteht überwiegend durch ökonomische Abhängigkeit: Frauen verdienen weniger als zehn Prozent der in der ganzen Welt gezahlten Löhne und Gehälter, und sie besitzen weniger als ein Prozent des Weltvermögens (offizielle UNO-Statistiken), und es ist sehr schwierig für eine Frau aufzumucken, wenn sie hinsichtlich ihrer Nahrung und ihres Obdachs von Männern abhängig ist. Es steht außer Zweifel, daß die Frauen im Bildungswesen insgesamt und in den Schulen im besondern dazu ermutigt werden, einen Beruf zu wählen, der sie – und das ist kein Zufall – ökonomisch abhängig macht. Eine solche Abhängigkeit gewährleistet, daß die männliche Autorität nur wenig in Frage gestellt wird.

Was sie selbst betrifft, haben die Männer »die Kinderpflege in das System eingebaut«, sie haben sich von dieser Verantwortung befreit, indem sie sie ausschließlich den Frauen zuschoben, und sie haben es natürlich nicht für notwendig gehalten, für diese Dienstleistung zu bezahlen (wie wir Frauen das müssen, wenn wir Obhut für unsere Kinder suchen), sondern haben sie zu einer »Liebesmühe« erklärt. Durch diesen Prozeß können Männer Frauen nicht nur ökonomisch abhängig machen (mit all den damit für die Männer verbundenen Vorteilen), sie können diese Abhängigkeit auch als weiteren Grund dafür heranziehen, warum Frauen mit Kindern nicht die besten Kandidaten für die Arbeitsplätze sind, falls und wenn Frauen auf den Arbeitsmarkt drängen.

Da Frauen sowohl den männlichen Anteil an der Kindererziehung als auch ihren eigenen zu leisten haben, können die Männer dies gegen die Frauen benutzen und behaupten, Frauen mit Kindern seien keine verläßlichen Arbeitnehmer. Wenn die Frauen Einfluß auf die Gestaltung der Werte unserer Gesellschaft nehmen wollten, dann könnten sie zu Recht fordern, daß beide Geschlechter den gleichen Beitrag zur Kindererziehung leisten. Erst dann würden sich beide Geschlechter zu gleichen Bedingungen auf den Arbeitsmarkt begeben – aber wenn dies geschähe, hätten wir natürlich nicht mehr die patriarchalische Gesellschaft, die wir heute kennen.

Es gibt Bände über die männlichen Erfahrungen im Beruf (weitaus weniger über die männlichen Erfahrungen in Ehe und Vaterschaft), den Übergang von der Schule in die Arbeitswelt, Bücher über Weiterbildung, den Arbeitsplatz, Stress und Arbeitskräfteüberschuß, aber es wird nur wenig darüber geschrieben, was mit Frauen geschieht, wenn sie »beschließen«, einen bezahlten Beruf als sekundär (wenn auch oft wesentlich) zu betrachten und Ehefrauen und Mütter zu werden, das heißt eine doppelte Schicht zu arbeiten.

Jessie Bernard (1972) hat erklärt, die Ehe mache Frauen krank: »In jeder ehelichen Partnerschaft gibt es zwei Ehen«, sagt sie, »seine und ihre. Und seine ... ist besser als ihre.« (S. 14.) Obwohl den Männern »seit Jahrhunderten – von anderen Männern – gesagt wurde, die Ehe sei kein Honiglekken, ein notwendiges Übel, eine Fessel, ein Joch, ein Schlachtfeld, ein Fluch ...« *etc.*, sind es die Männer, die in der Ehe gedeihen (S. 16). »Trotz all der Witze über die Ehe, die die Männer reißen, trotz all der Beschwerden, die sie dagegen führen, ist sie einer der größten Vorteile für ihr Geschlecht.« (S. 17.) Und Jessie Bernard meint, *die Männer wüßten das*:

»Die Handlungen der Männer im Hinblick auf das Heiraten sprechen eine deutlichere Sprache als ihre Worte; was sie besagen, ist nicht zu überhören. Sobald Männer die Ehe kennengelernt haben, können sie kaum noch ohne sie leben. Die meisten geschiedenen und verwitweten Männer heiraten aufs neue. In jedem Alter ist die Heiratsquote sowohl der geschiedenen als auch der verwitweten Männer höher als die lediger Männer. Die Hälfte aller geschiedenen weißen Männer, die wieder heiraten, tun dies innerhalb von drei Jahren nach ihrer Scheidung. Tatsächlich dürfte die Folgerung nicht übertrieben sein, daß die verbalen Schmähungen der Ehe, die sich Männer leisten, eine Art kompensatorische Reaktion auf ihre Abhängigkeit von dieser sind.« (S. 18.)

Für die Männer ist die Ehe eine gute Basis, es überrascht daher nicht, daß sie die Frauen dazu ermuntern; aber wie steht es mit den Frauen?

Wenn man sich die psychische und geistige Gesundheit der Ehefrauen ansieht, ergibt sich ein sehr düsteres Bild, wie Jessie Bernard berichtet. Die Statistiken schwanken in der westlichen Welt von Land zu Land, aber insgesamt bilden die Ehefrauen die Gruppe, die am häufigsten unter Depressionen leidet, Nervenzusammenbrüche hat und von Drogen abhängig ist. (Diesem Stress wurde natürlich nicht soviel Aufmerksamkeit zuteil wie den Belastungen, denen die Männer im Berufsleben ausgesetzt sind, trotz der Tatsache, daß psychiatrische Erkrankungen unter den Hausfrauen häufiger sind als in jeder anderen Berufsgruppe.)

Jessie Bernard hat eine Schocktheorie der Ehe vertreten, das heißt, sie meint, »die Ehe bewirkt so tiefgreifende Veränderungen im Leben der Frauen, daß von einem echten emotionalen Gesundheitsrisiko gesprochen werden kann« (S. 37). Die Diskrepanz zwischen dem Ideal und der Realität ist so groß, daß die Frauen einen »Schock« erleben, der sich in Depression und Verzweiflung äußern kann. Das Ideal hält sich jedoch, weil die Realität häufig als das Problem einzelner Frauen abgetan wird, und da dies für Männer kein Problem darstellt, wird es nicht systematisch als ein Problem für die Gesellschaft aufgegriffen.

Frauen, die die von Männern verbreiteten Märchen über die Ehe geglaubt haben, sind häufig sehr rasch desillusioniert. Zunächst einmal stellen sie nicht selten fest, daß sie es sind, die die meisten Konzessionen machen müssen, zum Teil deshalb, weil sie in keiner Verhandlungsposition sind. »Weil die Frau so viel auf die eine Karte Ehe gesetzt hat und fast nichts auf andere«, meint Bernard, »steht für sie mehr auf dem Spiel. Wenn diese eine Karte nicht sticht, verliert sie alles; sie hat keine Auffangstellung.« (S. 40.) Häufig stellt sie auch fest, daß das Dasein einer Ehefrau identisch ist mit dem einer *Haus*frau und daß ungeachtet jeder bezahlten Berufstätigkeit, die sie ausübt, von ihr erwartet wird, daß sie »den Haushalt führt« – die verharmlosende Bezeichnung für die Arbeit einer Putzfrau, Einkäuferin, Köchin *etc.*, das heißt einer unbezahlten Dienstmagd ihres Ehemanns.

Für manche Frauen mag dies keine große Überraschung sein, für andere dagegen ist es eine komplette Desillusionierung, beide Gruppen sehen darin aber oft die *einzige* Möglichkeit, den einzigen für Frauen offenstehenden Weg. Und dennoch ist es ein Beruf, der mit emotionalen Gefahren befrachtet ist. »Wenn wir ... Epidemiologen oder Arbeitsmediziner wären«, schreibt Bernard, »und erleben müßten, daß vielversprechende junge Menschen einen bestimmten Beruf ergreifen und danach anfangen dahinzuwelken und schließlich zusammenbrechen, wären wir sofort alarmiert und würden alle unsere Forschungsanstrengungen auf die Lokalisierung und Beseitigung der Gefahrenquelle richten. Aber wir sind dickfellig, wenn wir sehen, was mit den Frauen in der Ehe passiert.« (S. 48.) Die Reaktion wäre eine völlig andere, geschähe dies mit den Männern.

Vielleicht werden gerade deshalb, *weil* bekannt ist, daß die Ehe Frauen krank macht, so große Anstrengungen unternommen, die Frauen zur Heirat zu verlocken (man braucht sich nur die Medien anzusehen) und andere Optionen zu reduzieren oder auszuschließen. Daß andere Optionen für Frauen – in psychologischer wie materieller Hinsicht – eliminiert wurden, ist nicht zu bestreiten. Selbst die Frauen, die den Versuch unternehmen, die bezahlte Berufstätigkeit zu einem Brennpunkt ihres Lebens zu machen, und die entsprechende Vorkehrungen treffen, müssen sich daneben den Kopf darüber zerbrechen, wie sie ihren Haushalt und ihre Kinder versorgen können, denn nur wenige junge Mädchen haben das Ziel und träumen davon, als Frauen allein zu leben, alte Jugfern oder alleinerziehende Mütter zu werden, während die Männer die soziale Realität beherrschen. Wenn sie über ihre Pläne für die Zukunft sprechen, werden nur wenige Jungen danach gefragt, welche Vorkehrungen sie für ihren Haushalt und ihre Kinder treffen wollen, von den Mädchen aber entgehen nur wenige solchen besorgten Fragen.

Die meisten der einhundert Schülerinnen, die ich interviewte, sehen ihre Zukunft in erster Linie als Ehefrauen und Mütter; nur drei sagten, sie hätten vor, ledig zu bleiben, weil sie glaubten, dann ein besseres Leben zu haben. Als ich die einhundert Mädchen fragte, wie sie sich im Alter von dreißig Jahren sehen, antworteten jedoch 64, sie wüßten es nicht – ihre Zukunft sei leer. Sie konnten sich als Ehefrauen und Mütter sehen, aber natürlich wußten sie auch, daß dies eine zeitlich begrenzte Beschäftigung und bald vorüber ist, und weil dies die *einzige* Beschäftigung war, die sie für sich in Aussicht nahmen, konnten sie auf kein Ersatzbild und keine Ersatzrolle zurückgreifen für den Zeitpunkt, da das Leitbild »attraktive junge Ehefrau und Mutter« ausgedient haben würde. Viele der jungen Frauen hatten ein Bild von ihrem Leben vor dreißig und dazu eine vage Vision von sich als Großmutter, aber nichts dazwischen. Die einzige Rolle, die sie sich für sich selbst vorstellen konnten, war die mit Kindern, entweder ihren eigenen oder den Kindern ihrer Kinder.

Von den 64, die nach dreißig nur das große Nichts sahen, erkannten nur vier die Bedeutung ihrer eigenen Eingeständnisse: Es ist interessant zu bemerken, daß bei diesen vieren die einfache Frage, was sie nach dreißig tun oder sein würden, eine Reihe neuer Ideen und Pläne auslöste – obwohl ich nicht weiß, wie lange sie diese hätten aufrechterhalten können. Ich weiß jedoch, daß es oft weder schwierig noch kompliziert ist, den »Betrug« zu entlarven, und ein Betrug funktioniert bekanntlich nicht mehr, sobald Menschen wissen, daß sie betrogen werden.

Für die sechzig jungen Frauen, die ihre Zukunft als Ehefrau und Mutter sahen und die Definition der Frauen in Kategorien der Reproduktion akzeptierten, existierte im Grunde nur ein Vakuum zwischen der Geburt ihrer eigenen Kinder und der Geburt ihrer Kindeskinder. Wenn junge Frauen ihr Leben mit dreißig enden sehen (während es für Männer mit vierzig beginnt), liefern sie ein ziemlich zutreffendes Bild der Rolle, die zu spielen man im Patriarchat von ihnen erwartet. Sie weisen auch auf den Zeitpunkt hin, zu dem sie gesundheitlich stark gefährdet sind und wo ihnen in einem relativ frühen Alter buchstäblich weder ein sozial anerkannter Zweck noch eine Funktion übrigbleibt.

Die herrschenden Erklärungen für diese Phänomene lauten natürlich ganz anders. Wenn alle jungen Ehefrauen depressiv wären, könnte dies immer noch als Problem der einzelnen Frauen gesehen werden: wenn alle Ehefrauen über dreißig furchtbar krank wären, könnte dies nach wie vor als Problem der einzelnen Frauen bezeichnet werden (die Schuld ihres eigenen Klimakteriums), denn die Probleme der Frauen sind nicht die Probleme der Gesellschaft und sind es nie gewesen. Deshalb lösen junge Frauen die Widersprüche zwischen dem, was ihnen über die Freuden der Ehe und Mutterschaft *erzählt* wird, und dem, was sie oft *wissen*, indem sie den einzelnen Frauen die Schuld geben. Auf die Frage, was sie nach ihrem dreißigsten Geburtstag tun würden, erklärten viele der jungen Frauen, die ich befragte, entschieden, sie würden nicht wie ihre Mütter sein.

»Nicht wie meine Mama. Ich werde nicht wie sie sein. Ich werde besser organisiert sein. Ich lebe nicht wie sie.

Ich könnte nicht wie meine Mutter leben. Ich möchte mehr vom Leben. Ich werde mich nicht in den Schlamassel bringen, in dem sie ist.

Ich werde jemand mit einem besseren Job, als mein Vater ihn hat, heiraten. Mehr Geld und Sicherheit. Ich werde nicht arbeiten wie meine Mutter und soviel einstecken wie sie.«

Die Kommentare dieser Mädchen erschienen mir sehr negativ – obwohl andere sie anders deuten mögen. Aber es gab praktisch keine positiven oder konstruktiven Antworten auf die Frage nach ihrem Leben nach dreißig, wenn man von Bemerkungen absieht – wie ich es tat – wie: »Ich werde wahrscheinlich auf dem Land leben« oder »Ich werde ein wirklich hübsches gemütliches Haus haben.«

SCHÜLERIN: Ich werde einen netten Mann und drei Kinder haben ... und eine voll eingerichtete Küche.

INTERVIEWERIN: Aber was wirst du sein, wie wird dein Leben aussehen?

SCHÜLERIN: Ach, es wird gut sein. Ich werde alles haben, was ich will.

Die häufigste Form der Antwort wurde für alle Frauen geltend gemacht, und es gab nur wenige individuelle Varianten: »Was meinen Sie, was werde ich nach dreißig machen? Was alle machen, nehme ich an.« Manche der Antworten enthüllten jedoch nicht bloß eine Leere, sondern klangen geradezu trostlos:

»Nach dreißig? Ich weiß es nicht. Was tun Mädchen nach dreißig? Sie machen einfach so weiter, nehme ich an. Mit dreißig ist es geschehen, dann ist alles vorbei, oder nicht?«

Obwohl es in der patriarchalischen Gesellschaft viele Bezugsrahmen gibt, um den Frauen die Schuld an vielen der Strukturen und Verhältnisse zu geben, die von Männern geschaffen wurden, zitiere ich diese Beispiele nicht zu diesem Zweck. Ich glaube, die Mädchen sind *realistisch,* und die Schuld liegt nicht bei ihnen, sondern bei einem Bildungssystem und einer Gesellschaft, die sie in Kategorien der Reproduktion – und nichts anderem – definiert, trotz der Tatsache, daß das Gebären und Aufziehen von Kindern so, wie es heute in unserer Gesellschaft organisiert ist, de facto vielleicht nur sehr wenige Jahre ihres Lebens beansprucht.

Die Antworten der Mädchen auf Fragen nach bezahlter Berufstätigkeit sind genauso realistisch und signifikant. Für Männer gibt es keine Redewendung und kein Klischee wie dieses: »Das ist ein guter Job – für ein Mädchen«. In ihrem Buch *Just Like A Girl* widmet Sue Sharpe (1976) diesem Thema ein Kapitel, in dem sie auf die Hürden hinweist, die Mädchen zu nehmen haben, wenn sie einen Beruf ergreifen wollen: »Ein Teil der traditionellen Frauenrolle besteht darin, daß sie sich weniger um sich selbst als um andere kümmern sollten, und die Erziehung der Mädchen macht ihre Identität und Selbstachtung von ihren Beziehungen zu anderen Menschen abhängig. Dies zeigte sich an den Kommentaren der Mädchen von Ealing über ihre Berufsaussichten. Die Arbeitsplätze, die sie wählten, spiegelten natürlich die Arbeitsplätze wider, die ihnen normalerweise offenstehen; diese waren ihrerseits gewöhnlich Verlängerungen ihrer »weiblichen« Rolle und bauten auf irgendeiner angeblich weiblichen Eigenschaft auf.« (S. 164.)

Ebenso wie ich machte auch Sharpe die Erfahrung, daß fast die Hälfte der Mädchen Bürotätigkeit als attraktive Arbeit für ein Mädchen betrachtete. »Die folgenden Ränge in der Beliebtheit nahmen der Beruf der Lehrerin, Krankenschwester, Verkäuferin und Bankangestellten ein –

die zusammen etwa ein Viertel der Berufsentscheidungen ausmachten. Danach folgten Mädchen, die Empfangsdamen, Telefonistinnen, Stewardessen, Friseusen und Kinder- oder Säuglingsschwestern werden wollten. Das enge Spektrum der bis dahin gewählten Berufe machte mehr als drei Viertel aller Berufswünsche aus.« (S. 161.)

»Alle gewählten Berufe«, berichtet Sharpe, »bleiben innerhalb des sicheren Rahmens der »Frauenberufe« (mit Ausnahme der Berufswünsche Ärztin und Anwältin).« (S. 161.) Diese Ergebnisse gleichen weitgehend meinen eigenen Befunden, bei denen die häufigste Antwort lautete: »Ich strebe eine Bürotätigkeit / den Beruf einer Lehrerin / beziehungsweise Krankenschwester an«, gewöhnlich mit dem Nachsatz: »weil das ein guter Beruf für eine Frau ist«. Die Berufe Lehrerin und Krankenschwester wurden häufig mit familiären Pflichten in Beziehung gesetzt – frau kann jederzeit in den Beruf zurückkehren, sobald die Kinder zur Schule gehen.

Sieben Mädchen in meiner Stichprobe trafen die Unterscheidung zwischen dem, was sie *gern tun würden* – und dem, was sie *wahrscheinlich* tun werden: Vier meinten, sie bekämen wahrscheinlich keine Stelle, und drei, sie arbeiteten voraussichtlich in einer Fabrik.[1] Sue Sharpe bemerkt: »Nur zwei der Schülerinnen von Ealing rechneten damit, in einer Fabrik zu arbeiten.«

In dieser Hinsicht – wie überhaupt im Hinblick auf die Berufstätigkeit nach der Heirat – scheinen die Mädchen *unrealistisch* zu sein. Wie Sharpe erklärt, standen die Berufswünsche der von ihr interviewten Mädchen »in keinem Verhältnis zu der nationalen Verteilung der Frauenarbeit, wonach die meisten Mädchen und Frauen (insbesondere aus dem Arbeitermilieu) in Fabriken, Büros, Gewerbebetrieben und im Dienstleistungssektor (Gastronomie *etc.*) arbeiten« (S. 161). Hier realistisch zu sein hieße, den romantischen Mythos in Zweifel zu ziehen.

Hinsichtlich ihrer Berufstätigkeit nach der Heirat erklärten die meisten der Mädchen, mit denen ich redete, sie würden wahrscheinlich eine Teilzeitarbeit annehmen, aber im

1 Ich vermute, daß sich die Zahl derjenigen, die mit Arbeitslosigkeit rechnen, seit 1978 drastisch erhöht hat.

allgemeinen »nicht, solange die Kinder klein sind«. Nur zwei waren bereit, die Möglichkeit zuzugeben, daß sie ihre Kinder vielleicht allein erhalten müssen. Obwohl eine Anzahl der Befragten von alleinerziehenden Elternteilen aufgezogen worden waren (mit einer Ausnahme war die Mutter der alleinerziehende Elternteil) und von ihren Müttern erhalten wurden, gaben sie bedauerlicherweise häufig der Mutter die Schuld daran.

SCHÜLERIN: Ich möchte nicht arbeiten, wenn ich Kinder habe. Es ist nicht fair ihnen gegenüber.

INTERVIEWERIN: Nun, vielleicht mußt du aber, vielleicht hast du keine andere Wahl. Was ist, wenn dich der Mann verläßt oder du dich scheiden läßt? Es gibt Abertausende Frauen, die nicht vorhatten, berufstätig zu sein, und die jetzt den Lebensunterhalt verdienen müssen ... meinst du nicht, daß es eine gute Idee wäre, für diese Möglichkeit vorzusorgen?

SCHÜLERIN: Ach, ich werde mich nicht scheiden lassen. Ich würde niemanden heiraten, der sich scheiden lassen will. Mir würde das nicht passieren (wie meiner Mutter). Mütter von kleinen Kindern sollten nicht arbeiten.

*

SCHÜLERIN: Ich werde vielleicht halbtags arbeiten, um aus dem Haus zu kommen. Dann ist man interessanter. Manche Männer wünschen sich eine interessante Frau.

INTERVIEWERIN: Aber was ist, wenn du arbeiten mußt? Was ist, wenn dein Mann stirbt oder sich scheiden läßt oder auch wenn du arbeiten mußt, nur um dein Auskommen zu haben?

SCHÜLERIN? Darüber denke ich nicht nach. Ich denke bloß daran, einen Mann und Kinder zu haben, und alles wird in Butter sein. Und wenn die Kinder zur Schule gehen, werde ich mir eine Teilzeitstelle suchen. Es ist mir egal, was das ist.

*

SCHÜLERIN: Sie meinen, wie meine Mutter? Daß ich arbeiten muß, um den Unterhalt zu verdienen? Das wird mir nie passieren. Es ist ein mieses Leben, das werde ich nie haben. Ich werde dafür sorgen, daß es mir besser geht.

Fast keine andere Möglichkeit als die Erfüllung des romantischen Traums wird ins Auge gefaßt, geschweige denn in die Planungen einbezogen. Obwohl viele Schülerinnen in ihrem Alltag den Beweis dafür, daß sich der romantische Traum nicht immer erfüllte, vor Augen haben (bei ihren Müttern und Schwestern), stellten sie fast immer die Frau in Frage und nicht den romantischen Traum. Vielleicht ist das leichter (es wird jedenfalls gefördert), denn für viele scheint nichts übrigzubleiben, wenn es keine Rolle der Frau und Mutter in der idealisierten Version, in der diese in der patriarchalischen Gesellschaft repräsentiert wird, mehr für sie gibt. Bezahlte Berufstätigkeit (oder ein Leben ohne Männer) existiert im Bewußtsein der meisten Frauen nicht als eine realistische und wünschenswerte Alternative – nicht einmal in der Verbindung mit Ehe und Mutterschaft. Und bezahlte Erwerbstätigkeit in ungelernten und schlecht bezahlten Jobs (aus wirtschaftlicher Not) wird selten als wahrscheinlich angesehen und in die Planung einbezogen.

Ich bin sicher, daß einer der Gründe, warum sich der fadenscheinige Mythos vom Eheglück und der Erfüllung in der Mutterschaft am Leben erhalten kann, darin zu sehen ist, daß die einzelnen Frauen ihr Wissen nicht miteinander vergleichen, daß ihre Erkenntnisse sich nicht zu einem Bild zusammenfügen, schriftlich niedergelegt und anderen Frauen zur Verfügung gestellt werden. Feministische Literatur, die die Welt aus der Sicht der Frauen und ihrer Erfahrungen zu sammeln und zu artikulieren versucht, verfällt im Unterricht ständig einer neuen Zensur. Das geht so weit, daß sich viele Lehrkräfte scheuen, bestimmte Bücher zu verwenden; unauffällige Einbände und Arbeitsbögen, auf denen die Quellen vertuscht werden können, herrschen vor.

Ich wurde bei drei Anlässen dabei »ertappt«, daß ich über die »Kehrseite« unterrichtete und von Dingen redete, die sonst totgeschwiegen werden. Ich benutzte dazu so »objektive« Lehrmittel wie Statistiken über Scheidung und Depression, über geschlechtsspezifische Benachteiligungen im Berufsleben, in der Entlohnung und den Aufstiegschancen. Einmal erhielt ich dafür einen »Verweis«, aber zweimal wurde ich beschimpft. Man warf mir vor, die Mädchen zu Männerhasserinnen zu erziehen und das Familienleben zu zerstören, und es gab zahlreiche Bemerkungen über meine eigenen Mängel und meine offenbare Verbitterung (denn ich bin eine »Zielscheibe«, da ich weder Ehefrau noch Mutter bin).

Der gesamte Lehrplan kann sich um die Männer drehen – ebenso die Zukunft der Welt, und Frauenhaß wird zwar nicht offen vertreten, aber dennoch als plausibel und verständlich angesehen. Wir Frauen aber, die wir echten Grund zur Klage gegen die Männerherrschaft haben, besitzen nicht einmal ein Wort, um unsere berechtigte Wut zu benennen; wenn wir in einer patriarchalischen Gesellschaft über Frauen zu sprechen versuchen, »verderben wir die Jugend und können sogar als ungeeignet für den Lehrberuf angesehen werden«.

Ich kann daraus nur folgern, daß es in einer von Männern beherrschten Gesellschaft wesentlich ist, daß Frauen keine Verbindung mit anderen Frauen aufnehmen, daß sie ihre Erfahrungen nicht vergleichen und daraus keine Schlüsse und Verallgemeinerungen ziehen. Daraus kann ich nur schließen, daß es für unerläßlich gehalten wird, daß Frauen ihre Zukunft abgesehen von der Mutterschaft weiterhin als Vakuum betrachten. Einige der Methoden, mit denen diese Ziele erreicht werden, kann ich jedoch dokumentieren.

Ich habe auch Jungen danach gefragt, was Frauen tun können und was nicht und was sie nach dem dreißigsten Lebensjahr tun, und ich behaupte, daß sie noch unerbittlicher als die Mädchen darauf beharren, Frauen seien zu nichts anderem als zur Fortpflanzung da. »Nach dreißig?« fragte ein Junge, »daran denke ich lieber nicht. Dann sind sie alle alte Schachteln, deshalb gehen die Männer ja ins Wirtshaus.«

Nach Ansicht der Jungen können Frauen keine Astronautinnen sein (siehe Elizabeth Sarah, 1980), weder Pilotinnen noch Busfahrerinnen (selbst wenn man ihnen Bilder von Frauen in diesen Berufen zeigt). Sie behaupten, Frauen eigneten sich weder als Ingenieurinnen noch als Computerfachleute, Telefonmechanikerinnen, Zugführerinnen, leitende Angestellte, Ärztinnen, Zahnärztinnen oder Anwältinnen (gleichgültig, ob sie selbst schon einer Ärztin, Zahnärztin oder Anwältin begegnet sind). Was Frauen *nicht tun sollten,* verwandelt sich im Gehirn des Schülers in etwas, das Frauen *nicht tun können*.

Frauen *können* Lehrerinnen, Sozialarbeiterinnen, Krankenschwestern und fast alles andere sein, was Fürsorge für andere beinhaltet und keinen hohen Status genießt oder gut bezahlt wird. In dieser Hinsicht glichen die Jungen stark manchen der Lehrkräfte, die von Stanley interviewt wurden und die die »fürsorgliche« Frau in die traditionellen Frauenberufe dirigierten. Aber selbst wenn die Jungen einräumten, daß »Frauen zwischen Schule und Heirat etwas tun müssen« und daß dieses Etwas »ein guter Job für ein Mädchen« sein könnte, wollten sie nicht zugeben, daß bezahlte Berufstätigkeit ein gültiger, gewichtiger Lebensinhalt für Mädchen sein könnte oder daß Mädchen unabhängig von Jungen sein könnten; sie bekannten sich – mit sehr wenigen Ausnahmen – auch nicht zu dem Grundsatz des gleichen Lohns für gleiche Arbeit.

»Mädchen arbeiten nur, bis sie heiraten«, erklärte ein Junge, und »Ich mag Mädchen nicht, die über Jobs reden, als ob sie Jungen wären«, sagte ein anderer; und sie zögerten auch nicht, den Mädchen zu sagen, was sie dachten. »Wenn ein Mädchen anfängt, über einen Job zu reden, dann halte ich sie für dumm«, sagte ein dritter. »Was wird sie mit den Kindern machen? An die denken sie nicht, oder? Aber Mädchen können nicht dieselben Dinge tun wie Jungen, denn Jungen kriegen keine Kinder.«

SCHÜLER: Ich finde, daß sie nicht denselben Lohn bekommen sollten, weil ein Mann eine Familie erhalten muß, die Mädchen aber nicht.

INTERVIEWERIN: Findest du, daß Männer ohne Familien, Junggesellen, weniger bezahlt bekommen sollten?

SCHÜLER: Was? Nein! An die habe ich nicht gedacht. Nein, die haben Glück. Darum wollen junge Burschen nicht heiraten, dann können sie mehr Geld für sich ausgeben.

INTERVIEWERIN: Aber was ist mit Frauen, die eine Familie zu erhalten haben, es gibt Hunderttausende solcher Frauen, findest du nicht, daß sie ebensoviel verdienen sollten wie ein Mann, der eine Familie erhält, oder soviel wie ein Junggeselle, der niemanden erhält?

SCHÜLER (über den Kopf der Interviewerin hinweg): Nein, die sollten schauen, daß sie einen Mann kriegen, das gehört sich so. Männer sollten mehr verdienen als Mädchen, weil sie mehr Verantwortung haben. Es ist richtig so, wie es ist. Die Mädchen müssen sich Männer suchen. Es ist ihr Fehler, wenn sie es nicht tun.

Die Prinzipien des Patriarchats könnten nicht deutlicher formuliert werden!

Da das Patriarchat im Interesse der Vormachtstellung des Mannes eine spezifische Rolle für Frauen und eine spezifische Rolle für Männer geschaffen hat, scheint es nur zwei Alternativen zu geben: die Schülerinnen werden entweder für die Mutterschaft oder für die Berufstätigkeit ausgebildet. Und wenn sich Frauen nicht dafür entscheiden, alles auf die eine Karte der Mutterschaft und Ehe zu setzen, dann müssen sie alles auf die andere Karte der Berufstätigkeit setzen. So oder so verlieren sie.

Diese Teilung aber ist nicht die einzige (obwohl sie die beste für Männer sein dürfte); einer der Entschließungsanträge, der in Cambridge auf der Konferenz über »Geschlechtsdifferenzierung und Schulbildung« vorgelegt wurde (Januar 1980), *forderte Teilzeitarbeit für alle*. Mir erscheint es sinnvoll, daß *alle* Mitglieder unserer Gesellschaft imstande sein sollten, bezahlte Berufstätigkeit mit Elternschaft zu verbinden, wenn sie es wünschen, und daß dies eine zumutbare Aufgabe sein sollte und nicht eine doppelte Schicht, wie es gegenwärtig für so viele Frauen der Fall ist. Kein Mitglied der Gesellschaft sollte in der Annahme aufgezogen werden, es werde später nicht arbeiten, und kein Mitglied der Gesellschaft sollte in dem Glauben aufwachsen, es gebe keine nächste Generation, die der Betreuung bedarf. Solange aber Männer das Bildungssystem und die Gesellschaft kontrollieren, ist es unwahrscheinlich, daß sie eine solche Politik betreiben, gerade weil dies die Optionen, die den Frauen zur Verfügung stehen, vermehren und die Macht und Vorrangstellung der Männer vermindern würde.

Statt nach Möglichkeiten zu suchen, um Frauen in den Arbeitsmarkt zu integrieren, läuft der gegenwärtige Trend mit zunehmender Erwerbslosigkeit dahin, sie daraus zu entfernen und die Arbeitsplätze, die gegenwärtig von Frauen *usurpiert* sind, wieder den Männern zuzuschanzen. In den nächsten Jahren steht uns eine neue Flut von Parolen über den Platz bevor, »an den die Frauen gehören« – Haus und Familie –, Parolen, die an die Nachkriegszeit erinnern werden.

Schon ist das Menetekel da und weist uns auf die Zusammenhänge zwischen einem männlichen Gott und einem männlichen Wertsystem hin: Wenn Gott gewollt hätte, daß Frauen bezahlte Arbeit verrichten, dann hätte er sie nicht zu Müttern gemacht, behauptet Patrick Jenkin (der Leiter der englischen *Social Services*), und der überaus geachtete und renommierte Journalist Adam Raphael schreibt im *Observer,* das gegenwärtige englische Steuersystem sei eine Schande, weil es »alles dazu tue, um verheiratete Frauen zu ermutigen, sich außerhalb des Hauses eine Arbeit zu suchen«. Das mag in Ordnung gewesen sein, als die Frauen gebraucht wurden, sagt Raphael, wie das während des letzten Krieges der Fall war – aber nicht jetzt, da so viele Männer arbeitslos sind. (7. Dezember 1980; S. 12.) Der Direktor des *Institute of Education* der Londoner Universität, William Taylor (1978) hat erklärt, es gebe qualifizierte verheiratete Lehrerinnen, die »ihren Beruf aus dem einen oder anderen Grund gegenwärtig nicht ausüben«, die aber »bereit wären, wieder in die Schule zurückzukehren, falls und wenn sich eine Chance dazu bietet«, und die als *»Regulator«* dienten (Hervorhebung durch D. S.), der »die Kurve institutionellen Wandels glätten hilft und die Planung des Angebots an Lehrern ... erleichtert«. Und im Augenblick erfordert der institutionelle Wandel, daß die Frauen wieder ins Haus zurückkehren. Es gibt kaum Anzeichen dafür, daß viele Männer in einflußreichen Positionen der Auffassung sind, bezahlte Arbeit sei ein zentrales Anliegen der Frauen; die Grundhaltung besagt, sie seien von Männern abhängig.

Während die meisten Menschen damit rechnen dürften, daß die soziale Unzufriedenheit und Unruhe mit steigender Arbeitslosigkeit zunimmt, ist es wahrscheinlich, daß wieder einmal den Frauen die Schuld gegeben wird; wenn sie zu Hause bei ihren Kindern wären, wo sie hingehören, dann würden solche Dinge nicht passieren. »Theorien ungenügender Zuwendung seitens der Mutter« werden als Sündenbock wieder hervorgezerrt werden, statt Arbeit, Arbeitslosigkeit und Bezahlung gerechter zu verteilen.

Jetzt, da weniger Geld für soziale Dienstleistungen ausgegeben wird und mehr Institutionen im Dienste der Alten, Behinderten und Kranken geschlossen werden, will man uns weismachen, deren Insassen könnten »in der Gemeinschaft« besser betreut werden. Wer ist diese berühmte Gemeinschaft? Es sind unbezahlte Frauen: Frauen, die arbeiten müssen, aber *ohne Lohn* und *ohne Sozialprestige,* damit ihre materielle und psychische Abhängigkeit von den Männern erhalten bleibt. Und die Schulen werden diese Rolle der Frauen in subtiler Weise verstärken und sie für diese künftigen »pflegerischen Aufgaben heranbilden«.[1]

Ich kann nicht dafür eintreten, daß Erwerbstätigkeit und finanzieller Lohn unsere zentralen Anliegen im Leben sein sollten; daß eine solche Möglichkeit überhaupt auftaucht, gibt uns einen Begriff davon, in welchem Maß die männliche Weltsicht als »vernünftig« gilt. Ich behaupte aber in der Tat, daß die Männer so lange fortfahren werden, die Macht in unserer Gesellschaft zu monopolisieren, solange den Frauen der Zugang zur Erwerbstätigkeit und zum Geld systematisch verwehrt wird.

Jede Lehrperson, die annimmt, Frauen seien von der Kindererziehung völlig in Anspruch genommen, die sich Frauen in bezahlter Berufstätigkeit oder zufrieden ohne Männer lebend nicht vorstellen kann, die nicht erkennt, daß Frauen im allgemeinen mehr arbeiten und weniger Geld dafür erhalten, spielt eine aktive Rolle in der Verewigung des Patriarchats. Lehrpersonen, die es *nicht* zu ihrer Aufgabe machen, die Fakten über das Leben von Frauen herauszufinden und sowohl den Jungen als auch den Mädchen in ihren Klassen zu präsentieren, begehen politische Handlungen, praktizieren Indoktrination und präsentieren nur eine Seite der Geschichte.

Sobald wir Frauen die Fakten präsentiert bekommen, sind wir auch fähig, selbst Entscheidungen zu treffen, um Abhilfe zu schaffen. Sobald wir begreifen, daß uns der Zugang zu bestimmten Erkenntnissen, zu bestimmten Ausbildungswegen, zu bestimmten Arbeitsplätzen und zu gleicher Bezahlung verwehrt wird und unfaire Ansprüche an unsere Zeit gestellt werden, können wir selbst die nötigen Strategien formulieren. Sobald wir erkennen, daß es im Interesse der Männer ist, uns in Abhängigkeit zu halten, uns einzureden, daß wir die Ehe brauchen, und ihren Anteil an der täglichen Lebenserhaltung und an der Kindererziehung auf uns

1 Ich erwarte, daß in den nächsten Jahren Kurse in Sozialpflege an den Schulen angeboten werden und daß eine solche Beschäftigung als sinnvolle – aber wahrscheinlich unbezahlte – Aufgabe für Frauen gelten wird, deren Kinder das Haus verlassen haben.

abzuwälzen, und daß dies *keinesfalls in unserem Interesse* ist, werden wir in der Lage sein, alternative Pläne zu postulieren. Gegenwärtig haben wir *keine* Wahl, weil wir nur wenige oder keine Informationen über die Erfahrungen von Frauen erhalten.

Wenn Erziehungswissenschaftler und Lehrkräfte die *gleiche* Menge an Zeit und Mühe aufwenden, um die Erfahrungen von Frauen zu dokumentieren und zu präsentieren, die sie für Männer aufwenden, dann wird die Welt vom Standpunkt der Frauen wie von dem der Männer beschrieben und erklärt, und wenn beide Versionen an unseren Bildungseinrichtungen gleichberechtigt nebeneinander bestehen und denselben Rang einnehmen, dann wird die Zukunft für die Frauen kein Vakuum mehr sein. Am Anfang werden uns diese Informationen wahrscheinlich nicht heiter stimmen, sondern eher deprimieren und zu Recht aggressiv machen. Aber wir werden begreifen, daß Dominanz und Unterordnung weder unvermeidlich noch unveränderlich sind, und werden auf einen Wandel hinarbeiten. Wissen über die Existenz der Frauen wird uns eben deshalb vorenthalten, weil wir zur Beseitigung des Patriarchats antreten werden, sobald wir die Bedingungen der weiblichen Existenz im Patriarchat voll und ganz überblicken.

In den letzten zehn Jahren wurde viel darüber gesprochen, daß Frauen zu bestimmten Fächern hingesteuert werden und zu anderen nicht, und es wurden zahlreiche Vorschläge gemacht, wie man mehr Schülerinnen für traditionell männliche Studienrichtungen wie Mathematik und die naturwissenschaftlichen und technischen Fächer interessieren könnte, und gelegentlich auch, wie das Interesse von mehr Jungen für traditionell weibliche Bereiche gefördert werden könnte. Ich unterstütze diese Vorschläge. Ich halte sie für nötig und wichtig. Aber ich glaube nicht, daß sich an den Strukturen der Männerherrschaft notwendigerweise etwas ändern wird, selbst wenn die Hälfte der Naturwissenschaftler, Mathematiker und Ingenieure Frauen sind. Schließlich ist an koedukativen Schulen die Hälfte der Schüler weiblichen Geschlechts, und dennoch üben die männlichen Schüler nach wie vor einen entscheidenden Einfluß darauf aus, was im Unterricht passiert. Frauen bilden die Hälfte der Bevölkerung, aber die Gesellschaft wird immer noch von Männern beherrscht.

Ob sich Frauen mit Mathematik oder Englisch, Naturwissenschaften oder Französisch, technischem Zeichnen oder Hauswirtschaftslehre befassen, ist eine individuelle Entscheidung. Es gibt keinen Grund, Frauen oder Männer aufgrund ihrer Genitalien der Chance zu berauben, welchem Interesse auch immer nachzugehen. Aber die *Version* von Mathematik, Englisch, Naturwissenschaften, Französisch, technischem Zeichnen oder Hauswirtschaftslehre, die *unterrichtet* wird, ist eine *männliche* Version, sie wurzelt in männlichen Erfahrungen, artikuliert sich in männlicher Subjektivität und setzt die Abwertung von Frauen und deren Erfahrungen fort (siehe Spender, 1981, *Men's Studies Modified* und insbesondere Kathy Overfields Kapitel »Dirty Fingers, Grime and Slag Heaps: Purity and the Scientific Ethic«).

Solange die Männer an der Macht sind, werden sich lediglich die Kriterien wandeln. Vor zweihundert Jahren wurde die Männerherrschaft bewahrt, indem man den Frauen den Zugang zur Bildung verwehrte: Sobald sich die Frauen Zutritt zu den Bildungseinrichtungen verschafft hatten, wandelten sich die Kriterien, und es galt nunmehr eine bestimmte *Form* der Bildung als nötige Qualifikation für Positionen, die mit Einfluß und Macht verbunden sind. In den letzten hundert Jahren war es interessanterweise eine *klassische* Bildung, die die öffentlichen Amts- und Entscheidungsträger vom Fußvolk trennte: Es wurde behauptet, Mädchen hätten nicht genügend Talent für Sprachen, um sich eine solche Bildung zu verschaffen. Heute jedoch gilt eine technische Ausbildung als Unterscheidungskriterium, und die Mädchen sind nun mysteriöserweise recht gut in Sprachen (jetzt, da diese kein Kriterium mehr bilden), aber sie sind nicht gut genug in technischen Fächern, um in den Bildungseinrichtungen beziehungsweise auf dem Arbeitsmarkt im gleichen Maße vertreten zu sein. Und sobald die Mädchen dies geschafft haben, werden sich, so behaupte ich, bloß ein weiteres Mal die Kriterien ändern – solange die Männer an der Macht sind und solange diese Macht im Bildungswesen nicht analysiert wird.

Die einzige Bildung, die man/frau sich gegenwärtig aneignen kann, ist die *Männer*bildung. Gleichen Zugang zu dieser Bildung zu fordern wird – selbst wenn es gelingt – die Lage der Frauen und Männer nicht zwangsläufig verändern. Die Geschichte der Frauen in den letzten paar hundert Jahren ist die Geschichte der Forderung nach gleichem Zugang zu den von Männern definierten und geschaffenen Institutionen, und dennoch ist das Problem der Frauen dasselbe geblieben. Es ist das Problem, das im Schulwesen nicht behandelt wird: Es ist ein Thema, das nicht existiert, weil es für Männer nicht existiert. Dies ist der Punkt, an dem die Veränderung einsetzen muß, wenn die Zukunft der Frauen kein Vakuum mehr sein soll.

9
Getrenntgeschlechtliche Schulen sind unrealistisch

Was bisher unübersehbar zutage trat, ist, daß es keine simple Aufteilung gemischtgeschlechtlicher Klassen in Lehrer/innen und Schüler/innen geben kann. Wo auch immer das männliche Geschlecht präsent ist, übt es die Herrschaft aus, und Jungen schaffen es sogar, die Lehrkräfte indirekt zu beherrschen. Das Verhalten der männlichen Schüler bewirkt, daß ihnen die Lehrkräfte mehr Zeit und Aufmerksamkeit widmen, positiver zu ihnen eingestellt sind und den Unterricht in ihrem Interesse planen und gestalten (siehe auch Elizabeth Sarah, 1980; Elizabeth Sarah, Marion Scott und Dale Spender, 1980; und Jenny Shaw, 1977). Die männlichen Schüler üben auch beträchtliche Macht über die Schülerinnen aus, indem sie die Gelegenheiten zu weiblicher Interaktion beschränken, weibliche Erfahrungen, soweit sie sich im Lehrplan niederschlagen, ignorieren und die Erfahrungen der Schülerinnen herabwürdigen. Während das Geflecht männlichen Einflusses wächst und sich ausbreitet, scheint der weibliche Einfluß in Gegenwart von Männern beziehungsweise Jungen sehr gering zu sein, denn in den meisten herkömmlichen Schulen müssen sich die Schülerinnen *sowohl* den Lehrkräften als auch ihren männlichen Mitschülern unterordnen.

Daß die Männer dominieren, ist nicht überraschend: In allen gemischtgeschlechtlichen Gruppen der Gesellschaft sind es gewöhnlich die Männer, die gebieterisch auftreten, die die Macht ausüben und die Bedingungen festsetzen, und es gibt keinen Grund, warum dies für gemischte Klassen weniger zutreffen sollte als für jeden anderen gemischtgeschlechtlichen Kontext. Wenn Erziehungswissenschaftler und Bildungsplaner dieses Problem anerkennen und anpakken würden, dann würde ich meine Kritik vielleicht modifizieren. Aber sie klassifizieren dies nicht als ein Problem, weil es für Männer eben keines ist. Im Gegenteil, viele männliche Bildungsfachleute fahren fort, sogar seine Existenz zu leugnen, und behaupten weiterhin beharrlich, daß Chancengleichheit existiere, obwohl das eine Geschlecht auf Kosten des anderen so unübersehbar dominiert.

Natürlich ist nicht zu leugnen, daß die koedukative Schule eine Vorbereitung auf das »wirkliche Leben« ist (wie oft behauptet wird), denn im wirklichen Leben sind es die Männer, die dominieren und entscheiden; aber dies ist *keine* Gleichheit der Bildungschancen; es ist Indoktrination und Übung in der Kunst der Machtausübung und der Unterordnung, und wenige Bildungsplaner sind bereit, ihre Behauptungen um diese zusätzliche Information zu erweitern. Ein nach Geschlechtern getrenntes Schulwesen ist im Gegensatz dazu eine *unrealistische* Erfahrung und Organisationsform, eben weil es weder Mädchen mit einer Gruppe konfrontiert, der sie sich unterordnen müssen, noch Jungen mit einer Gruppe, die sie dominieren können. Und Jungen scheinen weniger gute Leistungen zu erbringen, wenn sie niemanden haben, den sie dominieren können, wenn ihnen der Hintergrund fehlt, vor dem sich ihre Leistungen abheben, und wenn keine negative Bezugsgruppe da ist, die es ihnen gestattet, als die »besseren« Schüler zu erscheinen. Dies ist einer der Gründe, warum die Männer, die im Bildungswesen das Sagen haben, die Koedukation für vernünftig erklärt haben: sie ist besser für die Jungen.

Jenny Shaw (1977) hat sorgfältig die drei Bände von R. R. Dale studiert, in denen er für die Koedukation eintritt, und sie sagt: »Im dritten Band findet sich ein ziemlich verräterischer Satz, wo er den Schulerfolg von Mädchen und Jungen in getrenntgeschlechtlichen und koedukativen Schulen vergleicht und feststellt, daß Jungen in koedukativen Schulen besser abschneiden, während die Leistungen der Mädchen in reinen Mädchenschulen besser sind als in koedukativen Schulen«. Dale stellte also fest, daß Jungen in koedukativen Schulen mehr leisten und Mädchen weniger, er hatte aber keine Gewissensbisse, dies als wünschenswert zu bezeichnen. Der verminderte Erfolg der Mädchen erschien ihm nicht als Problem. Wie Jenny Shaw bemerkt: »Er wünscht diese Tatsache unter den Teppich zu kehren, deshalb fordert er, daß der Leistungsvergleich zwischen Schülerinnen und Schülern in den koedukativen Schulen niemals wieder als Einwand gegen diese gebraucht wird. Er behauptet, die *so-*

zialen Vorteile der koedukativen Schulen seien so beträchtlich, daß sie schwerer wögen als die verminderten schulischen Leistungen der Mädchen.« (Shaw, 1977; S. 52.)

Für die Jungen ergeben sich zweifellos viele soziale Vorteile durch ihre gesteigerten Schulleistungen, es hat viele soziale Vorteile, als überlegen angesehen zu werden, aber worin bestehen die *sozialen* Vorteile für Mädchen, deren Schulleistungen nachlassen? Männliche Subjektivität scheint hier eine Menge zu unterschlagen, denn R. R. Dale erklärt ausdrücklich, für Mädchen sei es sozial vorteilhaft, den zweiten Rang einzunehmen. Jill Lavigueur (1980) zitiert eine neuere wissenschaftliche und objektive Äußerung von ihm, wonach die »natürliche« Aggression der Männer und die Unterordnung der Frauen im koedukativen Klassenzimmer zutage treten:

»Theoretisch könnte man sagen«, erklärte Dale, »daß die Aggressivität des Mannes zu physischer Aktivität, physischen Verbrechen, dem Wunsch nach Dominanz, zu Kreativität und Forschungsdrang führt. In der Schule kann sie zur männlichen Unordentlichkeit, Nachlässigkeit, zum Schulschwänzen, zu Auflehnung und zur Nichterledigung der Hausaufgaben beitragen – jedoch auch zum Antrieb, der für den Erfolg nötig ist. Die relative Fügsamkeit und Schüchternheit des Mädchens«, fügt er hinzu (man beachte, daß *der Mann* mit *dem Mädchen* verglichen wird), »könnte ein Faktor sein, der sich auf ihr zurückgezogeneres und körperlich weniger aktives Leben auswirkt sowie ihren geringeren Wunsch nach Dominanz, die geringere Neigung, Posten von hoher Verantwortung einzunehmen – und den Wunsch, einen »männlichen Mann« als Ehepartner zu haben, zu dem sie aufschauen kann. Das weniger »aggressive« Verhalten könnte indirekt teilweise für die größere Ordentlichkeit und Gewissenhaftigkeit der schriftlichen Arbeiten der Schülerinnen verantwortlich sein.« (Dale, 1975; S. 8.)

»Vielleicht ist der Mann von Natur aus dazu bestimmt, in der Gesellschaftsordnung der Führer zu sein, und die Frau, für die Stabilität zu sorgen«, meint Dale, und deshalb sei die koedukative Erziehung günstig für die Gesellschaft, weil sie genau das fördere.

R. R. Dale ist die »Autorität« auf dem Gebiet der Koedukation, und seine Stellungnahmen zu diesem Thema haben einen enormen Einfluß ausgeübt. Er hat immer gewußt, daß Schülerinnen in gemischtgeschlechtlichen Klassen weniger gute Leistungen erbringen, männliche Schüler dagegen bessere. Er *glaubt*, Männer seien von Natur aus dominant, während Frauen zur Unterordnung neigten; deshalb sei die Leistungssteigerung der männlichen Schüler im koedukativen Unterricht das richtige und stehe in Einklang mit der Natur. Wie so viele seiner männlichen Vorgänger hat er ein System gefunden und gefördert, das dazu beiträgt, die männliche Vorherrschaft zu gewährleisten. Er hat sein Bestes getan, seine Überzeugungen hinsichtlich der angeborenen Minderwertigkeit der Frauen wahr werden zu lassen. Und er ist ein angesehener Bildungstheoretiker, der als legitimiert gilt.

Es springt ins Auge, daß die einzigen Kritiker der Koedukation Frauen sind. Für Männer wirft die Koedukation keine Probleme auf, sie ist für sie vorteilhaft, gilt als progressiv, und wer immer sie kritisiert, riskiert, als Reaktionär oder altmodisch angeschwärzt zu werden. Sobald sich die Forderungen nach einem getrenntgeschlechtlichen Schulwesen im Interesse der Mädchen verstärken, ist zu erwarten, daß deren Fürsprecherinnen noch stärkeren Schmähungen – im Interesse der Jungen – ausgesetzt werden.

Wären in der Bildungsplanung und -verwaltung im gleichen Maß Frauen vertreten, dann wäre die These von R. R. Dale ganz anders aufgenommen worden, denn was für ihn kein Problem darstellte, hätte für die Frauen ein gewichtiges Problem bedeutet; was ihm aus seiner männlichen Perspektive als logisch und vernünftig erschien, wäre aus weiblicher Sicht als höchst unlogisch und unsinnig empfunden worden. Frauen aber haben keine Kontrolle über ihren eigenen Bildungsweg; Männer bestimmen über die Erziehung von Jungen *und* Mädchen, und sie üben diese Macht im Interesse der Jungen aus. Aus diesem Grund gibt es gemischte Klassen, in denen Jungen lernen zu dominieren und Mädchen, sich unterzuordnen.

In rein weiblichen Klassen brauchen die Mädchen nicht zurückzustehen. Die Aufmerksamkeit und das Interesse der Lehrkraft muß sich den Mädchen zuwenden; sie müssen als bessere Schülerinnen gesehen werden; bis zu einem gewissen Grad kann auf ihre Interessen Rücksicht genommen werden (obwohl dies ein ungeheures Problem darstellt, auf das ich später zurückkommen werde); wenn Führungspositionen zu besetzen sind, dann müssen Mädchen dazu genommen werden (obwohl das natürlich nicht für das Lehrpersonal gilt). Durch Ausschluß der Gruppe, die dominiert und die Erfahrungen der Frauen ignoriert, können rein weibliche Schulen den Frauen Gelegenheit geben, ihre eigenen Erfahrungen zu äußern und bestätigt zu bekommen, Autonomie zu entwickeln und ihr Selbstvertrauen zu festigen. Offenkundig würde Mr. R. R. Dale solche Eigenschaften bei Frauen nicht als sozial vorteilhaft bezeichnen: Sie könnten seine Annahme, Frauen seien minderwertig und neigten zur Unterordnung, in Frage stellen.

In rein weiblichen Schulen sind die Mädchen vor den täglichen Botschaften, die ihnen die Jungen vermitteln und die besagen, sie seien nichts wert, geschützt. Daß ein solcher Freiraum konstruktiv und produktiv sein kann, geht aus den Aussagen vieler Frauen hervor, die reine Mädchenschulen besucht haben (siehe *Women and Education*, »Girls' Schools Remembered«, 1978; Nr. 13).

Aber was geschieht mit den Jungen in reinen Jungenschulen? Lehrpersonen haben die Konsequenzen beschrieben:

»Es scheint mir, daß die Jungen eine unterlegene beziehungsweise Außenseitergruppe schaffen, gegen die sie all die Aggressionen richten, die sie sonst an den Mädchen auslassen würden. Die ›unmännlichsten‹ Jungen werden zur Zielscheibe und dienen gewissermaßen als Mädchenersatz.

In reinen Jungenschulen werden Gruppen geschaffen, deren Angehörige ›keine richtigen Jungen‹ sind. Sie werden als Memmen und Schlappschwänze verspottet und ständig mit Mädchen verglichen. Die Geschlechtshierarchie wird etabliert, aber manche Jungen müssen den Part spielen, den die Mädchen in einer gemischtgeschlechtlichen Schule innehaben würden. Aber es sind natürlich immer noch *lauter* Jungen, und die Resultate der Pseudo-Mädchen zählen daher nach wie vor als Resultate von Jungen.

Ich habe die Aggressionen, die in reinen Jungenschulen gegen bestimmte Jungen gerichtet wurden, immer schrecklich gefunden. Sie waren fast immer sexueller Art ... ich möchte sie nicht wiederholen ... aber jetzt, da ich in einer koedukativen Schule bin, sehe ich, daß es wahrscheinlich genauso viel sexuelle Aggressionen gibt, aber sie fallen nicht so auf, wenn sie gegen Mädchen gerichtet sind.

In reinen Jungenschulen sind Mädchen beziehungsweise Frauen eine unbekannte Größe und bilden oft das Gesprächsthema, aber nicht in positiver Weise. Es ist furchtbar viel Frauenverachtung zu spüren. Ich möchte keine Lehrerin in einer reinen Jungenschule sein.«

Verständlicherweise hat es auch mir nicht gefallen, als Lehrerin an einer reinen Jungenschule zu unterrichten, und Anne Whitbread (1980) und vielen, vielen anderen ist es genauso gegangen. Sexuelle Belästigung ist fast ein zu höflicher Begriff, um manche Zudringlichkeiten zu beschreiben. Aber an koedukativen Schulen können sowohl die Schülerinnen als auch die Lehrerinnen Opfer sexueller Belästigungen sein.

Wenn die Erfahrungen von Jungen als wichtiger, bedeutsamer und wertvoller angesehen werden als die Erfahrungen von Mädchen, dann ist es verständlich, daß sich Lehrer Sorgen machen, wenn an reinen Jungenschulen *manche Jungen wie Mädchen behandelt werden*. Es ist verständlich, daß Lehrer entsetzt sind, wenn ein Teil der Klasse in dieser »verachtenswerten Weise« behandelt wird und dies Folgen für die Leistungen ihrer Schüler hat. Sind es aber *Mädchen*, die wie Mädchen behandelt werden, die beschimpft, beleidigt und sexuell belästigt werden, dann wird das Problem nicht als eines derselben Größenordnung gesehen.

Daß gemischte Schulen zum Vorteil der Jungen und im Interesse der Erhaltung der Männerherrschaft geschaffen wurden, ist ein Vorwurf, der gegenwärtig in vielen Ländern erhoben wird. Birgit Brock-Utne (undatiert) hat viele Untersuchungen über koedukative Schulen für Skandinavien und die Vereinigten Staaten zusammengefaßt. Sie meint, in gemischten Schulen werde Mädchen und Jungen ständig die Lektion ihrer relativen Bedeutung vermittelt, und dies helfe den Männern, ihre Vormachtstellung zu behalten. Brock-Utne zitiert beispielsweise eine Untersuchung über den Mathematikunterricht in Schweden (diesem vermeintlichen Gleichheitsparadies), aus der hervorgeht, daß »Jungen hauptsächlich deshalb lärmten und störten, um die Hilfe zu bekommen, die sie von der Lehrkraft brauchten. Es gelang ihnen tatsächlich, in der Klasse mehr Hilfe zu erhalten als die Mädchen, die länger über ihren Hausaufgaben sitzen mußten, um mit dem Unterricht Schritt halten zu können.« (S. 11.) Brock-Utne berichtet, in Schweden sei es eine anerkannte Tatsache, daß Jungen das Verhalten der Lehrkraft viel stärker beeinflussen können als Mädchen, die Jungen wüßten das und hätten daher den Beweis dafür, daß sie fähiger als die Mädchen sind, ihre Umgebung zu beeinflussen.

Durch solche Mittel kann die »Passivität der Mädchen« erzwungen werden, auf diese Art können Mädchen in einer gemischten Schule lernen, daß sie ohne Einfluß sind, und es sollte nicht als überraschend angesehen werden, wenn sie den Versuch aufgeben, Einfluß auszuüben, und damit »erfolgreich sozialisiert« werden. Diese Lektion würden sie im künstlichen Kontext einer reinen Mädchenschule, wo jede Schülerin, die imstande ist, eine Lehrkraft zu beeinflussen, notwendigerweise ein Mädchen sein muß, wahrscheinlich nicht lernen.

Was die Interaktion im Unterricht betrifft, vermitteln reine Frauenschulen den Mädchen gewöhnlich nicht die Botschaft, daß sie den zweiten Rang einnehmen (wenn auch der Lehrplan freilich ein ganz anderes Problem ist). Brock-Utne geht auf das an skandinavischen Schulen verbreitete Phänomen ein, daß Mädchen in koedukativen Klassen länger warten müssen, bis sie aufgerufen werden. Sie schreibt: »Mädchen werden öfter übersehen als Jungen, wenn sie sich melden«, und fügt hinzu: »Dieses ›Unsichtbarmachen der Mädchen‹ dürfte ein interessantes Thema für weitere Forschungen sein« (S. 12).

Wird es aber Gegenstand weiterer Forschungen sein? Wie ausführlich müssen Frauen ein pädagogisches Problem, von dem sie betroffen sind, dokumentieren, bevor sich die »allgemeine« Erziehungswissenschaft damit befaßt? Schon 1898, als das koedukative Schulsystem für Großbritannien vorgeschlagen wurde, hatte Alice Zimmern erklärt, die Mädchenbildung sei zwar als ein Recht durchgesetzt worden, die Koedukation aber könnte dieses Recht unterminieren, indem sie die Interessen der Mädchen »unter dem Vorwand der Gleichberechtigung denen der Jungen unterordnet« (S. 243). Ihre Erwartungen haben sich in trauriger Weise erfüllt:

»Die in letzter Zeit unternommenen Versuche ... zu sparen, indem man Jungen und Mädchen gemeinsam unterrichtet, wobei die Schulleiterin abgeschafft wird und ein Schulleiter für Jungen und Mädchen zuständig ist ... und die Mädchen sehen müssen, wie sie damit zurechtkommen, ist eine Neuauflage der alten Idee (unter neuem Deckmantel), daß Mädchen kein Recht auf dieselbe Rücksichtnahme haben wie Jungen« (Zimmern, 1898; S. 244).

Daß wir glaubten, einen neuen Aspekt der Koedukation zu entdecken, als wir in den letzten zehn Jahren zu fragen begannen, wem die gemischten Klassen zugute kommen, ist ein weiteres Beispiel für das Ausmaß, in dem wir hinters Licht geführt wurden und in dem uns Wissen über Frauen und über die Ansichten von Frauen über das Bildungswesen vorenthalten wird; 1937 hatte M. G. Clarke erklärt, die »sogenannte ›Koedukation‹ ist in der Regel Schulbildung für Jungen, an der Mädchen teilnehmen dürfen – oder müssen« (zitiert in Delamont, 1980; S. 107).

Seit fast hundert Jahren haben Frauen somit klargemacht, daß es die Jungen sind, die von der Koedukation profitieren, daß Mädchen einfach nur den Zugang zu einem männlichen Bildungswesen erlangen, welches direkt und indirekt die Minderwertigkeit der Frauen lehrt. R. R. Dale aber bezog diese Stimmen nicht in sein »grundlegendes« Werk mit ein.

Seit Beginn der siebziger Jahre hat Florence Howe (1976) die Frage gestellt, wem die Koedukation in den USA zugute komme. Jenny Shaw hat das Thema seit 1973 in Großbritannien zur Diskussion gestellt, und in neuerer Zeit ist es von vielen Erziehungswissenschaftlerinnen aufgegriffen worden (siehe Byrne, 1978; Deem, 1978; Delamont, 1980; Spender und Sarah, 1980), mit dem Erfolg, daß die einzige bedeutende Konferenz, die bisher in Großbritannien über Sexismus und Schule stattgefunden hat (Januar 1980), die Empfehlung aussprach, diese Frage so schnell wie möglich zu erforschen. Das Problem wird in Skandinavien, Australien, Kanada und Deutschland zwar erkannt, zu einem zentralen Thema der »allgemeinen« Erziehungswissenschaft ist es jedoch noch nicht geworden.

Die Frage der koedukativen versus getrenntgeschlechtlichen Schule kann als klassisches Beispiel für die Art und Weise dienen, wie pädagogische Probleme aus der männlichen Perspektive abgehandelt werden. Es gibt viele Gründe für den Verdacht, daß manche der Männer, die damals das Sagen hatten, *wußten*, daß Mädchen benachteiligt sein würden, es aber vorzogen, diese Information »verschwinden zu lassen«, weil diese Neuordnung im Interesse der Jungen war. Das Ausmaß der männlichen Macht läßt sich auch gut an der Tatsache ablesen, daß diejenigen, die an diesen Verhältnissen Kritik geübt haben, als »reaktionär« bezeichnet wurden oder daß schlicht behauptet wurde, sie hätten »unrecht«.

Viele der Rechtfertigungen, die für gemischte Klassen vorgebracht wurden, sind als Betrug entlarvt worden. So wurde beispielsweise behauptet, koedukative Schulen seien für Mädchen günstiger, weil sie dort Zugang zu »Jungen-Fächern« erhielten, die an reinen Mädchenschulen gewöhnlich nicht angeboten würden. Aber statt festzustellen, daß die Mädchen an gemischten Schulen mehr Physik oder Holzarbeiten machen, finden wir genau das Gegenteil, denn »die Schüler/innen treffen an gemischten Schulen eine geschlechtsspezifischere Fächerwahl« (Diana Leonard [Barker]; S. 21. Siehe auch DES, 1975, Education Survey 21). In der Erziehungswissenschaft wurde ständig behauptet, daß dann, wenn Mädchen Zugang zu den Bildungseinrichtungen der Jungen hätten, zwangsläufig Chancengleichheit bestehe; aber das ist absurd. Denn solange Männer an der Macht sind, ist die Tatsache, daß ihr System den Frauen offensteht, nichts weiter als kosmetische Chirurgie.

Selbst die Behauptung, das Bildungswesen der Männer stehe den Frauen offen, ist falsch, denn die »1979 durchgeführte DES-Untersuchung von 365 Schulen ergab, daß 65 Prozent der Schulen die Schüler ›in der Praxis‹ in den handwerklichen Fächern nach dem Geschlecht trennen«, und daß es »Schulen gab, in denen Physik zur gleichen Stunde angesetzt wurde wie ein ›Mädchenfach‹ ... wie Kochen, um Mädchen davon abzuhalten, sich für Physik zu entscheiden« (Delamont, 1980; S. 49).

Wenn bestimmte Fächer, die traditionell für Jungen reserviert waren, jetzt theoretisch den Mädchen offenstehen, so ist es *immer noch* möglich, sie von einer solchen Wahl abzuhalten. Es ist bereits darauf hingewiesen worden, daß Jungen Druck auf Mädchen ausüben können, sie schikanieren, sie als unweiblich bezeichnen und ihnen vorhalten, Mathematik oder Naturwissenschaften oder Holzarbeiten beispielsweise seien keine »geeigneten« Fächer für Mädchen, die leisteten auf diesen Gebieten sowieso nichts. Aber selbst wenn die Mädchen solchen Jungen keine Beachtung schenken (was an sich schon eine beträchtliche Leistung darstellt, denn es ist daran zu erinnern, daß wir nicht von zwei Gruppen sprechen, die über das gleiche Maß an Selbstvertrauen, Sozialprestige und Macht verfügen), dann können manche Lehrkräfte den Mädchen das Gefühl geben, so unwillkommen zu sein, daß sie gezwungen sind, sich zurückzuziehen. Sara Delamont (1980) berichtet über ihre Beobachtungen an Oberschulen:

»Melin Court (4.9.78)

Im Raum für Holzarbeiten erhalten die Schüler in alphabetischer Reihenfolge Plätze an den Werkbänken zugeteilt, beginnend mit den Jungen. Als Mister Beech feststellte, daß er dreiundzwanzig Schüler/innen in der Gruppe hatte, blieben einige Mädchen ohne Arbeitsplätze übrig – etwa drei Mädchen mußten jeweils dort arbeiten, wo jemand fehlte (das heißt jede Woche den Platz wechseln / jede Stunde mit der Suche nach einem Arbeitsplatz beginnen).

Waverly (20.9.78)

Technisches Zeichnen – Mr. Plumb

Es sind mehr Schüler/innen da als Sitzplätze, deshalb sitzen Parween und ein Junge auf einer seitlichen Bank, und drei Mädchen sitzen vorne auf dem Boden.

Waverly (8.9.78)

Nach der Pause gehe ich mit Mr. Quill zum Technischen Zeichnen. Er läßt die Schüler/innen sich hinten und seitlich aufstellen und weist ihnen in alphabetischer Reihenfolge Plätze zu. Die Jungen kommen zuerst dran, für die fehlenden Jungen werden Plätzc freigehalten. Auf der Klassenliste stehen 28 Namen, es bleiben also fünf Mädchen ohne richtige Arbeitstische, dafür werden ihnen Plätze auf den seitlichen Bänken zugewiesen. Dann erlaubt er ihnen, sich auf die Plätze der Fehlenden zu setzen.«

(Delamont, 1980; S. 49.)

Sara Delamont fügt hinzu: »Man kann sich schwerlich etwas

vorstellen, was besser geeignet wäre, den Mädchen in Holz- und Metallarbeiten beziehungsweise im Technischen Zeichnen ihr Selbstvertrauen zu rauben, als ihnen keinen festen Sitzplatz zuzuweisen!«

Während dies Beispiele dafür sind, wie die männlichen Schüler auf Gebieten, die eher als ihre Domäne angesehen werden, ganz offensichtlich bevorzugt werden, sollte man nicht vergessen, daß die Jungen auch in den anderen schulischen Bereichen – vielleicht in subtilerer Form – begünstigt werden, das heißt, die Lehrpersonen widmen ihnen mehr Zeit, männliche Erfahrungen finden mehr Beachtung und werden als bedeutsamer behandelt. Die Schule reflektiert mit dieser bevorzugten Behandlung des männlichen Geschlechts die Verhaltensmuster der Gesellschaft, und gerade weil reine Mädchenschulen eine *unrealistische* beziehungsweise *künstliche* Umgebung schaffen, wenn sie männliche Ansprüche ausschalten, können sie den Mädchen größere Chancen bieten.

Aber in den nach Geschlechtern getrennten Schulen haben die Jungen ein Problem – denn sie leisten weniger, wenn sie keine negative Bezugsgruppe haben. Solange Männer an der Macht sind, werden getrenntgeschlechtliche Schulen kaum als »Lösung« betrachtet werden, so ausführlich Frauen dieses »andere« Problem auch dokumentieren mögen.

Wenn getrenntgeschlechtliche Schulen also keine realistische Möglichkeit sind, welche Strategien können Frauen dann verfolgen, um die vorhandenen Probleme für die Mädchen zu mildern? Ich glaube, es sind Veränderungen, die innerhalb des bestehenden Systems durchführbar sind und die sehr produktiv sein können. Annie Cornbleet (1981) hat beispielsweise gezeigt, welche positiven Resultate erzielt werden können, wenn Mädchen dazu ermutigt werden, angesichts männlicher Opposition als eine Gruppe mit Rechten aufzutreten. Das heißt, die Mädchen müssen davon überzeugt werden, daß sie Wertschätzung genießen (keine geringe Leistung angesichts all dieser Beweise des Gegenteils), um ihr Selbstvertrauen und ihre Selbstachtung so weit zu steigern, daß sie sich imstande fühlen, ihr Recht zu fordern. Irene Payne (1980) ist eine weitere feministische Lehrerin, die es so einrichtet, daß sie die Mädchen gelegentlich separat unterrichtet, und die die männliche Dominanz im Klassenzimmer zum Gegenstand von Diskussionen gemacht hat. Nachdem sie registriert hatten, wer am meisten redete, wer Bedingungen festsetzte und gegen wen sich die Aggressionen richteten, entdeckten die Mädchen sehr rasch, daß sie von den Jungen beherrscht wurden, und sie traten in der gemischten Klasse als Gruppe auf, um sich gegen die Männerherrschaft zu wehren. Und das gelang ihnen erstaunlich gut.

An der Gesamtschule in Ashton-under-Lyne (Stamford County) stellte sich heraus, daß die durchschnittlichen Leistungen der Jungen und Mädchen in Mathematik am Schulanfang etwa gleich waren, am Ende des ersten Jahres lagen »die durchschnittlichen Testergebnisse der Jungen jedoch bereits erheblich höher. Schon in diesem frühen Stadium stellen und beantworten die Mädchen weniger Fragen.« Es wurde beschlossen, etwas dagegen zu unternehmen (statt über die geringeren Fähigkeiten der Mädchen zu lamentieren). Um die Ursache für das »Nachlassen« der Mädchen herauszufinden, wurden einige Klassen in Mathematik nach Geschlechtern getrennt. Stuart Smith berichtet: »Nach den Ergebnissen vom Oktober 1978 bestanden zu Beginn der Klassentrennung nur geringe Unterschiede zwischen den Mädchen in beiden Zügen. Im Februar dieses Jahres (1980) zeigte sich, daß die Durchschnittsergebnisse der Mädchen in den gemischten Klassen weit unter die der Jungen abgesunken waren. Mit anderen Worten, diese Mädchen entsprachen dem typischen Leistungsverlauf dieser Schule. Die Schülerinnen in dem reinen Mädchenzug erzielten dagegen weit bessere Durchschnittswerte als die Mädchen in der gemischten Gruppe und blieben nur geringfügig hinter den Durchschnittsleistungen der Jungen zurück.« (*The Times Educational Supplement*, 18. Juli 1980.) Smith fügt hinzu, an dieser Schule werde nunmehr auch in den naturwissenschaftlichen Fächern getrennter Unterricht für Jungen und Mädchen eingeführt.

Er bemerkt auch, daß sich die Schülerinnen in den reinen Mädchenklassen in Mathematik viel lebhafter am Unterricht beteiligten als in den gemischten Klassen; »die Arbeitsatmosphäre ist im allgemeinen besser, zwischen den Mädchen untereinander und den Mädchen und der Lehrkraft wurde ein größeres Maß an Kooperation beobachtet«. Brauchen wir wirklich weitere Alibi-Forschungsprojekte, um die angeblich angeborenen Begabungsmängel der Mädchen für Mathematik und räumliches Vorstellungsvermögen zu untersuchen?

Es ist nicht unmöglich, Mädchen in koedukativen Schulen speziell zu fördern, obwohl es in vielen Fällen, wo eine solche Förderung vorgeschlagen wird, zweifellos Proteste seitens der Jungen geben wird (man hat mir gesagt, eine solche Förderung sei sexistisch, und wenn die Mädchen in gemischten Klassen gleiche Chancen erhielten, so wäre das vielleicht wirklich sexistisch: Aber eine solche Förderung ist ja gerade deshalb notwendig, weil sich die Mädchen in einer sexistischen Situation befinden, in der sie nicht die gleichen Chancen erhalten). Wenn man, statt das Abschneiden der Jungen in gemischten Klassen als unverdient gut anzusehen, davon ausgeht, daß die Leistungen der Jungen nachlassen, sobald sie getrennt von den Mädchen unterrichtet werden, dann werden wahrscheinlich viele (männliche) Bildungsexperten sagen, die Förderung eines Geschlechts sei ungerecht – gegenüber den Jungen. Trotz der möglichen Hindernisse glaube ich jedoch, daß wir diese Kampagne starten sollten.

Ich möchte aber nicht uneingeschränkt für die Rückkehr zu einem getrennten Unterricht für Mädchen und Jungen eintreten. Reine Mädchenschulen sind nicht nur oft dazu benutzt worden, eine »weibliche« Rolle zu vermitteln, sie sind auch oft Zentren gewesen, an denen männliche Maßstäbe vorherrschten. Zum einen ist es in einer patriarchalischen Gesellschaft leichter gesagt als getan, daß die Interessen und Erfahrungen der Frauen den Lehrplan beeinflussen sollten; das Fehlen entsprechenden Lehrmaterials ist bereits erwähnt worden. Und selbst wenn solches Material zur Verfügung stünde, könnten die nach Geschlechtern getrennten Schulen nach wie vor der Überzeugung anhängen, daß die Erfahrungen der Männer im Grunde mehr zählten: Getrenntgeschlechtliche Schulen könnten immer noch Militärgeschichte unterrichten, statt zu versuchen, die Geschichte der Frauen zu rekonstruieren, und sei es nur, weil Männer immer noch im Prüfungsapparat das Sagen haben.

Ob sie jedoch Militärgeschichte lernen oder männliche Autoren lesen (denn auf der für drei A-level-Prüfungen vorgeschriebenen Leseliste von 52 Autoren befinden sich nur drei weibliche Autoren), sie werden sich nicht damit abfinden müssen, entweder »albern oder stumm« zu sein (Florence Howe, 1977); sie werden nicht zu »selektiver Dummheit« erzogen werden (Joan Roberts, 1976) und Jungen gegenüber nachgeben, sich für sie kleiden oder für sie erniedrigen müssen, und sie werden in der Klasse nicht die Zielscheibe männlicher Aggressionen und »Witze« sein. Ich sähe es natürlich lieber, wenn Frauen anderen Frauen Wissen über Frauen vermittelten – zumindest zeitweilig – und wenn sie die Kontrolle und die Verantwortung für die Frauenbildung übernähmen, aber ich gebe mich auch mit ein paar Unterrichtsstunden in einer reinen Mädchengruppe zufrieden, in denen die Männerherrschaft das Diskussionsthema ist. Ich weiß, warum dies in einer patriarchalischen Gesellschaft ein verbotenes Thema ist: Die Resultate können zu einer Bedrohung für die Vormachtstellung der Männer werden.

Fünfter Teil
Wie Frauen es sehen

10
Vielfalt und Kraft

Immer wenn wir darangehen, die Welt zu beschreiben und zu erklären, sollten wir uns vor Augen halten, daß es einen Bezugsrahmen gibt, der auf den männlichen Erfahrungen der Welt basiert und allen Mitgliedern der Gesellschaft vertraut ist, und einen zweiten, der auf den weiblichen Erfahrungen beruht, die ganz anders sein mögen, die aber nicht schriftlich niedergelegt, systematisiert, ausgeschmückt und von einer Generation zur nächsten weitergegeben wurden, mit dem Ergebnis, daß dieser Bezugsrahmen uns weder vertraut noch auch nur immer kohärent ist. Es ist leicht zu erkennen, daß Frauen von Männern definiert wurden, daß sie seit Jahrhunderten von ihnen als »minderwertig«, passiv und unsichtbar, als machtlos und hilflos beschrieben und erklärt wurden, *Frauen* aber haben Frauen nicht immer in dieser Weise beschrieben und erklärt. Heute beginnen sie, den jahrhundertelangen Widerstand und Protest von Frauen zu dokumentieren (siehe beispielsweise Sheila Rowbotham) und ihre Kraft (siehe Elizabeth Janeway, 1981, *Powers of the Weak*), und wir sollten uns ständig dessen bewußt sein, daß das Image der Frauen zwei Seiten hat und daß diese unter Umständen nur wenig Ähnlichkeit miteinander haben.

Es steht außer Zweifel, daß Frauen nach den von Männern definierten und von ihnen für wichtig gehaltenen Begriffen über sehr geringe Hilfsmittel verfügen. Solange die Männer den Aufbau der Gesellschaft und die Verteilung des Reichtums kontrollierten, schienen sie für sich selbst einen unverhältnismäßig großen Anteil sowohl des Kapitals als auch der Arbeit reserviert zu haben. Frauen verdienen in ihrer Gesamtheit weniger als zehn Prozent der auf der ganzen Erde gezahlten Löhne und Gehälter, und sie besitzen weniger als ein Prozent des Reichtums der Welt, trotz der Tatsache, daß sie vielfach schwerer und länger arbeiten als die Männer (UNO-Statistiken). Die Tendenz, die sich in den kapitalistischen Gesellschaften herauskristallisiert hat, läuft darauf hinaus, daß Frauen in zunehmendem Maße eine »Doppelschicht« arbeiten, das heißt die Arbeitsleistungen von zwei Personen erbringen, die Männer dagegen nur die einer Person (und wie Ann Oakley, 1974, bemerkt hat, ist selbst dort, wo Frauen nur *einen* Job innehaben, dieser häufig mit mehr Arbeitsstunden und anstrengenderer Arbeit verbunden, als dies bei der geregelten 40-Stunden-Woche der Fall ist – und die Mehrarbeit wird nicht durch Lohn kompensiert). Entgegen anders lautenden Ideologien hat Hilda Scott (1978) die Auffassung vertreten, die Situation in den sozialistischen Ländern sei ähnlich. Aus den UNO-Statistiken geht außerdem hervor, daß die Frauen auch in vielen Entwicklungsländern schwerer und länger und für weniger Geld arbeiten.

Angesichts dieser deprimierenden Statistiken ist es nicht überraschend, daß unsere Bestandsaufnahme der Stärken und Hilfsmittel der Frauen auch den Einblick in Armut, Mühsal, endlose Maloche und Machtlosigkeit einschließt. Dies ist aber nur eine Seite der Geschichte.

Ein anderer Aspekt der Unterdrückung der Frauen ist, daß ihre Verletzbarkeit in wirtschaftliche Abhängigkeit von Männern verwandelt werden kann, da sie über geringere finanzielle Rücklagen verfügen als die Männer und gezwungen sind, sich deren Unterstützung und Schutz zu sichern. Dies trägt zur Spaltung der Frauen bei, denn viele sind gezwungen, sich auf die Seite der Männer zu schlagen, ja sich mit männlichen Interessen zu identifizieren, statt die Partei der Frauen zu ergreifen. Daß sie weniger Geld und weniger Zeit zur Verfügung hatten als Männer, ist zweifellos ein Faktor, der Frauen daran gehindert hat, sich in derselben Weise zu organisieren, wie die Männer das getan haben, und die Isolierung der Frauen voneinander hat es dem Patriarchat wahrscheinlich erleichtert, bei vielen Anlässen ungeschoren davonzukommen.

Die Spaltung der Frauen ist zum Teil durch ihre Verarmung bedingt und wird durch diese verstärkt. Solange die Männer mehr als den ihnen zustehenden Anteil an den Vermögenswerten besitzen und die Frauen sich erst Zugang zu diesen Werten verschaffen müssen (und die Frauen bedürfen zweifellos des Zugangs zu den anderen 99 Prozent des Reichtums der Welt, wenn wir und unsere Kinder überleben sollen), besteht einer der häufigsten und anerkanntesten Wege, auf dem dieser Zutritt erreicht wird, darin, sich die Unterstützung eines Mannes zu sichern, und dies führt regelmäßig zur Konkurrenz mit anderen Frauen. Letty Cottin Pogrebin (1972) hat es so formuliert: »Männer konkurrieren um Erfolge und Belohnungen. Wir konkurrieren um Männer. Männer wetteifern um die Anerkennung der Welt und um Sozialprestige. Wir wetteifern um Männer, Männer messen sich an (ihren) Leistungsmaßstäben. Wir messen uns aneinander.« (S. 78.)

Nicht alle Frauen mögen sich in ihrem Verhältnis zu anderen Frauen so sehen (und mit dem Feminismus haben sich alternative Beziehungsformen entwickelt, die zunehmend aufgegriffen werden), aber es sind Beziehungen zwischen Frauen, die gesellschaftlich gebilligt und gefördert werden, und es sind solche, die die Männerherrschaft kaum bedrohen.

Wenn Männer die Finanzen verwalten, dann sind Frauen mit beträchtlichen Einschränkungen konfrontiert, sie müssen sich ständig das Wohlwollen dieser Männer sichern, wenn sie weiterhin von ihnen unterstützt werden wollen. Auf diese Weise finden sich viele Frauen in dem Netz verstrickt, sehr hart arbeiten zu müssen (wobei dies eine Arbeit ist, die nach den Kategorien der Männer nicht zählt), um für Männer attraktiv zu sein und sich die Anerkennung und Bestätigung sowie die ökonomische Unterstützung durch die Männer zu sichern. Es ist interessant, darüber zu spekulieren, was geschehen könnte, wenn die Frauen morgen finanziell unabhängig und frei wären: Ich vermute, viele heterosexuelle Beziehungen würden dann zerbrechen, denn viele Frauen bleiben nur aus wirtschaftlicher Notwendigkeit, nicht aus freier Wahl in diesen Beziehungen.

Adrienne Rich (1980) hat auf den Zwangscharakter der Heterosexualität in unserer Gesellschaft hingewiesen, und obwohl es viele Formen der Unterdrückung gibt, scheint der Sexismus die einzige Form zu sein, die die Unterdrückten zwingt, in einer intimen Beziehung mit dem Unterdrükker zusammenzuleben. Wie Sheila Rowbotham (1973) bemerkte, werden »Frauen im Augenblick der Intimität unterworfen«, und »diese Unterjochung ist nicht viel anders als das Verhältnis zwischen Arbeiter und Kapitalist« (S. 34–35).

Die Arbeitnehmer/innen können sich am Arbeitsplatz versammeln, verschiedene ethnische Gruppen können ihre eigenen Beistandsbeziehungen und ihre eigene Identität entwickeln, aber wo ist der Freiraum für Frauen, selbst für Frauen, die Arbeitnehmerinnen oder Angehörige ethnischer Minderheiten sind? Die in unserer Gesellschaft – und in vielen anderen – geschaffenen Strukturen fördern die Spaltung der Frauen und erhöhen ihre Abhängigkeit von Männern.

Auf fundamentale Weise haben Frauen an dieser verbreiteten Erfahrung wirtschaftlicher und emotionaler Abhängigkeit Anteil, sie haben Anteil an einer gemeinsamen Realität, in der es soziale und »einleuchtende« Gründe dafür gibt, sich die Unterstützung eines Mannes zu sichern und mit anderen Frauen zu konkurrieren. Aber es gibt auch Unterschiede, nicht zuletzt deshalb, weil die Männer die Güter nicht gleichmäßig unter sich aufgeteilt haben und Frauen deshalb Zugang zu unterschiedlich großem Vermögen von Männern erlangen. Manche Männer haben mehr Geld und Macht als andere, das ist einer der Gründe, der zur Spaltung und Konkurrenz der Frauen untereinander beiträgt.

Diese Unterschiede manifestieren sich in finanzieller Hinsicht und wirken sich entsprechend im Bildungsbereich aus, obwohl es Unterschiede sind, die gewöhnlich durch Männer und die von ihnen geschaffenen sozialen Strukturen zustande kommen und von Männern verändert werden können, wie viele verlassene oder geschiedene Frauen bezeugen können. Man kann nicht einfach die hierarchischen Unterschiede nehmen, die zwischen den Männern existieren, und sie auf die Frauen übertragen, mit denen sie zusammenleben: Väter sterben, Ehemänner und Liebhaber gehen weg, Söhne ziehen fort, und wenn die Männer gehen, dann verschwinden mit ihnen häufig auch die finanziellen Mittel.

Lee Comer hat auf die Unzulänglichkeit der Benutzung von »Klassenbegriffen« bei der Beschreibung und Erklärung von Frauen hingewiesen, denn dies sind Begriffe, die auf männlichen Erfahrungen basieren und oft sinnlos sind, wenn sie auf weibliche Erfahrungen angewandt werden. Wie zutreffend ist die Benutzung des Begriffs »Mittelschicht« für Frauen, fragt sie, »wenn der Ehemann der besagten Mittelschichtfrau mit seiner Sekretärin durchbrennt und seine Frau um Unterhalt für ihre Kinder kämpfen muß, wenn sie mit oder ohne Qualifikationen um Teilzeitarbeit ringt, die mit den Schulstunden in Einklang steht, wenn sie ihre Hypothekenraten nicht mehr zahlen kann, auf die Straße gesetzt wird und schließlich kapituliert und zu Heimarbeit und Sozialhilfe greift (eine alltägliche Geschichte von Mittelschichtfrauen einschließlich meiner Mutter)?« (S. 168). Manche der Unterschiede, die zwischen Frauen konstruiert wurden, stehen auf sehr wackligen Beinen.

Dennoch gibt es Unterschiede, die nicht geleugnet werden können, und die Frauen in der Frauenbewegung würden sie auch nicht leugnen wollen. Vielmehr werden sie erforscht und verifiziert und in den Kontext der gemeinsamen Erfahrungen von Frauen gestellt. Auch diese Medaille hat zwei Seiten, und wenn viele Männer (und manche Frauen), wie dies oft geschieht, behaupten, der Feminismus oder die Frauenbewegung hätten ihre Basis überwiegend in der weißen Mittelschicht und seien dadurch *diskreditiert*, dann kann frau fragen, in wessen Interesse es wohl ist, die Gültigkeit dieser organisierten Frauenbewegung zu leugnen.

Die Spaltungen und Unterschiede zwischen den Frauen bilden einen Ausgangspunkt innerhalb der feministischen Sicht: sie sind nicht das unvermeidliche Endergebnis. Wir können die Existenz dieser Spaltungen und Unterschiede akzeptieren, und wir können uns auch dagegen wehren. Wir können untersuchen, wie sie hervorgerufen werden, welchen Zwecken sie dienen und welche Rolle sie bei der Aufrechterhaltung des Patriarchats spielen. Und wir können auch erkennen, daß es Spaltungen und Differenzen sind, die manchmal von der Erkenntnis der gemeinsamen Erfahrungen der Frauen abgelöst werden. Alle Frauen in unserer Gesellschaft sind gezwungen, in einer Männerwelt und nach den Bedingungen der Männer zu überleben: alle Frauen sind in Gefahr, das Opfer männlicher Gewalt gegen Frauen zu werden.

Der Rassismus hat ebenso dazu gedient, Frauen zu spalten und voneinander zu isolieren, und dies ist ein Gebiet, das alle Frauen eingehender untersuchen sollten. In Großbritannien gibt es gegenwärtig wenig Gelegenheit, unsere

Gemeinsamkeiten und unsere Mannigfaltigkeit zu erkunden, denn der Rassismus ist so dominant, daß de facto eine Rassentrennung zwischen den Frauen herrscht. Obwohl wir in der Vergangenheit nach unserer Rassenzugehörigkeit voneinander getrennt waren, gibt es keinen Grund, warum dies auch künftig so sein sollte; aber es bedeutet, daß wir bewußt und aktiv darauf hinarbeiten müssen, diese Spaltung und Trennung zu überwinden.

Weil wir in einem Gespinst überkommener Bedeutungen des Rassismus gefangen sind, ist es oft schwierig für Frauen, dagegen anzugehen, und es ist ein Bereich, in dem wir absichtlich mißverstanden werden können. In ihrem Artikel über Rassismus mit dem Titel »Disloyal to Civilization: Feminism, Racism, Gynephobia«[1] schreibt Adrienne Rich (1979), der Anfang falle ihr schwer, »weil ich an einem Scheideweg schreibe, an dem sich Schmerz und Wut mischen, und weil ich nicht möchte, daß meine Worte verdreht oder in Anspruch genommen werden können, weder von Apologeten einer seichten und trivialen Vorstellung von Feminismus noch von Vertretern einer Rassenpolitik, die den fundamentalen Charakter der Geschlechterpolitik und der Geschlechterunterdrückung leugnet« (S. 279).

Wie sie sagt, ist es nur zu leicht gewesen, »den zynischen und manipulativen Vorwurf des ›Rassismus‹ gegen weiße Feministinnen zu benutzen, um sie davon abzuhalten, sich zu organisieren, und um schwarze Feministinnen durch Beschuldigungen davor abzuschrecken, den Kampf der Schwarzen zu ›spalten‹ oder den schwarzen Mann ›zu kastrieren‹« (S. 290).

Rich weist darauf hin, daß Frauen den Rassismus nicht geschaffen hätten, daß sie im Gegenteil dieser institutionalisierten Praxis in der Geschichte immer wieder untreu geworden seien, gleichzeitig aber seien »Frauen in seinen Dienst gezwungen worden« (S. 282), und in den USA sei die »passive oder aktive Instrumentalität weißer Frauen in der Praxis von Inhumanität gegen schwarze Menschen ein geschichtliches Faktum « (S. 284).

Rassismus kann weder geleugnet noch ignoriert werden:

1 »Gynäphobie: Die uralte, interkulturelle Furcht des Mannes vor den Frauen und sein Frauenhaß; Giftschwaden, die auch wir Frauen mit der Luft einatmen, die wir täglich atmen.« (S. 289.)

Wir sind alle sowohl in einer rassistischen als auch in einer sexistischen Gesellschaft groß geworden, wir haben alle die Werte des Rassismus und des Sexismus angenommen, gleichgültig, ob wir uns der Existenz dieser Werte bewußt sind oder nicht. Und sowohl der Rassismus als auch der Sexismus wurden dazu benutzt, Frauen zu isolieren und sie daran zu hindern, die gemeinsamen Erfahrungen aller Frauen zu begreifen und zu erkennen. Nach patriarchalischen Begriffen sind wir immer noch gespalten, nach feministischer Auffassung aber können sich die Unterschiede zwischen den Frauen als Kraftquelle, nicht als Nachteil erweisen.

Manifest und verdeckt floriert der Rassismus gegenwärtig in vielen Bildungseinrichtungen, und die mit ihm verbundenen Probleme sind komplex und bedürfen der Untersuchung und Beratung. So erörtert zum Beispiel Sara Delamont (1980) die Einstellung bestimmter ethnischer Gruppen zur Koedukation: »Es gibt Hinweise darauf, daß sich unter den verschiedenen moslemischen Gruppen in Großbritannien viele Eltern befinden, die die Koedukation mißbilligen, weil sie ihren Prinzipien getrennter Sphären für Männer und Frauen widerspricht. Nach der Pubertät sollte eine anständige Frau die Gesellschaft nicht mit ihr verwandter Männer meiden, deshalb wird der Schulunterricht zu einem Problem.« (S. 105.)

Patricia Jeffery (1976) berichtet über Eltern in Bristol: »Die meisten wünschen eine gute Schulbildung für ihre Töchter. Sie machen sich jedoch Sorgen über die Koedukation ... (deshalb) ... hat Rashid vor, dieses Problem zu umgehen, indem er mit seinen zwei Töchtern nach Pakistan zurückkehrt: Ruxsana bemerkt ... ›Wir werden mit den Mädchen zurückgehen ... Wir wollen nicht, daß die Mädchen hier studieren – wir wollen, daß sie in Lahore zu Ärztinnen ausgebildet werden.‹« (S. 104.)

Ich kenne keine Patentrezepte für diese Probleme (obwohl ich Sara Delamont darin zustimme, daß es keinen guten Grund gibt, warum Moslems nicht ihre eigenen, nach Geschlechtern getrennten Schulen haben sollten, so wie es beispielsweise römisch-katholische oder jüdische Schulen gibt). Ich weiß nicht »die richtigen« Antworten auf das Problem, daß Lehrkräfte gebeten werden, ihre Schülerinnen in der Frage aufgezwungener Heiraten gegen ihre Eltern zu unterstützen. Aber ich weiß, daß es rassistisch wäre zu behaupten, getrenntgeschlechtliche Schulen seien für moslemische Mädchen nicht angebracht, oder »arrangierte Heiraten« seien, eben weil sie von den Eltern »arrangiert« werden, zu verurteilen. Die Erfahrungen der *Weißen* repräsentieren ebensowenig die Gesamtsumme menschlicher Erfahrungen wie die Erfahrungen der Männer, sondern sie sind vielen Beschränkungen unterworfen: Die Gegner arrangierter Heiraten hätten Schwierigkeiten, wenn sie beweisen müßten, daß *Liebe* eine geeignetere oder wünschenswertere Basis einer Eheschließung sei. Vom Standpunkt der Frauen aus sollte sich die Kontroverse auf die Ehe als solche konzentrieren, auf die ökonomische Notwendigkeit der Heirat für die meisten Frauen, auf die Abhängigkeit, die sie fördert, und die Fesseln, die sie auferlegt, statt auf die Frage, ob sie von den Eltern oder von den Medien »arrangiert« wird. Das Pro und Kontra »arrangierter« Heiraten versus »romantischer« Heiraten zu diskutieren hieße, eine Debatte ganz in männlichen Kategorien zu führen, und würde dazu beitragen, die Frauen zu spalten und sie daran zu hindern, ihre Kräfte zu vereinen.

Denn Frauen haben viele Kräfte, die noch lange nicht verschwunden sind, nur weil Männer es vorgezogen haben, sie nicht zu bemerken, zu beschreiben oder ihnen Wert beizumessen. Männer haben für sich Begriffe wie *Loyalität* in Anspruch genommen und Frauen als isolierte und rivalisierende Individuen beschrieben, sie haben vielleicht sogar soziale Strukturen geschaffen, um ihr Bild von den Frauen wahr werden zu lassen, aber die Frauen haben sich auch gegen diese Strukturen und Bilder gewehrt, und sie besitzen eine, wenn auch unterdrückte, Tradition der Zusammenarbeit und gegenseitigen Unterstützung. Dies ist eine Stärke, die Frauen anfangen müssen zu nutzen.

In gewisser Weise sind Kooperation und Konkurrenz als *Wertvorstellungen* Abstraktionen und bedürfen einer Konkretisierung. Ich kann nicht auf zahlreiche Forschungsarbeiten zurückgreifen, um darzulegen, in welcher Weise Frauen zusammenarbeiten, denn obwohl es unzählige Untersuchungen über Konkurrenzverhalten gibt, denen zufolge die Männer darin sehr erfolgreich sind, während den Frauen diese hochgeschätzte Qualität fehlt, sind über Kooperation – ein Bereich, in dem die Männer vielleicht weniger glänzen – nur wenige Studien durchgeführt worden.

Manche der vorliegenden sprachwissenschaftlichen Arbeiten zeigen jedoch den kooperativen Charakter der Frauen und lassen erkennen, wie sie dazu beitragen, soziale Beziehungen aufrechtzuerhalten. Elizsbeth Aries (1976) hat zum Beispiel gezeigt, daß es bei einer Gesprächsrunde von Männern immer zum Teil darum geht, zu Wort zu kommen: Sie interpretiert dies als einen »Wettbewerb«, bei dem derjenige der »Sieger« ist, der das Wort an sich reißt. Dieses Verhaltensmuster gilt nicht für Frauen, die bei einem Gruppengespräch dafür sorgen, daß »alle drankommen«. Aries sieht darin eine kooperstivere Form des Verhaltens.

Da ich von den Befunden Aries' fasziniert war, beschloß ich, selbst ein kleines Experiment durchzuführen. Ich ersuchte je ein Mitglied einer Gruppe von Schülern und einer Gruppe von Schülerinnen, möglichst unauffällig ein Tonbandgerät in ihre nächste Diskussionsrunde mitzunehmen und das Gespräch aufzuzeichnen, sich selbst aber während der ganzen Diskussion *nicht* zu äußern.

Nach diesen Diskussionen sprach ich mit den Angehörigen beider Gruppen. Ich fragte die Jungen, ob sich jemand am Gespräch nicht beteiligt habe. Sieben der zehn Jungen meinten, alle hätten geredet, und drei nannten einen Jungen, der sich ihrer Ansicht nach nicht beteiligt hatte. Ihre Angaben aber waren hundertprozentig falsch, denn keiner nannte den Schüler, der nicht gesprochen hatte, und eine Überprüfung der Aufzeichnung ergab, daß die drei, die als schweigsam wahrgenommen worden waren, in Wirklichkeit gesprochen hatten. Die Jungen hatten nicht beachtet, wer gesprochen hatte und wer nicht.

Dies war anders in der weiblichen Gruppe; die acht Frauen gaben nicht nur zutreffend an, wer nicht gesprochen hatte, sondern sechs von ihnen ließen auch unaufgefordert Anteilnahme erkennen. »Ich habe mich gefragt, ob sich June nicht gut fühlt, aber ich wollte sie nicht drängen«, sagte eine Frau. »Ich glaube, sie macht sich über irgend etwas Sorgen«, meinte eine andere, und »ich hoffe, sie hat sich nicht ausgeschlossen oder so gefühlt«.

Es ist natürlich durchaus möglich, daß ich einen männlichen Helfer gewählt hatte, der in seiner Gruppe keine »Identität« besaß und dessen Verhalten daher unbemerkt blieb, und eine Frau, die eine solche »Identität« hatte und deren Verhalten daher beachtet wurde. Aber nach meiner Ansicht und meinen Erfahrungen hatte ich de facto zwei Personen gewählt, die sich in der Regel im Unterricht still verhielten und deren Verhalten nicht als untypisch wahrgenommen werden würde.

Der Schüler, der nicht geredet hatte, sagte, von seiner Gruppe seien keine Aufforderungen an ihn ergangen, sich zu beteiligen, während June berichtete, ihr sei es schwergefallen, den »Einladungen«, sich zu beteiligen, zu widerstehen. Zwei davon sind verbaler Art gewesen, aber sie sagte, selbst wenn »offene« Fragen gestellt worden seien, hätten Frauen sie angeschaut, um zu sehen, ob sie sich beteiligen wolle. Viele dieser »Aufforderungen« hatten auf dem Band also gar nicht aufgezeichnet werden können.

Was geht aus all dem hervor? Für sich genommen vielleicht nicht sehr viel, aber innerhalb des Bezugsrahmens, den Frauen entwickeln, deckt es sich mit den Erkenntnissen über die Kooperationsbereitschaft und die Bewußtheit von Frauen. Ich behaupte beispielsweise, daß die Gruppen für Bewußtseinsbildung nicht vom Kopf her von Frauen entwikkelt und von anderen übernommen wurden, sondern daß sie lediglich eine Weiterentwicklung des kooperativen Gesprächs darstellen, das Frauen üblicherweise miteinander führen und an dem sich alle abwechselnd beteiligen. Frauen haben sich nicht ein egalitäres und rücksichtsvolles Verfahren ausgedacht und es dann zu verwirklichen versucht, vielmehr fanden sie sich an dieser Form des Gesprächs beteiligt und versuchten, es zu beschreiben und zu analysieren.

Mercilee Jenkins und Cheris Kramarae (1981) haben erklärt, wir könnten aus dem Studium der Art und Weise, wie Frauen miteinander kommunizieren, viel lernen. Sie sagen, es gebe in vielen Gesellschaften Anzeichen dafür, daß es die Kommunikationsnetze zwischen den Frauen sind, die die Grundlage für die soziale Interaktion bilden (S. 16). Sie erklären weiter, daß die Arbeit der Frauen auch die Grundlage der weißen Mittelschichtgesellschaft bilden dürfte – in der die Frauen als am stärksten voneinander entfremdet gelten. Wie Elizabeth Bott (1971) in ihrer Bestandsaufnahme der Literatur über familiäre und soziale Netzwerke darlegt, sind Frauenfreundschaften bisher nicht angemessen erforscht worden. Wenn wir uns überlegen, wer in der Regel die Briefe an Freunde und Verwandte schreibt, die mit »herzliche Grüße, Hans und Martha« unterzeichnet sind, wer den Terminkalender über gesellschaftliche Verpflichtungen führt, wer die Telefonate macht, um auszuknobeln, wer was zu einer Party mitbringt, wer an die Geburtstage und Jubiläen beider Zweige der Familie denkt, wer den Stammbaum der Familie erforscht und den Kontakt mit den erwachsenen Kindern aufrechterhält, wer die meiste Zeit dafür aufwendet, zu Hause mit den Kindern zu sprechen, wer die Handarbeiten für die Familie herstellt und aufbewahrt, dann stellen wir fest, daß es gewöhnlich Frauen sind, die all diese Arbeiten machen. Gewiß sind dies die Mittel, mit denen Familien und soziale Gruppen geschaffen und am Leben erhalten werden – durch Kommunikation und Pflege (S. 16–17).

Da Frauen von einem so frühen Alter an so viel Übung in Kommunikation und Beziehungspflege haben, sind sie oft sehr gut darin. Sie können das soziale Beziehungsgeflecht schaffen und bewahren und finden Mittel der Versöhnung in Situationen, in denen weniger Versierte nur zur Konfrontation fähig sind. Dies ist eine unerhört wichtige Gabe, über die nur die Frauen verfügen.

Wir müssen uns fragen, warum diese grundlegenden und wertvollen Fähigkeiten, die die Basis jeder Gesellschaft bilden (die es nicht darauf anlegt, sich selbst oder andere Gesellschaften zu zerstören) so lange nicht wahrgenommen wurden beziehungsweise warum man sich dort, wo man sie sah, darüber lustig machte. Wir müssen uns fragen, warum diese Fähigkeiten nicht als Grundwissen im Bildungswesen gelehrt werden. Und wir müssen uns bewußtmachen, daß Frauen diese Fähigkeiten haben und sie einzusetzen wissen.

Frauen konnten und können sich auf die Kräfte ihrer Mitschwestern stützen, trotz der Tatsache, daß diese Kräfte häufig geleugnet oder verfälscht werden. Interessanterweise gab es in meiner Familie *Geschichten* darüber, wie Mütter ihre Töchter gegen eine gewaltige Opposition unterstützt hatten, wie Schwestern ihren Schwestern beigestanden und wie sich Schwiegermütter trotz der herrschenden Ideologie gegenüber ihren Schwiegertöchtern als Kraftquelle erwiesen hatten. Bedeutsam ist, daß dies Geschichten sind, die mündlich von einer Generation zur nächsten überliefert, aber nicht schriftlich niedergelegt oder gedruckt und damit zu einem Bestandteil der herkömmlichen Tradition wurden. Frauenfreundschaften sind »unbeachtet« geblieben, denn sie sind in einer patriarchalischen Gesellschaft gefährlich, ja subversiv.

Die Verbannung von Frauenfreundschaften aus den schriftlichen Zeugnissen der Männer ist derart universell, daß Virginia Woolf (1974) mit Betroffenheit reagiert, als sie in einem von einer Frau geschriebenen Roman auf die Wendung stößt: »Chloë liebte Olivia«. »›Chloë liebte Olivia‹, las ich. Und dann traf es mich wie ein Schlag, welch eine immense Veränderung hier vorlag. Vielleicht zum ersten Mal in der Literatur kam es vor, daß Chloë Olivia liebte. Kleopatra liebte nicht Octavia. Und wie anders hätte *Antonius und Kleopatra* ausgesehen, wäre dies der Fall gewesen!« (S. 81.) Woolf spekuliert dann darüber, wie unsere Vergangenheit (und Gegenwart und Zukunft) ausgesehen haben könnte, wenn die Beziehungen zwischen Frauen je im Brennpunkt gestanden hätten. »So viel ist ausgelassen worden, unversucht«, schreibt sie, denn Frauen werden so häufig »nicht nur ausschließlich mit den Augen des anderen Geschlechts gesehen ... sondern auch ausschließlich in ihrer Beziehung zum anderen Geschlecht. Und wie ein kleiner Teil im Leben einer Frau ist das.« (S. 82.)

Es gibt Unterschiede zwischen Frauen, aber es gibt auch viel Verbindendes. Viele der Unterschiede sind geschaffen und ausgenutzt worden, um Frauen uneinig und abhängig zu halten; viele ihrer Bindungen wurden aus demselben Grund geleugnet oder verfälscht. Wenn Frauen nicht länger abhängig sein sollen, dann müssen die Unterschiede, die zur Spaltung führen, überwunden werden. Das bedeutet nicht, daß sie geleugnet oder gar beseitigt werden müssen, sondern daß wir sie neu bewerten und begreifen sollten, damit sie uns zu einem Verständnis unserer eigenen Vielfältigkeit und Kraft führen können. Und wenn sie neu zu definieren sind, dann muß sich das Bildungswesen damit auseinandersetzen, und die Bildungsinhalte müssen modifiziert werden.

Im Jahr 1938 verknüpfte Virginia Woolf die beiden Themen Krieg und Bildung unter dem gemeinsamen Nenner Männerherrschaft (*Three Guineas*). Sie fand, sie könne das bestehende Bildungssystem nicht unterstützen, weil es keine Abscheu vor dem Krieg vermittle und nicht versuche, in der Jugend die Bereitschaft zur Zusammenarbeit zu fördern. Vielmehr interpretiere es Unterschiede als bedrohlich und Eroberung als Lösung – denn durch diese könnten Unterschiede unterdrückt werden. Ihrer Auffassung nach war dies Männerbildung, und sie riet den Frauen, *außerhalb* dieser zu bleiben.

Ihre Analyse ist heute nicht weniger gut anwendbar, da Schulen und andere Bildungseinrichtungen im Kleinen praktizieren können, was die Nationen in großem Stil praktizieren, da Konkurrenz und nicht Kooperation die Losung des Tages ist, da Gewinnen höher geschätzt wird als ein gerechter Anteil und da Verschiedenheit als Mangel betrachtet wird. Es ist immer noch Männerbildung, und dieselben Schwächen, Beschränkungen und Ausbeutungen erfreuen sich immer noch der Wertschätzung. Virginia Woolf sagte, wenn dies die Zivilisation sei, die die Männer geschaffen hätten, dann sollten die Frauen »illoyal« sein. Adrienne Rich (1979) hat denselben Standpunkt vertreten. Frauen wollen, brauchen und verdienen etwas Besseres, und sie werden etwas Besseres erreichen. Frauen haben bereits angefangen, ihre Alternativen zu schaffen.

11
Frauenstudien: von Frauen geschaffen

Ende der sechziger Jahre begannen Frauen erneut, Betroffenheit über ihre Lage zu zeigen.[1] Fast spontan fingen Frauen in zahlreichen Ländern an, aus der Perspektive von Frauen Fragen über Frauen zu stellen, und sie begriffen allmählich, daß es keine ausformulierten Antworten gab (Joan Roberts, 1976). Über Frauen war generell wenig bekannt, aber was bekannt war, schien von Männern oder nach männlichen Kriterien formuliert worden zu sein. (Ein Großteil dessen, was Frauen in der Vergangenheit artikuliert hatten, war natürlich »verschwunden« und harrte noch der »Wiederentdeckung«.)

Immer mehr Frauen begannen, sich dessen bewußtzuwerden, daß sie »Doppelschichten« leisteten (wenn sie beispielsweise Verrenkungen ausführten, um innerhalb eines 24-Stunden-Tages bezahlte und unbezahlte Arbeit unter einen Hut zu bringen), und viele von uns empfanden dies nicht bloß als *ungerecht*, wir begannen auch zu begreifen, daß die Doppelschicht *unrealisierbar* ist. Wir konnten nicht gleichzeitig Superhausfrauen sein und unseren Familien ständig zur Verfügung stehen, uns als Putzfrauen, Einkäuferinnen und Köchinnen auszeichnen und den Standards des Werbefachmanns entsprechen *und* gleichzeitig voll berufstätig sein. Angesichts einer unmöglichen Aufgabe bleiben einem Menschen nicht viele Alternativen, zu diesen aber zählen die Optionen, sich »geschlagen zu geben« oder sich »selbst zu beschuldigen«, und Frauen haben diese beiden Optionen gewählt, statt die Aufgabe für unmöglich – und ungerecht – zu erklären.

Ende der sechziger Jahre aber (zum Teil als Reaktion auf Betty Friedans Buch *Der Weiblichkeitswahn, The Feminine Mystique*, das in Amerika 1963, in England 1965 und auf deutsch 1970 erschien) begannen wir, diese Fragen zu stel-

1 Es gibt mehr als eine Erklärung für das Wiedererstarken der Frauenbewegung zu diesem speziellen Zeitpunkt. Maren Lockwood Carden (1974) gibt in ihrem Buch einen Überblick.

len, und die Frauen, auf der Suche nach Verständnis und Aufklärung, wandten sich den traditionellen Wissenschaften – wie Soziologie, Psychologie, Wirtschaftswissenschaft, Geschichte – zu. Wir durchkämmten das konventionelle Wissen auf der Suche nach Beschreibungen und Erklärungen unserer Existenz. Sie waren aber nicht zu finden. *Unsere* Probleme waren nicht als Probleme wahrgenommen worden.

Was wir fanden, war, daß unsere Doppelschicht manchmal ein Problem für Männer darstellte. Wir fanden uns im Hinblick auf die Schwierigkeiten definiert, die wir verursachten, wenn wir unseren Familien nicht ständig zur Verfügung standen: Man hatte Untersuchungen über unsere erhöhte Anfälligkeit für Ehestörungen und Nervenzusammenbrüche durchgeführt, über die Belastungen, denen wir unsere Ehen durch unsere bezahlte Arbeit aussetzten, und über die Schwierigkeiten, in die wir unsere Kinder brachten. Oder wir stellten umgekehrt fest, daß wir ein Problem für die Arbeitgeber waren – weil wir ihnen nicht ständig zur Verfügung standen, wenn wir, auf uns allein gestellt, versuchten, die Aufgaben *beider* Elternteile zu erfüllen und kranke Kinder zu versorgen oder Lehrkräfte (während des Arbeitstages) aufzusuchen; oder auch selbst einzukaufen oder zum Zahnarzt zu gehen.

Wir waren in allen Wissenschaften vorhanden, soweit wir das Bewußtsein von Männern berührten, aber nicht um unserer selbst willen. Nirgends wurde unsere Existenz aus unserer Sicht dargestellt: Unsere Arbeit, die unbezahlt war, qualifizierte sich nicht einmal als ein »Thema« für die Untersuchung in der Soziologie, noch als ein »Faktum« in der Wirtschaftswissenschaft. Wir waren einfach nicht vorhanden.

Aus der Erkenntnis, daß wir in den Männerwissenschaften einfach nicht existierten, wurden die *Frauenstudien* geboren: Sobald wir begriffen hatten, daß wir in dem von Männern (oder nach Männerregeln) produzierten Wissen, das von Männern handelt, nicht vorkamen, wurden wir uns auch klar darüber, daß wir, wenn wir Wissen über Frauen aus der Perspektive weiblicher Existenz wollten, es selbst machen müßten.

Unsere Erkenntnisse kamen nicht über Nacht zustande.

Wir waren alle innerhalb der bestehenden wissenschaftlichen Strukturen aufgewachsen, man hatte uns gelehrt, innerhalb der Grenzen der Wissenschaftssparten zu verharren, die wir studierten, hatte uns in die Strukturen dieser Sparten eingeführt, und wir waren alle Produkte einer patriarchalischen Gesellschaft. Anfangs zögerten manche von uns, diese Sparten für Humbug zu erklären, es widerstrebte uns zu behaupten, daß sie uns individuell und kollektiv wenig nützten, um die Lage der Hälfte der Menschheit zu verstehen. Die ersten Proteste kamen aus diesen Wissenschaftssparten, aber sie überschritten rasch deren Grenzen.

In der Psychologie formulierte Naomi Weisstein ihre Kritik bereits 1968 (*Kinder, Küche, Kirche as Scientific Law: Psychology Constructs the Female*, New England Free Press, Boston). Die Autoritäten, die über Frauen befanden, waren Männer, bemerkt Weisstein (und erwähnt Bruno Bettelheim und Erik Erikson); »sie behaupten nicht nur, daß eine Frau durch ihre Fähigkeit definiert sei, Männer anzuziehen, sondern sie sehen auch keine alternativen Definitionen. Sie glauben, die Definition einer Frau in Kategorien eines Mannes sei ganz in Ordnung; und sie untermauern das mit psychosexuellen Beschwörungen und rituellen biologischen Bannflüchen. Eine Frau hat eine Identität, wenn sie attraktiv genug ist, um einen Mann und damit ein Heim zu ergattern; denn das ermöglicht es ihr, an ihre Lebensaufgabe – ›freudiger Altruismus und Fürsorglichkeit‹ – heranzugehen. Die *wahre* Natur einer Frau ist die einer glücklichen Dienerin« (Weisstein, 1971; S. 133–134), wenn wir den Männern glauben, die sich von uns bedienen lsssen.

»Die Psychologie hat nichts darüber zu sagen, wie Frauen wirklich sind«, erklärt Weisstein, »was sie brauchen und was sie wollen, vor allem deshalb, weil es die Psychologie nicht weiß« (S. 135). Frauen haben – als Frauen – keinen Beitrag zum akkumulierten Wissen geleistet. Aber das hat die Psychologen nicht davon abgehalten, auf ihre Kosten erhabene Weisheiten zu verkünden.

Jessie Bernard (1972), die Frauen durch das Prisma weiblicher Erfahrungen betrachtete, hat dokumentiert, daß die Ehe die Frauen krank macht, Phyllis Chesler (1974) aber gelang es auch zu zeigen, daß Psychologen Frauen krank machen – durch den sehr einfachen Vorgang, sie als krank zu definieren. Nachdem Psychologen und Psychiater (und die Heilberufe allgemein) davon ausgingen, daß der normale, gesunde Mensch ein Mann sei, konnten alle sich bei Frauen manifestierenden Unterschiede leicht als eine Abweichung von der Norm, »als Krankheit« interpretiert werden. »Die Ethik der geistig-psychischen Gesundheit ist in unserer Kultur männlich«, erklärt Chesler (1974; S. 65), was angesichts der Tatsache nicht überraschend ist, daß 90 Prozent der Psychiater, die zu entscheiden haben, was psychisch gesund ist und was nicht, Männer sind (S. 59). Chesler zitiert eine Untersuchung von Dr. Inge K. Broverman *et al.* (1970), bei der Psychiater aufgefordert wurden anzugeben, was sie für (a) einen gesunden Erwachsenen, (b) einen gesunden Mann und (c) eine gesunde Frau hielten. Es überrascht nicht gerade, daß sich der gesunde Erwachsene und der gesunde Mann durch ähnliche Eigenschaften auszeichneten, während die gesunde Frau große Ähnlichkeit mit einem ungesunden oder »kranken« Mann hatte.

Der gesunde Mann war aggressiv, unabhängig und energisch, Eigenschaften, die von Männern an Männern geschätzt werden: jede Frau, die diese erstrebenswerten Eigenschaften aufwies, war jedoch »ungesund«. Dem ungesunden Mann fehlten diese Eigenschaften, während die weniger aggressive, weniger unabhängige, weniger energische, weniger abenteuerlustige und weniger rationale Frau – ein Profil, das Männer für sich selbst weder schätzen noch wünschen – für gesund erklärt wurde! Auf diese Weise haben Männer »kranke« Frauen geschaffen, denn wenn Frauen dieselben Qualitäten aufweisen wie Männer, dann sind sie »krank«, und wenn sie andere Qualitäten aufweisen als Männer, dann sind sie ebenfalls »krank«. Um gesund zu sein, müssen Frauen sich an Verhaltensmuster »anpassen«, die als weniger erstrebenswert gelten und von Defiziten zeugen.

Die Psychologie war natürlich nur von geringem Wert für die Frauen, welche die Existenz von Frauen verstehen und erklären wollten. Psychologinnen begannen, mit Soziologinnen und Wirtschaftswissenschaftlerinnen (und Anthropologinnen und Medizinerinnen, Biologinnen und Historikerinnen) über den Bankrott der Psychologie zu sprechen, und in allen Wissenschaften kamen Frauen zu demselben

Urteil. Wir werden in diesen Wissenschaften nicht behandelt, und, was noch schlimmer ist, Männer benutzen diese Wissenschaften gegen uns, um uns ihre Interessen aufzuzwingen. Der Aufbau dieser Wissenschaften wurde als ein politischer Akt erkannt, der einem politischen Zweck dient: Das traditionelle Wissen mit seiner Aufgliederung in die traditionellen Wissenschaftssparten wurde als ein Mittel benutzt, um uns Frauen an unserem untergeordneten Platz zu halten.

Mit der Erkenntnis, daß das Wissen politischen Zwecken dient, geriet die Männerherrschaft unter Feuer. Aber ihre Gegenwehr war und ist immer noch ziemlich stark. Vielen Männern war es möglich, sich hinter den – von ihnen errichteten – Barrieren zu verschanzen, die sie als Wissenschaft, Objektivität und Wahrheit bezeichneten. Ein ganzes Waffenarsenal, das gegen Frauen benutzt werden konnte – und seit Jahrhunderten angehäuft worden war –, stand ihnen zur Verfügung, und aus ihren privilegierten und geschützten Stellungen heraus konnten viele »Autoritäten« erklären (und manchmal auch andere davon überzeugen), Frauen seien emotional und neurotisch und brächten in die geheiligten Reservate des Wissens »Politik« herein.

Zehn Jahre Frauenstudien haben jedoch dazu beigetragen, die Abwehrkräfte der Männerherrschaft zu erschöpfen. Fast jede Universität und Hochschule und viele Schulen in Großbritannien bieten jetzt Kurse in Frauenstudien an, in denen Frauen im Interesse von Frauen Wissen über Frauen hervorbringen. Und nach zehn Jahren ist es jetzt möglich, zu beschreiben und zu erklären, was Frauen da getan haben.

Frauenstudien sind insofern multidisziplinär beziehungsweise interdisziplinär, als sie nicht innerhalb der Grenzen einer existierenden, legitimierten Wissenschaftssparte angesiedelt sind. Wenn es je eine Sparte mit dem Titel »Analyse der Männerherrschaft« oder »Unterjochung durch das Patriarchat« gegeben hätte, dann wäre ein umfassender allgemeiner Bezugsrahmen vorhanden gewesen, innerhalb dessen Frauen Fragen hinsichtlich ihrer eigenen Existenz hätten stellen und beantworten können. Dies ist die Dimension, die in allen traditionellen Wissenschaften fehlt, und der Grund, warum wir diese zusammenfassend als *Männerstudien* bezeichnen können, denn dies sind die Wissenszweige, die sich entwickelten, als die Männer darangingen, die Probleme von Männern aus der Perspektive von Männern aufzugreifen, zu behandeln und weiterzuentwickeln. Wenn die Frauenstudien eines Tages so alt und etabliert sind wie die Männerstudien heute, dann werden sie vielleicht ebensoviele unterschiedlich aufgegliederte und benannte Sparten haben. Aber im Augenblick sind die Frauenstudien eher ein einziges, einigendes Streben nach Erkenntnis – gewöhnlich Philosophie genannt –, so wie es existierte, bevor sich die verschiedenen wissenschaftlichen Disziplinen davon abspalteten. In gewissem Sinne sind die Frauenstudien *prädisziplinär*.

Dies ist zum Beispiel einer der Gründe, warum die Stimmen von Aphra Behn und Mary Wollstonecraft heute trotz der Tatsache, daß sie vor Hunderten von Jahren lebten, so klar zu uns sprechen. Denn obwohl sich die heutigen Wissenschaftssparten in diesem Zeitraum von der Philosophie trennten, ist es für Frauen so, als hätte es diese Entwicklungen nie gegeben. Wir haben keine »Fortschritte gemacht«, sondern stellen immer wieder innerhalb desselben Bezugsrahmens dieselben fundamentalen Fragen. In den inzwischen verflossenen Jahren sind die Gründungsväter der heutigen Wissenschaftssparten alle ihrer patriarchalischen Wege gegangen und haben einen riesigen und komplexen Wissensfundus entwickelt, der bestenfalls von der Nichtexistenz der Frauen ausgeht, häufiger aber aktiv gegen sie eingesetzt wurde und ein Instrument zur Erklärung und Rechtfertigung unserer Unterjochung darstellte.

Den auf ein stattliches Maß angewachsenen Bildungsgütern der Männer haben wir die vor kurzem ins Leben gerufenen Frauenstudien entgegengesetzt, die die Themen an dem Punkt wieder aufgreifen, an dem die Frauen vor hundert, zweihundert, dreihundert und mehr Jahren die Auseinandersetzung mit ihnen abbrachen. Die Aufgabe, der wir gegenüberstehen, eine tragfähige frauenzentrierte Alternative zu schaffen, ist gigantisch angesichts des ungeheuren Vorsprungs der Männerstudien, dennoch wurden bereits spektakuläre Fortschritte erzielt; in jeder Wissenschaftssparte sind die vorhandenen Mängel bloßgelegt und ist das Problem der Männerherrschaft in den Mittelpunkt gerückt worden (Spender, 1981).

Aber nicht nur in Hinblick auf den *Inhalt* sind Fortschritte erzielt worden: Durch die Ausgestaltung der Frauenstudien zu einer eigenen »Sparte« wird gleichzeitig auch der Vorgang der Wissensfabrikation, wie er sich innerhalb des patriarchalischen Bezugsrahmens vollzieht, in Frage gestellt.

Dies war nicht unbedingt das Ergebnis einer bewußten Entscheidung seitens der Frauen. Als wir Ende der sechziger und Anfang der siebziger Jahre erkannten, daß die einzige Möglichkeit, an authentische Erkenntnisse über Frauen heranzukommen, darin besteht, diese selbst zu entwickeln, waren sich nur wenige von uns der Bedeutung der Schritte bewußt, die wir unternahmen. Wir waren uns einig darüber, daß Frauen als einzige legitimiert seien, über Frauen Aussagen zu machen, und wir begannen, einander unsere eigenen Erfahrungen mitzuteilen und unsere Erkenntnisse und Einsichten zusammenzutragen. Und weil keine Experten vorhanden waren, weil wir oft nicht einmal die Beiträge unserer Vorfahrinnen kannten, weil wir glaubten, »am Nullpunkt zu beginnen«, sammelten wir die Erfahrungen *aller* Frauen und akzeptierten sie als gültig. Ebenso wie es die Männer seit Jahrhunderten gemacht haben, begannen wir, einander zu befragen, uns über Ähnlichkeiten und Unterschiede auszutauschen, Erkenntnisse zu verifizieren und zu erhärten, und schließlich gelangten wir zu einem Konsens über die Parameter und Realitäten weiblicher Existenz im Patriarchat. Aber anders als die Männer hatten wir keine überlieferte Tradition, innerhalb derer wir uns bewegten. Es gab keine »Regeln«, die zu befolgen waren, keine Experten, denen wir uns zu beugen hatten, keine bereits vorhandenen Modelle, an die wir uns halten mußten. Es gab keine anerkannten Kapazitäten, die ihr Renommee in eine bestimmte Theorie investiert hatten und uns zu bewegen suchten, die Dinge mit ihren Augen zu sehen. Kurz, es gab keine Hierarchie.

Da keine Experten, Lehrgänge, Bücher, Modelle und Theorien existierten, waren wir alle einander gleichgestellt. Keine hatte einen Wissensvorsprung, keine hatte Zugang zu privilegierteren Formen der Erkenntnisgewinnung; es konnte keine Aufteilung in Lehrerinnen und Schülerinnen geben, denn wir alle waren an demselben Prozeß beteiligt, Wissen über Frauen zu entwickeln, und dieses Unterfangen betrieben wir im Geist der Kooperation, nicht der Konkurrenz. Im Gegensatz zum traditionellen Modell des Lehrens und Lernens (das in der Sparte Pädagogik im allgemeinen nicht in Frage gestellt wird), bei dem von einem Wissensfundus ausgegangen wird und Lehrpersonen als diejenigen angesehen werden, die damit vertraut sind und dieses Wissen an abhängige Schüler vermitteln, wobei die Lehrpersonen aufgrund ihrer Sachkunde entscheiden, was richtig ist und was nicht, mußten wir mit der Prämisse beginnen, daß wir alle gleich sind und daß das Wissen aller Frauen über ihre Existenz als Frauen Gültigkeit besitzt. Es konnte keine Aufteilung in Lehrerinnen und Schülerinnen im konventionellen Sinn geben, und deshalb konnte es auch keine privilegierte oder autoritative Gruppe geben, die zu bestimmen hatte, daß die Erkenntnisse mancher Frauen gültig seien, die anderer Frauen hingegen nicht. Es konnte keine »richtigen« Antworten geben, und wir mußten lernen, mit unserer eigenen Verschiedenheit zu leben. Unsere Theorien, unsere Beschreibungen und Erklärungen mußten imstande sein, die Skala der Erfahrungen *aller* Frauen zu berücksichtigen.

Wir mußten lernen, mit Ambivalenz und Widersprüchen zu leben, zu akzeptieren, daß es nicht eine einzige richtige, »objektive« Antwort gibt, sondern viele Erklärungen für viele Phänomene. Sensibilisiert, wie wir für die Frage der Ausschließung und Unsichtbarkeit waren, konnten wir nicht dieselben Fehler machen wie die Männer, eine »Norm« anzunehmen und all jene zu bestrafen, die dieser nicht entsprachen. Wir durften das Risiko nicht eingehen, manche Frauen auszulassen und ihre Erfahrungen aus Gründen des Besitzes, der ethnischen Zugehörigkeit, des Alters oder der sexuellen Präferenz zu leugnen. Wenn wir Beschreibungen und Erklärungen über die Existenz von Frauen haben wollten, dann mußten wir *alle* Frauen in den Bezugsrahmen einschließen, *alle* mußten ein Rederecht haben und berücksichtigt werden.

Für viele von uns, die mit patriarchalischen Modellen aufgewachsen waren, erhob dieser neue Bezugsrahmen viele Ansprüche. Er war nicht monolithisch, nicht sauber und ordentlich, er konnte weder durch traditionelle Mittel getestet noch durch traditionelle Methoden bestätigt werden. Wir konnten keine apodiktischen Aussagen machen, nicht die

»Fakten« präsentieren, denn unser Selbstverständnis gestattete uns nicht, solche absoluten Behauptungen aufzustellen. Wir waren mißtrauisch gegenüber apodiktischen Aussagen und desillusioniert von »Fakten«, die sich als »Halbwahrheiten« erwiesen hatten. Wir wollten bessere Erkenntnisse, Erkenntnisse, die zutreffender und glaubwürdiger waren und die *menschliche* Erfahrungen einschlossen und nicht nur einen *Ausschnitt* davon.

Im Rahmen der Frauenstudien haben wir bereits begonnen, den Wert der Vielfalt schätzen zu lernen, statt diese rangmäßig einzustufen. Wenn die Erfahrungen aller Frauen als gültig akzeptiert werden, dann können die Unterschiede nicht dazu benutzt werden, um Mängel und Unzulänglichkeiten zu ermitteln. Beim Aufbau der Frauenstudien haben wir, manchmal vielleicht unbeabsichtigt, die hierarchischen Grundlagen des Bildungswesens unterminiert und an der Gestaltung eines neuen Bildungsmodells mitgewirkt, das nicht von der »Sachkunde« einiger weniger und der blinden Gefolgschaft der vielen abhängt. Durch unser eigenes Handeln haben wir angefangen, viele der Stützen zu demontieren, auf denen die Männerherrschaft ruht.

Indem wir demonstrierten, daß alle, die an den Frauenstudien mitwirken, Wissen *produzieren* können und keine abhängigen Empfängerinnen sind, die darauf warten, Wissen *übermittelt* zu bekommen, haben wir einige der Grundpfeiler des Bildungswesens und der männlichen Vormachtstellung ins Wanken gebracht. Die meisten von uns sind fest entschlossen, diese Arbeit fortzusetzen.

Die Pädagogik als Wissenschaftssparte leistet unseren Bemühungen natürlich weiterhin Widerstand (und sie ist keinesfalls die einzige), sie leugnet unsere Leistungen und diskreditiert unsere Verfahrensweisen, zum Teil, weil es keine von Männern gebilligten Verfahrensweisen sind, zum Teil aber auch, weil sie subversiv für die pädagogische Theorie und Praxis insgesamt sind. Wenn Menschen ihr eigenes Wissen *produzieren* können, welche Rolle bleibt dann den Erziehungswissenschaftlern? (Wenn wir Frauen unsere eigenen Erkenntnisse hervorbringen können, wie können wir dann in Abhängigkeit von Männern und dem von ihnen fabrizierten Wissen gehalten werden?)

Idealerweise sind Frauenstudien das Produkt von Frauen

in einem kooperativen Kontext: Ich sage idealerweise, denn in der Praxis waren in den von Männern beherrschten Bildungseinrichtungen, wo die Frauenstudien Fuß faßten, viele Konzessionen nötig. Im Rahmen der Frauenstudien ist der Führerbegriff in Frage gestellt worden, und wie Joan Cassell (1977) behauptet, bestehe Konsens darüber, daß, obwohl es zugegebenermaßen »Führerfiguren« gebe, diese Führer/innen ihre Macht und ihren Einfluß dazu benutzen sollten zu erreichen, daß *alle* Mitglieder einer Gruppe Führer/innen werden können. Dieses Konzept unterscheidet sich grundlegend vom bisherigen: Wenn alle Führer/innen sein können, dann gibt es keine unveränderlich definierte Gruppe von Geführten mehr und keine statische Struktur der Unterordnung. Die patriarchalische Gesellschaftsordnung beginnt zu zerbröckeln. Unser Schulsystem aber ist immer noch darauf angelegt, eine diskriminierende Rolle zu spielen, wenn es heißt, die Führer von den Geführten zu trennen, die Herrschenden von den Beherrschten und die »Besitzenden« von den »Habenichtsen«, und unser Schulsystem setzt immer noch die Bedingungen fest, unter denen viele Seminare und Kurse in Frauenstudien abzulaufen haben. In den letzten zehn Jahren sind Kompromisse geschlossen worden, die von denen verantwortet werden müssen, die sie eingegangen sind; uns ist wahrscheinlich besser gedient, wenn wir zu diesen Entscheidungen Vertrauen haben, als wenn wir Kritik üben. Wenn wir Frauen Zugang zu den Kreisen gewinnen wollen, in denen Politik gemacht wird, dann müssen wir sowohl »drinnen« sein als auch außerhalb dieser arbeiten.

Nur im Rahmen der von Frauen gestalteten und frauenzentrierten Frauenstudien wird es uns gelingen, alternative Erkenntnisse zu gewinnen und unsere alternative Vergangenheit zu rekonstruieren.[1] Und diese Aufgaben sind höchst wichtig für uns, denn mit ihrer Hilfe werden wir imstande sein, unsere Unterdrückung zu identifizieren und zu analysieren und Veränderungen zu bewirken. Frauenstudien sind Frauenbildung, und wenn wir nicht die Erfahrungsmuster der Vergangenheit wiederholen wollen, in naher Zukunft in Vergessenheit zu geraten und erst im

1 Damit will ich keinesfalls sagen, diese Arbeit könne nur im Rahmen bestehender Institutionen getan werden: Wir brauchen im Gegenteil die ständigen Denkanstöße, die von Frauengruppen *außerhalb* der Institutionen ausgehen.

21. Jahrhundert wieder ans Licht zu kommen, wenn wir nicht wollen, daß Frauen dann ein weiteres Mal die Arbeit in Angriff nehmen müssen, an der wir heute mitwirken und an der sich unsere Vormütter in der Vergangenheit immer wieder beteiligt haben, dann müssen wir die Frauenstudien fortsetzen. Sie sind das Mittel, durch das die Männerherrschaft über das Bildungswesen gebrochen werden wird. Und ich glaube, daß Frauen so lange unterdrückt bleiben werden, solange die Männer die Kontrolle über das Wissen innehaben.

Damit will ich nicht sagen, mit den Frauenstudien stünde alles zum Besten. Sie sind innerhalb der Gesamtstrukturen männlicher Vorherrschaft angesiedelt; unsere Beschreibungen und Erklärungen wurzeln häufig immer noch in patriarchalischen Erkenntnissen, denn wir können nicht innerhalb von zehn Jahren einen völlig neuen Katalog kultureller Bedeutungen hervorbringen (da den Männern Jahrhunderte zur Verfügung standen, um den ihren zu schaffen), und wir können nicht alle auf der Stelle resozialisiert werden und eine neue, gebrauchsfertige Realität hervorbringen. Außerdem stellen wir *tatsächlich* eine Bedrohung für die bestehende Ordnung dar, und wir sollten daher damit rechnen, daß Versuche unternommen werden, uns unter Kontrolle zu bringen – nicht notwendigerweise, indem man uns diffamiert, sondern möglicherweise, indem man uns absorbiert. Frauenstudien könnten aufhören, das Werk von Frauen und frauenzentriert zu sein, sie könnten unter männliche Kontrolle geraten und ein weiteres akademisches Lehrfach nach dem gleichen Muster wie die anderen konventionellen Fächer werden. Sie könnten so hervorragend den männlichen Interessen dienen, denn man könnte uns dann erklären, Frauen würden gesondert bedient und hätten ihren eigenen kleinen spezialisierten Bereich, eine Fußnote der männlichen Geschichtsschreibung. Und dann wären wir wieder am gleichen Punkt wie die Nachkommen von Aphra Behn, die Latein und Griechisch lernen durften, und die Nachkommen von Mary Wollstonecraft, denen schließlich der ungehinderte Zugang zur Männerbildung eröffnet wurde: wir hätten wenig gewonnen.

Bei den Frauenstudien geht es nicht nur darum, die männliche Geschichtsschreibung um einige Frauen zu ergänzen.

Es geht nicht darum, die Männergeschichte der »großen Männer« um einige »große Frauen« zu bereichern. Es geht darum, die Geschichte als solche in Frage zu stellen, darüber zu sprechen, warum nur die »Großen« des Studiums wert gewesen sind und nach welchen Kriterien sie für groß gehalten wurden. Es geht darum, die Erfahrungen der Unterdrückten zu untersuchen und nicht bloß die der Unterdrükker. Im Zentrum von Theorie und Praxis der Frauenstudien (wie Florence Howe, 1977, sagte, eine falsche Unterscheidung, weil beides oft miteinander identisch sei) steht das Thema der Herrschaft, und Forschungen, die dies nicht zu einem zentralen Anliegen machen, wären kaum als *Frauen*studien zu rechtfertigen, denn dies ist der zentrale – und uns einigende – Aspekt des Lebens der Frauen in einer patriarchalischen Gesellschaft.

Wenn »große Frauen« in die Geschichtsbücher aufgenommen und in literaturwissenschaftlichen Seminaren Autorinnen studiert werden, wenn sich die Soziologie der Arbeit mit Frauenarbeit befaßt, wenn die Anthropologie Sitten und Gebräuche von Frauen untersucht und wenn die Beiträge von Frauen zu den Naturwissenschaften anerkannt werden, dann werde ich Zustimmung äußern, denn es ist unbestreitbar, daß Frauen präsent sein sollten, wenn sie gleichwertige Leistungen wie die Männer erbracht haben. Aber ich klassifiziere dies nicht als Frauenstudien, und ich werde den Kampf um unsere Menschenrechte nicht für gewonnen halten, wenn unsere Anstrengungen mit der Aufnahme bestimmter »positiver« Frauenbilder in den Lehrplan abgebrochen werden. Die Frauen werden dann lediglich nach männlichen Kategorien einen gewissen Terraingewinn erzielt haben, unserem Ziel aber, unsere Autonomie zu verwirklichen und die Kontrolle über unsere eigene Bildung (zumindest zur Hälfte) selbst in die Hand zu nehmen, werden wir nicht nähergekommen sein. Erst wenn Frauen bei der Gestaltung der Bedingungen gleichberechtigt mitentscheiden können, werden wir über unsere eigene Bildung verfügen und von Chancengleichheit sprechen können. Und um das zu erreichen, müssen wir Wissen über die Art und Weise sammeln, wie Männer in ihrem eigenen Interesse die Kontrolle über das Bildungswesen ausüben; dies ist eine ganz andere Aufgabe, als das Bildungswesen der Männer mit Frauen anzureichern. Es wird bedeuten, daß sich sowohl die Männerbildung als auch die Frauenbildung radikalen Veränderungen unterziehen muß.

Wenn die Erkenntnisse von Männern und die von Frauen gleichberechtigt nebeneinander existieren sollen (und es scheint mir keinen anderen Weg zu geben, um die Gleichberechtigung zu verwirklichen), dann werden viele der Erkenntnisse von Männern modifiziert werden müssen. Auf einer sehr fundamentalen Ebene werden die Männer das Konzept der Objektivität aufgeben müssen, das sie geschaffen und für sich selbst in Anspruch genommen haben, und sie werden die Beschränkungen ihrer eigenen Subjektivität akzeptieren müssen; das entkleidet sie zwangsläufig eines Großteils ihrer angemaßten Autorität und Vorherrschaft und ermöglicht es, sie in einer bisher nicht gekannten Weise in Frage zu stellen. Wenn es »Männerwahrheiten« gibt, die auf männlicher Subjektivität basieren, und »Frauenwahrheiten«, die in weiblicher Subjektivität wurzeln, dann liegt es auf der Hand, daß es mehr als eine »Wahrheit« geben muß, und dies muß anerkannt und in Rechnung gestellt werden. Keine einzelne Gruppe verfügt dann über privilegierte Mittel, um geleistete Arbeit zu erkennen und zu interpretieren, und keine einzelne Gruppe wird Gelegenheit haben, ihre privilegierten Nachfolger nach ihrem eigenen Bild zu wählen, ob dies nun auf Geschlecht, Volkszugehörigkeit oder Klasse beruht.

Ein Großteil dessen, was heute gewußt, gelehrt und gelernt wird, dürfte dann nicht mehr nützlich, sondern vielleicht sogar schädlich oder aber komisch sein – wie so vieles, was in der Vergangenheit gewußt, gelehrt und gelernt wurde. Denn die von Frauen gestalteten und frauenzentrierten Frauenstudien stellen schon allein durch ihre Existenz eine Herausforderung für die Männerstudien dar und weisen nicht nur auf deren Grenzen, sondern auch auf deren Unterdrückungspotential hin.

Der Kampf ist schon zur Hälfte gewonnen. Es gibt die Frauenstudien, die sich mit der Männerherrschaft auseinandersetzen, ja sie gedeihen, obwohl sie noch nicht eine ebenso tragfähige Option anbieten können beziehungsweise zu den gleichen Bedingungen mit den Männerstudien koexistieren. Daß Bücher wie dieses geschrieben (und veröffentlicht) werden können, zeugt von der Stärke der Bewegung, aber es sollte nicht als ein »Erfolg« angesehen werden. Wenn morgen die »Nachfrage« nach Büchern über Männerstudien zurückgehen sollte, dann würde man dies als eine Rezession bezeichnen – wenn aber das Interesse für die Frauenstudien abnähme, dann würde man darin eine Rückkehr zum Normalzustand sehen – die gegenwärtige »Mode« wäre dann vorüber. Viele »erwarten« eine solche Entwicklung und sind in der Lage, dazu beizutragen, daß ihre Erwartungen wahr werden.

12
Frauenbildung

Einen Gegensatz zu den Museen, den Bibliotheken, den Universitäten und anderen Bildungseinrichtungen, in denen das gesammelte Wissen der Männer untergebracht ist, bilden die wenigen, kleinen und unterfinanzierten Zentren, wo das Wissen der Frauen – das als Ausgangspunkt für die Frauenbildung dienen könnte – gepflegt wird. Die Gebäude, in denen dieses Wissen untergebracht ist, sind das Gegenteil von grandios und imposant. Da gibt es zum Beispiel versteckt in einer Ecke im Souterrain des Polytechnikums in London die Fawcett-Library (und wir müssen froh sein, daß sie da Unterschlupf gefunden hat, denn die Sammlung war viele Jahre lang »unbehaust« und in großer Gefahr unterzugehen, da sie in vielen Kisten in zahlreichen Kellern verstreut lagerte). Es gibt in England auch noch andere Zentren, die in ebenso bescheidenen und kostengünstigen Gebäuden untergebracht sind – wie das *Women's Research and Resources Centre* über dem *Sisterwrite Buchladen*. Sie sind bezeichnend für den Mangel an finanziellen Mitteln, unter dem Frauen leiden, und für deren Randständigkeit, aber sie zeugen auch von ihrer Widerstandskraft und ihrem Einfallsreichtum.

Geldmangel und Marginalität sind charakteristisch für die Frauenbildung. Bei ihrem Besuch der Newnham und Girton Colleges in Cambridge (1928) sprach Virginia Woolf von der »tadelnswerten Armut unseres Geschlechts« (siehe *A Room of One's Own*, 1974; S. 22), als sie die Frauencolleges mit denen der Männer verglich. Sie erwähnte die Großartigkeit der Männercolleges, tief beeindruckt von all den »Zimmerleuten, die so viele Jahre hindurch auf dem Dach der Kirche gewesen waren, und von den Königen und Königinnen und Adligen, die Säcke voll Gold und Silber auf ihren Schultern trugen«. Selbst »die großen Geldmagnaten unserer eigenen Zeit kamen« und hinterlegten »Schecks und Schuldverschreibungen«, schreibt sie, damit diese großen Bauwerke errichtet werden konnten. Aber wie steht es mit dem

Frauencollege?, fragt sie, »was liegt unter seinen stattlichen roten Klinkerziegeln und dem wilden ungepflegten Gras des Gartens? Welche Kraft steckt hinter dem schmucklosen Porzellan ... dem Eierrahm und den Backpflaumen?« (S. 21.)

Dieselben Fragen können wir heute stellen, wenn wir uns anschauen, über welche Mittel die Institutionen und das Wissen der Männer verfügen und wie nahe an der Armutsgrenze die Organisationen und Bildungseinrichtungen der Frauen dahinkrebsen, niemals frei von den Sorgen und Spannungen, die die stets gegenwärtige Frage begleiten: »Werden wir durchkommen?« Weitgehend abhängig von freiwilligen Helferinnen, außerstande, hohe Löhne zu zahlen, häufig damit beschäftigt, Informationen untereinander »auszutauschen« (statt sie zu verkaufen und dadurch Einnahmen zu erzielen), sind viele der mit Frauenbildung befaßten Zentren in einer »Armutsfalle« gefangen. So muß beispielsweise das *Women's Research and Resources Centre* gegenwärtig viele seiner kostbaren Arbeitsstunden dafür aufwenden, Stiftungen und andere Geldgeber um Mittel anzugehen und Methoden der Spendenakquisition zu entwikkeln. Und es ist vollkommen klar, daß solche Zentren, solange sie ihre Zeit mit diesen Tätigkeiten vergeuden, keine Informationen über Frauen produzieren und vermitteln – außer insofern, als sie unsere finanzielle Ungeschütztheit dokumentieren.

Die Männer haben das Geld, und sie haben es zum Teil dazu benutzt, ihr eigenes Wissen über sich selbst, das sie in einem günstigen Licht erscheinen läßt, zu begründen, zu finanzieren und zu fördern. Auch Frauen brauchen Geld – nicht um seiner selbst willen oder um einschüchternde Monumente und Tempel der Wissenschaft zu errichten, sondern um frei von ständigen Sorgen zu sein, frei, sich der Aufgabe widmen zu können, Wissen über Frauen hervorzubringen und zu verbreiten. In Gedanken darüber, was »hätte sein können«, bemerkte Virginia Woolf etwas wehmütig: Wenn unsere Mütter und deren Mütter vor ihnen nur die große »Kunst des Geldverdienens gelernt hätten und ihr Geld, wie ihre Väter und Großväter vor ihnen, für die Gründung von Lehrstühlen und Lektorenstellen und Preisen und Stipendien hinterlassen hätten, die dem Gebrauch durch ihr eigenes Geschlecht vorbehalten sind«, dann wäre heute alles ganz anders (S. 23). Woolf räumt auch ein, daß es viele von uns heute gar nicht geben würde, wenn unsere Mütter und Großmütter ausschließlich mit dem Geldverdienen beschäftigt gewesen wären. Und sie räumt ein, daß wir vielleicht gar keinen »Gewinn« daraus gezogen hätten, wenn sie es getan hätten.

Da gibt es noch eine andere Schwierigkeit, denn für unsere Vormütter war es unmöglich, Geld zu verdienen, und »wäre es möglich gewesen«, so verweigerte ihnen doch das Gesetz, »das Geld, das sie verdienten, auch zu besitzen. Erst in den letzten 48 Jahren«, schreibt Woolf, sei es den Frauen erlaubt gewesen, selbst einen Groschen zu besitzen, und verglichen mit den Männern sei dies eine sehr kurze Zeit, um Reichtümer anzusammeln. »Durch alle Jahrhunderte davor wäre es Eigentum ihres Mannes gewesen«, und dies mag Frauen von dem Versuch abgehalten haben, überhaupt Geld zu verdienen. »Jeder Pfennig, den ich verdiene, mögen sie sich gesagt haben, wird mir weggenommen werden und es wird nach der Weisheit meines Mannes darüber verfügt werden – vielleicht, um eine Studienstiftung zu gründen oder in Balliol oder King's einen Lehrstuhl einzurichten, so daß Geldverdienen, selbst wenn ich Geld verdienen könnte, eine Sache ist, die mich nicht sonderlich interessiert. Das überlasse ich lieber meinem Mann.« (S. 24.)

In *Three Guineas* (1938) setzt Virginia Woolf ihren Angriff auf die Männerbildung fort und arbeitet erneut den Gegensatz zwischen den Finanzmitteln heraus, die für die Männerbildung einerseits und für die Frauenbildung andererseits zur Verfügung stehen. Sie weist auf die Tatsache hin, daß in der Geschichte so viel Geld in die Erziehung von Jungen investiert wurde und so wenig in die Erziehung von Mädchen; in der Tat waren von der Vergangenheit bis heute viele Mädchen gezwungen, im Interesse der Ausbildung ihrer Brüder »Opfer« zu bringen. Heute kann man immer noch viele finden, die behaupten, Bildung sei für einen Jungen wichtiger, und angesichts beschränkter Mittel werde das Geld besser für einen Jungen aufgewendet. Diese Argumentation herrscht sogar bei den örtlichen Schulbehörden vor, die, wie Eileen Byrne nachgewiesen hat, mehr Geld für die Bildungseinrichtungen der Jungen zur Verfügung stellen als für die der Mädchen.

Selbst diejenigen, die gern das falsche Argument vorbringen möchten, Frauen hätten ja keine Forderungen nach einem eigenen Bildungsweg erhoben, könnten sehr rasch »korrigiert« werden. Seit Jahrhunderten haben Frauen versucht, sich einen eigenen Platz zu organisieren, an dem sie die Bedingungen ihrer eigenen Existenz erforschen und erklären konnten. Schon 1694 trat Mary Astell (über die natürlich sehr wenig bekannt ist) in England für die Gründung eines Frauencollege ein; Virginia Woolf schreibt: »Dieser hartnäkkige und vielleicht gottlose Wunsch war in ihr lebendig; sie schlug tatsächlich die Gründung einer Hochschule für Frauen vor. Was beinahe ebenso bemerkenswert ist, die Prinzessin Anne war bereit, zu den Kosten 10000 Pfund beizutragen – über eine so beträchtliche Summe zu verfügen, war damals und ist in der Tat auch heute noch ungewöhnlich für eine Frau. Und dann – stoßen wir auf ein sowohl historisch als auch psychologisch höchst interessantes Faktum; die Kirche intervenierte ... das Geld ging woanders hin: das College wurde niemals gegründet.« (*Three Guineas*, 1977; S. 47.)

Wenn Frauen Geld hatten und es für Bildungszwecke ausgaben, dann taten sie es für Männer, wie Woolf bemerkt. Da war »die Countess von Pembroke, die Pembroke gründete, die Countess von Clare, die Clare gründete; Margaret von Anjou, die Queens gründete; die Countess von Richmond und Derby, die St. John's und Christ's gründete« (S. 51). Aber wer gründete die Frauencolleges? Welche Wohltäter statteten sie aus?

Als endlich die Frauencolleges an die Reihe kamen, scheint nur noch wenig im Geldsäckel übrig gewesen zu sein. Ein so geringer Betrag wurde benötigt, und so wenig wurde gespendet. Schon damals waren die Frauen auf »Freiwillige« angewiesen, frau hat Spendensammlungen organisiert und bei kleinen privaten Geldgebern gebettelt. Wir sehen den Kampf rein weiblicher Bildungsstätten um ihr Überleben – und heute erleben wir, daß manches dieser selben Frauencolleges, manchmal wieder aus »wirtschaftlicher Notwendigkeit«, »zur Koedukation übergeht«. Es gibt viele Gründe, warum wir dies bedrückend und beunruhigend finden.

Während des ganzen 19. Jahrhunderts gab es zahllose

Frauen, die es für wünschenswert hielten und von der Notwendigkeit überzeugt waren, daß Frauen die Kontrolle über ihr eigenes Bildungswesen von den Schulen bis zu den Hochschulen ausüben. Trotz vieler und vielgestaltiger Hindernisse, von Geldmangel bis zu offener Feindseligkeit und Obstruktion, kämpften Frauen darum, Zentren der Frauenbildung zu schaffen, die frei von männlicher Kontrolle sein sollten. Wenn wir die Szene heute überblicken, müssen wir zugeben, daß auch hundert Jahre später die Träume dieser Frauen noch nicht verwirklicht worden sind. Wir könnten sogar gezwungen sein zuzugeben, daß trotz der erhöhten Zahl von Frauen, die Zugang zur Männerbildung gefunden haben, die Lage in Hinblick auf ein eigenes, von Frauen kontrolliertes Bildungswesen nicht besser, sondern schlechter geworden ist. Ganz gewiß ist es kein Bereich, der finanziell gesichert ist.

Das Wissen, das durch die andersartigen Erfahrungen der Hälfte der Angehörigen unserer Gesellschaft zustande kommt, wurde mit einem Budget produziert, das die meisten Bildungsplaner als »unmöglich« bezeichnen würden; das sagt etwas über die »Kosteneffektivität« der männerbeherrschten Institutionen, aber es sagt auch etwas über die Initiative und Energie der Frauen, die mit so geringen Mitteln so viel zustande gebracht haben.

Es gibt einen unerhörten Bedarf und eine große Nachfrage nach diesem Wissen über Frauen; die traditionellen Bildungseinrichtungen aber zögern, den Raum zur Verfügung zu stellen, in dem es entwickelt werden kann, mit dem Resultat, daß ein Großteil davon in Gruppen außerhalb der traditionellen Strukturen erzeugt wird.

In der ILEA gibt es zum Beispiel viele Lehrerinnen, die verzweifelt nach Lehrmaterial über Frauen suchen, ihr Bedarf wird aber vom *Learning Materials Service* (mit seinem Jahresbudget von zwei Millionen Pfund) nicht gedeckt, ja nicht einmal zur Kenntnis genommen. Zahlreiche Frauen haben angefangen, ihre eigenen Gruppen zu bilden, um Lehrmaterial zu entwickeln (wie die *North London Women in Education Group*), aber auch sie haben mit enormer Geld- und Zeitknappheit zu kämpfen. So viele der Instanzen, deren Aufgabe es eigentlich wäre, die Lehrkräfte in den Schulen zu unterstützen, fahren fort, männlichen Interessen zu dienen; und auch hier sind Frauen oft genötigt, zwei Jobs auszufüllen (den Lehrstoff herstellen *und* unterrichten), während sich die Männer mit einem begnügen.

Am *Women's Research and Resources Centre* trafen so viele Bitten von Schülerinnen um Informationen über Frauengeschichte ein, daß die dort Tätigen zu dem Schluß kamen, es sei billiger, eine Broschüre herauszugeben und sie kostenlos zu verteilen, als die vielen, vielen Stunden aufzuwenden, um die ungeheure Zahl der Anfragen einzeln zu beantworten. Auf diese Weise entstand *Women with a Past: A brief account of some aspects of women's history in Britain in the 19th and 20th centuries* (von Annmarie Turnbull, Anna Davin und Patricia de Wolfe), illustriert mit Cartoons. Eine kleine Broschüre (zum Preis von 70 Pence für Erwachsene) steht gegen, wie es auf dem Umschlag heißt, »tausend Dinge, die Männer getan haben: Geschichte von Cäsar bis Churchill«. Eine Broschüre, hergestellt nach den Anforderungen der bezahlten Arbeit und vor den Anforderungen der Lebenserhaltung, produziert mit einem Minibudget und unter all den zusätzlichen Belastungen, die eine solche Arbeit mit sich bringt (wie die, die billigste Druckerei ausfindig zu machen).

Nicht nur die Schülerinnen treten mit Anfragen an das *Women's Research and Resources Centre* heran: Das Zentrum wird manchmal derart mit Anfragen überschwemmt, daß es sich mit dem schwierigen Problem auseinandersetzen muß, ob es fortfahren soll, diesen Bedürfnissen zu genügen (und andere Tätigkeiten zu vernachlässigen, wie die Organisation von Gesprächsforen und Seminaren, die Verfolgung der laufenden Forschung und das Koordinieren von Informationen – die alle gleichermaßen nötig wären) oder ob es sich damit abfinden soll, daß die Aufgabe wegen ihres Umfangs unerfüllbar wird.

Unter den Anfragen sind solche von Lehrkräften, die mehr über Frauenstudien wissen möchten und Lehrveranstaltungen über Frauen einführen wollen, die aber Informationen brauchen, wo und wie sie ansetzen sollen. Sie haben sich an das WRRC gewandt, weil es keine andere Anlaufstelle zu geben scheint. In dem gesamten von Männern kontrollierten Bildungssystem Großbritanniens können sich Lehrkräfte nirgends über die Möglichkeiten des Unterrichts über Frauen informieren: es gibt keine Lehrerausbildung in diesem Bereich.

Was Frauen in London für sich organisieren, ist charakteristisch für die Entwicklungen in vielen anderen Teilen des Landes. Zum Teil als Reaktion auf die Bedürfnisse praktizierender Lehrkräfte aller Ebenen ist die *Women's Education Group* (WEdG) gegründet worden, um Forschungsarbeiten zu koordinieren und selbst zu leisten (sowie um als Lobby zu fungieren). Sie hält regelmäßige zweiwöchige Seminare ab, die fast beschämend gut besucht sind. Die *Feminist Education Group* hält seit mehreren Jahren Lehrgänge über Frauenbildung ab, und auch diese sind häufig ausgebucht, trotz der Tatsache, daß Gebühren dafür erhoben werden (diese Gruppe wurde gerade deshalb gegründet, weil ihre Bedürfnisse innerhalb einer bestehenden Einrichtung nicht berücksichtigt wurden). Die *Feminist History Group* trifft sich seit 1973 alle zwei Wochen (während der Semester) und erhält immer noch mehr Artikel und Vorträge angeboten, als sie unterbringen kann.

Und all dies spielt sich außerhalb der von Männern kontrollierten Institutionen ab. Aber es werden keine Mittel dafür zur Verfügung gestellt, und diese Arbeit wird vielfach auch nicht zur Kenntnis genommen. Dies ist ein weiterer Aspekt der Unsichtbarkeit von Frauen. Trotz all dieser Aktivität und all der vorhandenen Informationen können viele Bildungsplaner heute (und wahrscheinlich auch in Zukunft) behaupten, es sei kein Bedarf an Frauenbildung vorhanden, ja sogar, in diesem Bereich geschehe nichts.

Solange männliche Erziehungswissenschaftler und diejenigen, die sie unterstützen, sich weigern, die Existenz von Zentren der Frauenbildung zur Kenntnis zu nehmen, findet diese Bildung auch keinen Niederschlag in den offiziellen Archiven. Der *Women and Education Newsletter* existiert seit 1973 und befaßt sich mit vielen Fragen der Frauenbildung, aber er wird vom pädagogischen Establishment selten zitiert oder angeführt. Und viele der Untersuchungen und Publikationen, die vorgeben, einen Überblick über laufende Forschungsvorhaben im britischen Bildungswesen zu geben, versäumen es, die ungeheure Menge an Arbeit zu erwähnen, die im Bereich der Frauenbildung geleistet wird. Dadurch sind wir nicht nur aus der gegenwärtigen Diskussion ausgeschlossen, sondern auch künftigen Generationen, die die heutigen offiziellen Archive zu Rate ziehen, um sich über unsere Zeit zu informieren, könnte man es nicht verdenken, wenn sie glaubten, wir und unsere Projekte hätten nie existiert. Männer fungieren als Torwächter, und wir haben keinen Zutritt.

Wenn die offiziellen Archive auch nur einige der Daten enthielten, die im WRRC gespeichert sind, dann könnten künftige Generationen nicht glauben, wir heutigen Frauen hätten nicht um unsere eigenen Bildungsstätten gekämpft und gerungen. Der Forschungsindex des WRRC enthält beispielsweise die folgenden Eintragungen im Bereich des Bildungswesens:[1]

Erziehung und Unterricht:

ACKER, Sandra – Frauen und Beruf – Wünsche und Ziele. Die Unsichtbarkeit der Frauen in der Bildungsforschung.

BEECHAM, Yvonne – Karriere und Berufserwartungen, Übergang von der Schule in den Beruf bei Frauen, Lehrmaterial, insbesondere in Sozialkunde für Schulen.

BUTLER, Linda – Örtliche Unterrichtsbehörden, Erwachsenenbildung und zweiter Bildungsweg für Frauen.

CLARRICOATES, Katherine – Geschlechtsrollenfixierung in den Grundschulen; der Diebstahl der Kreativität von Mädchen; Lehrerinnen.

COFFMAN, Sandra – Die Wirkung von Frauenstudien-Seminaren auf Geschlechtsrollenstereotypen.

CORR, Helen M. – Frauen und Bildung in Schottland, die Lage der Lehrerinnen, die Scottish Teaching Profession, 1872–1914.

CRITCHLEY, Marie – Sechzehn- bis Neunzehnjährige und Auszeichnungen (und andere Anreize); Kindergartenausstattung.

1 Ich habe diese Liste auf Forschungsvorhaben in Großbritannien beschränkt und darauf verzichtet, die Adressen der Genannten anzugeben. Diese sind im WRRC erhältlich.

DALTON, Pen – Frauen und Kunst – Mädchen und Kunsterziehung.
DAVID, Miki – Frauenbildung und Sozialpolitik.
DAVIES, Lynn – Abweichendes Verhalten von Geschlechtsrollen im Klassenzimmer.
DAVIES, Rose – Geschlechtsrollenfixierung im Vorschulunterricht.
DEEM, Rosemary – Frauen und Bildung, insbesondere höhere Bildung: Schule und Arbeit.
DUELLI-KLEIN, Renate – Die Entwicklung der Frauenstudien.
DYHOUSE, Carol – Sozialgeschichte der Frauenbildung – 19. und 20. Jahrhundert.

EPSTEIN, Mady – Frauenstudien-Seminare, insbesondere über die Rolle der Belletristik.
EYNARD, Rosemary – Frauen und Mathematik.

FULLER, Mary – Aspekte der Geschlechtszugehörigkeit in der Schule – Selbstbild und Identifizierung.

HAMILTON, Sheila – Soziale und wirtschaftliche Aktivitäten von Absolventinnen schottischer Universitäten, Ende des 19. und Anfang des 20. Jahrhunderts.

ISAACSON, Zelda – Frauen, Naturwissenschaft und Mathematik, Bildungsphilosophie.

KELLY, Alison – Mädchen und Naturwissenschaften – internationale Studie über Geschlechtsunterschiede; Förderprogramme im Bereich Mädchen und Naturwissenschaften.
KENRICK, Jane – IQ-Tests, ihre Entstehung und ihre Folgen für Frauen.

LANE, C. – Die Effektivität von Umschulungsprogrammen der Regierung für Frauen, die wieder ins Berufsleben eintreten.
LEVIN, Valerie – Die Berufstätigkeit der Frauen und ihr Zusammenhang mit Kindertagesstätten.
LITAWSKI, Rosemary – Weibliche Mitglieder von NUT.
LITTLEWOOD, Margaret – Verheiratete Lehrerinnen, insbesondere die Einstellungspraxis Ende der sechziger Jahre.
LOVENDUSKI, Joni – Frauen im Politologie-Unterricht.

MATHEWS, Pauline – Die Frauenbewegung, Erziehung und Schule seit 1968 – Curriculum-Entwicklung.
MCCABE, Trisha – Feministische Hochschularbeit betreiben.
MCDONALD, Madeleine – Frauen und die Reproduktion der Klassenstruktur.
MILTON, Doreen – Teilzeitlehrkräfte an weiterführenden und höheren Schulen und Geschlechterdiskriminierung.
MOORE, Lindy – Mädchen- und Frauenbildung im 19. Jahrhundert in Schottland.

NAVA, Mica – Feministische Einflüsse auf Jugendarbeit und Bildung, The Tufnell Park Girls' Project.
NEWCOMBE, Aliz – Frauen in Kunstakademien.

ORAM, Alison – Lehrerinnen 1910–1939.

PALUCH, Marta – Wie die Einstellung von Frauen zum Feminismus verändert werden kann, Mädchen der 6. Klasse.
PARSONS, Gillian – Soziologische Perspektiven des Englischunterrichts in der Sekundarstufe und ihre Konsequenzen für Frauen.

RENDEL, Margherita – Frauenbildung und Frauenstudien.
REYNOLDS, Dorothy – Mädchen und Mathematik.

SAUNDERS, Leslie – Lehrmaterial für Mädchen und Frauen, 3./4. Jahr, unterschiedliche Fähigkeiten.
SCOTT, Marian – Sexismus und Curriculum, Geschichte der Frauenbildung.
SPENDER, Dale – Frauenbildung, Frauenstudien; die Wirkung von Frauenstudien-Seminaren auf Lehramtskandidat/inn/en; Curriculum zum Thema Patriarchat.
STANWORTH, Michelle – Geschlechtszugehörigkeit und Schulunterricht.
STOCKDALE, Maureen – Mary Wollstonecraft und die Bildungsfrage.
STRUIGER, Maureen – Die Geschichte der Mädchenbildung aus philosophischer Sicht.

TAYLOR, June – Die berufliche Laufbahn weiblicher und männlicher Hochschulabsolvent/inn/en.
TURNBULL, Annmarie – Die Ideologie von Hauswirtschaftslehre.

TURNER, Deborah – Frauen in Lehrer/innen/gewerkschaften, 1910–1925, die Debatte über gleichen Lohn für gleiche Arbeit.

WATT, Alison – Eine feministische Kritik an der Gesundheitserziehung.

WHYTE, Judith – Förderprogramme für Mädchen in den Naturwissenschaften.

WIDDOWSON, Frances – Geschichte der Lehrerinnen.

WOLPE, Ann Marie – Prozesse in der sexistischen Pädagogik, der Übergang von der Schule in den Beruf bei Mädchen.

WYNN, Barbara – Sexismus und Hauswirtschaftslehre, Sexismus und Bildung.

Dies ist keinesfalls alles, was gemacht wird: Einige der Frauen, die im Bildungsbereich forschen, sind hier nicht verzeichnet – zum Beispiel Eileen Byrne (1978, *Women and Education*), Sara Delamont (1980, *Sex Roles and the School*) sowie Glenys Lobban und Camilla Nightingale, die sich mit Sexismus in Lese- und Kinderbüchern befassen. Es vermittelt jedoch eine Vorstellung von der Bandbreite der geleisteten Arbeit, und es zeigt, daß bereits ein Wissensfundus über und für die Frauenbildung existiert, der ständig weiterentwickelt wird.

Dieser Katalog widerlegt das oft erzählte Märchen, daß Frauenbildung – von und für Frauen – kein Thema, kein Interessenschwerpunkt sei; er widerlegt die Annahme, daß nichts geschehe – beziehungsweise wenn etwas geschehe, dann nur am Rande und im Blickfeld einiger weniger Exzentrikerinnen.

Aber obwohl wir auf große Fortschritte hinweisen können, sollten wir uns keine Illusionen über die gigantischen Dimensionen der Aufgabe machen, die noch vor uns liegt, wenn wir je Chancengleichheit im Bildungswesen erreichen wollen; und wir sollten uns über die sehr realen finanziellen Probleme, die unsere Arbeit auf Schritt und Tritt behindern, im klaren sein.

Seit Jahrhunderten haben Männer Wissen über Männer schriftlich niedergelegt und auf dem aufgebaut, was vor ihnen war, sie haben ungeheure Summen Geldes in dieses Unternehmen investiert, viele Forscher und Lehrer angeheuert und ihre Worte an sicheren und imposanten Orten verwahrt. Unser gegenwärtiges Unternehmen ist weniger als zehn Jahre alt, wir können (insbesondere mit unseren Mitteln) keine Wunder vollbringen und dieselbe Quantität an Wissen hervorbringen, die die Männer produziert haben. Wir wollen das auch gar nicht. Quantität ist keine Garantie für Richtigkeit, wie Feministinnen gezeigt haben; denn manchmal hat eine feministische Kritik ausgereicht, um ganze Wissenszweige in Mißkredit zu bringen, die von vielen Gelehrten über viele Generationen hinweg entwickelt worden waren (siehe Spender, 1981, *Men's Studies Modified: the Impact of Feminism on the Academic Disciplines*).

Der Versuch, eine kohärente und umfassende Alternative zu dem zu entwickeln, was wir bereits wissen, uns den Raum zu schaffen, in dem dieses neue Wissen gelehrt werden kann, und die Mittel, um es zu lehren, ist eine Aufgabe, die ungeheure Zeit beansprucht und einer massiven finanziellen Unterstützung bedarf. Allein die Archivarbeit, die nötig ist, um Erkenntnisse über Frauen wie beispielsweise Aphra Behn zu sammeln, kann Jahre in Anspruch nehmen, und ein Buch (oder seien es drei) über diese Frau genügt nicht, um allen Aspekten gerechtzuwerden: Wir brauchen eine Biographie, kritische Auseinandersetzungen mit ihren umfangreichen Schriften (überlegen wir, wieviele Bücher es beispielsweise über Ben Jonson oder Milton oder Dryden gibt), Bücher über sie, die sich für Schulen, zur Weiter- und Erwachsenenbildung eignen, damit die breite Öffentlichkeit mit ihren Leistungen bekanntgemacht werden kann und nicht bloß wenige Privilegierte.

Bedenken wir, welch eine ungeheure Aufgabe es ist, die Geschichte so umzuschreiben, daß Frauen zu den Hauptfiguren werden. Das erfordert nicht bloß eine andere Perspektive oder Akzentuierung des Wissens, das wir bereits haben, denn Frauen sind aus der Geschichtsschreibung so oft ausgeschlossen worden, daß wir wenig oder gar nichts über sie wissen; wir müssen daher zu den ursprünglichen Quellen zurückkehren und nach Dokumenten und Tagebüchern suchen, die in alten Schubladen verschlossen sind und die uns etwas über die Art und Weise sagen können, wie Frauen gelebt haben und was sie gefühlt und gedacht haben.

Wir können unsere Aufgabe nicht einmal innerhalb der bestehenden, von Männern geschaffenen Strukturen ausführen, denn unsere Fragestellungen sind anders, und unsere Erklärungen passen nicht in ihre Schemata. So stellen Frauen beispielsweise Fragen über die Geburt und spüren den historischen Entwicklungen nach, in deren Verlauf die Geburtshilfe den Frauen aus der Hand genommen und in die Hand von Männern gelegt wurde (siehe Ann Oakley, 1976, *Wisewoman and Medicine Man: Changes in the Management of Childbirth*), und während die bedeutsamen Ereignisse für Männer Kriege und Revolutionen gewesen sein mögen, ist das bedeutsamste Ereignis im Leben vieler Frauen vielleicht die Einführung von Methoden zur Geburtenkontrolle gewesen: Frauen, die an zahlreiche und nicht gewählte Schwangerschaften gewöhnt waren, muß die Möglichkeit, Schwangerschaften zu verhindern, revolutionär und ohne Zweifel *befreiend* erschienen sein.

Dies aber stand nicht im Mittelpunkt der Geschichtsschreibung; im Gegenteil, Befreiung ist von Männern völlig anders definiert worden und gewöhnlich nur, soweit sie sich auf Männer bezieht (Lewis, 1981). So gibt es zum Beispiel in der europäischen und amerikanischen Geschichte der Neuzeit zwei große »befreiende« Ereignisse – die Französische Revolution und der amerikanische Unabhängigkeitskrieg –, und in *beiden* Fällen genossen die Frauen – die Hälfte der Bevölkerung – nach diesen Ereignissen weniger »Freiheitsrechte« als zuvor. Aus ihrer Sicht sind viele der großen Zeitabschnitte und Ereignisse der Geschichte völlig falsch bezeichnet worden, aber es hat viele Frauen viel Zeit gekostet, diese grundlegenden Irrtümer wenigstens aufzudecken; wieviel mehr Zeit und Energie ist nötig, um sie richtigzustellen.

Was soll eine Geschichtslehrerin angesichts so vieler Lehrbücher und Materialien (ganz zu schweigen von Prüfungsfragen), die sich nur mit Männern befassen, machen? Es ist einfach nicht möglich, für jede Schulstunde »alternative« Versionen vorzubereiten. Konzertierte, gemeinsame Anstrengungen sind nötig, wenn es Frauen gelingen soll, schlüssige Alternativen zu präsentieren und geschichtliche Perioden nach ihrer Bedeutung für das Leben der Frauen und der Männer abzufragen.

Die Englisch-(oder Deutsch-)Lehrerin, die nach einigen wenigen alternativen Romanen über Mädchen und ihr Erleben der Jugendjahre sucht, um sie den Hunderten (Tausenden?) von Romanen über Jungen und deren Adoleszenz entgegenzustellen, wird wahrscheinlich eine Enttäuschung erleben. Elaine Showalter (1976) hat die Dimensionen aufgezeigt, welche das Leben durch eine Literatur gewinnt, die die eigenen Erfahrungen wiedergibt und reflektiert, diese Dimensionen aber bleiben den Mädchen vorenthalten.

Während meiner eigenen Lehrtätigkeit an Oberschulen verbrachte ich viel Zeit damit, mit den Mädchen ruhig über die körperlichen und psychischen Veränderungen zu sprechen, die sie *alle* während der Pubertät durchmachen, und ich konnte nie einen einzigen Roman empfehlen, der das Thema Menstruation behandelt und ihnen ihre eigenen Erfahrungen hätte verständlich machen können. Im Gegenteil, das Thema war in vieler Hinsicht sowohl für Mädchen als auch für Jungen tabu, denn ich bin sicher, daß viele der Jungen nichts über dieses Thema wußten – und sich auch davor fürchteten – und eine Gelegenheit begrüßt hätten, diese Erfahrung durch das Medium der Literatur kennenzulernen.

Gloria Steinem (1978) meinte, alles wäre ganz anders, »wenn Männer menstruieren könnten«. »Die Menstruation würde dann zu einem beneidenswerten männlichen Ritual werden, mit dem man angibt«, schreibt sie. Fernsehsendungen, Zeitungen und Filme würden das Thema ernsthaft und ausführlich behandeln, und die Hygieneprodukte wären natürlich gratis zu haben. Und wie ist es mit dem Wissen, das produziert würde, wenn Männer menstruierten? Nun, meint Steinem, »männliche Intellektuelle würden eine ausgetüftelte moralische und logische Argumentation aufbauen. Wie könnte eine Frau irgendeine Forschungsdisziplin meistern, die einen Sinn für Zeit, Raum, Mathematik oder Meßmethoden erfordert, ohne diese angeborene Gabe, die Zyklen des Mondes und der Planeten zu berechnen – die Grundlage für alles andere? Wie könnten Frauen in den illustren Bezirken der Philosophie und Religion die Tatsache kompensieren, daß ihnen der Rhythmus des Universums verschlossen bleibt? Oder daß ihnen das allmonatliche Erlebnis eines symbolischen Todes und der Wiederauferstehung fehlt?« (S. 110.)

Nur Frauen menstruieren, und nur Männer haben Wissen produziert, und das Verhältnis der Männer zur Menstruation zeigt sich in dem Wissen, das wir besitzen. Die Bedeutung der Menstruation ist von Frauen nur wenig untersucht und bearbeitet worden, und dennoch ist diese grundlegend für unsere Existenz. Wir beginnen, Erkenntnisse darüber zu sammeln (siehe Weideger, 1978, *Female Cycles*) und sie ins Zentrum der Frauenbildung zu stellen, aber auch in diesem Fall genügt weder ein Buch noch ein Film, eine Fernsehsendung oder ein Zeitschriftenartikel. Wir brauchen die verschiedensten Materialien, die aus einer Vielzahl von Gesichtspunkten über diesen Aspekt der weiblichen Existenz Informationen vermitteln.

Niemand kann mit Gewißheit sagen, wie das Wissen der Frauen beschaffen wäre, wenn es in derselben Weise gefördert und finanziell unterstützt würde wie das Wissen der Männer; niemand kann vorhersagen, wie die Frauenbildung organisiert wäre, obwohl wir den Richtungen, die von Frauenstudien-Seminaren eingeschlagen wurden, bereits entnehmen können, daß das, was gelehrt wird und wie es gelehrt wird, völlig anders sein könnte. Wir beginnen zu begreifen, daß viele der Themen und Fragestellungen, die heute innerhalb der von Männern geschaffenen Strukturen einen so hohen Stellenwert einnehmen, aus der Sicht der Frauen belanglos werden könnten; und umgekehrt, was als uninteressant gilt, solange Männer die Bedingungen festsetzen, könnte zentrale Bedeutung erlangen, sobald Frauen die Entscheidungen treffen. Was wir jedoch wissen, ist, daß es so lange keine Chancengleichheit in der Bildung für die beiden Geschlechter gibt, solange Frauen nicht dieselben Chancen erhalten, Wissen über Frauen zu produzieren (Chancen, die den Männern zur Verfügung standen).

Frauenbildung existiert und entfaltet sich. Sie hat viele Formen und viele Instanzen, und sie entwickelt einen alternativen Fundus an Wissen. Verglichen mit dem, was vor zehn Jahren zur Verfügung stand, sind ihre Errungenschaften nur als erstaunlich zu bezeichnen und geben zu Optimismus Anlaß; verglichen jedoch mit all dem, was noch fehlt, und angesichts der Einrichtungen, die zur Entwicklung verfügbar sind, besteht Anlaß zur Sorge. Das *Feminist Archive* in Somerset (England), das Materialien über die gegenwärtige Frauenbewegung sammelt und den Versuch unternimmt, die Zeitgeschichte der Frauen zu schreiben, steht vor einer finanziellen Krise: Das WRRC hat eine Reihe von Krisensitzungen abgehalten, um festzustellen, wie lange und ob überhaupt das Archiv weiter betrieben werden kann. Frauen verfügen über geringe finanzielle Mittel, aber die wenigen, die wir haben, könnten und sollten diesen autonomen Frauenprojekten zufließen. Solche Projekte zu unterstützen heißt, in unsere Zukunft zu investieren. Männer verfügen über viele Kapitalquellen, und es ist Zeit, daß einige davon für die Frauenbildung erschlossen werden – aber für eine Frauenbildung, die von Frauen gemacht wird.

Anhang

Zentren der Frauenbildung

The Women's Research and Resources Centre

190 Upper Street, London N 1
Telefon: 01/359/5773 (es empfiehlt sich, vor einem Besuch anzurufen)
Das *Women's Research and Resources Centre* (WRRC) wurde 1975 zum Zweck der Koordinierung und Unterstützung von Frauen ins Leben gerufen, die Wissen über Frauen produzieren. Das Zentrum sammelt und vermittelt Informationen über Frauen, von Forschungsprojekten und Doktorarbeiten bis zu Diskussionsgrundlagen für Bewußtseinsbildungsgruppen. Das Büro und die Bibliothek befinden sich in London, aber es werden große Anstrengungen unternommen, auch die Bedürfnisse außerhalb Londons lebender Menschen zu befriedigen. Ein vierzehntägig erscheinendes Informationsblatt enthält Mitteilungen über Veranstaltungen, Ergänzungen des Forschungsindexes, eine Liste von eingegangenen Büchern sowie Buchbesprechungen, Informationen über Frauenstudien, Kontaktadressen und weitere Hinweise, die nützlich sein könnten. Die Bibliothek enthält eine umfangreiche Sammlung feministischer (und antifeministischer) Bücher, Zeitschriften und Broschüren, Kopien und Nachdrucke von Artikeln sowie eine Sammlung von unveröffentlichtem Material. Das Zentrum ist Dienstag bis Samstag von elf bis achtzehn Uhr geöffnet.

Das WRRC beantwortet schriftliche Anfragen und vermittelt Kontakte, Leselisten und Quellenangaben. Es ist dazu dank der Materialien, die es angesammelt hat und die es Interessent/inn/en so mühelos wie möglich zugänglich macht, hervorragend befähigt.

The Fawcett Library

City of London Polytechnic
Old Castle Street, London E 1 7NT
Die *Fawcett Library* ist die wichtigste historische Sammlung Großbritanniens, die sich mit Frauen befaßt; sie enthält mehr als 50000 Bücher, Broschüren und Flugblätter, über 700 Zeitschriften, etwa 400 Kartons mit Dokumenten von Organisationen und einzelnen, große Mengen an Zeitungsausschnitten und umfangreiche Sammlungen von Fotos, handschriftlichen Briefen, Buttons, Plakaten *etc.* Der Katalog der behandelten Themen ist umfangreich, dar-

unter das Frauenwahlrecht, Berufstätigkeit und Bildung, Prostitution, Frauen und Kirche, Mode, Frauen in der Politik, Schriftstellerinnen, Künstlerinnen, Musikerinnen, Ingenieurinnen, Ärztinnen, Geburtenkontrolle, Abtreibung, Gewalt gegen Frauen, Matriarchat, Kochen *etc. etc.* Der größte Teil des Materials bezieht sich auf Großbritannien und ist in englischer Sprache, aber es gibt auch umfangreiche Bestände über andere Länder, insbesondere das Commonwealth (insbesondere Südasien, die USA und Europa). Das Archiv enthält Schriften und Dokumente von Frauenwahlvereinen, Emigrantenvereinen, Verbänden von Kauffrauen, Unternehmerinnen und Freiberuflerinnen sowie von Gesellschaften, die sich mit sozialen und moralischen Fragen befassen.

Frauenzeitschriften und -publikationen

Großbritannien

Catcall, 37 Wortley Road, London E 6

Feminist Review, 65 Manor Road, London N 16

M/F, 69 Randolph Road, London W 9 1 DW

Ms Print, Nina Woodcock, 74 Arklay Street, Dundee

Onlywomen Press, 38 Mount Pleasant, London WC 1

Sappho, Basement, 20 Dorset Square, London NW 1

Spare Rib, 27 Clerkenwell Close, London EC 1

Virago, Ely House, 37 Dover Street, London W 1X

WEdG, C/o Institute of Education, Bedford Way, London WC 1H OAL

Wicca, 8 Marlborough Street, Dublin

Women and Education Newsletter, 14 St Brendan's Road, Withington, Manchester 20

The Women's Press, 124 Shoreditch High Street, London E 1

Women's Research and Resources Centre Newsletter, 190 Upper Street, London N 1

Women's Research and Resources Centre Publications, 190 Upper Street, London N 1

Nr. 1. WOLPE, Ann Marie, *Some processes in Sexist Education*

Nr. 2. MATHIEU, Nicole-Claude, *Ignored by Some, Denied by Others: The Social Sex Category in Sociology*

Nr. 3. DELPHY, Christine, *The Main Enemy: A Materialist Analysis of Women's Oppression*

Nr. 4. JACKSON, Stevi, *On the Social Construction of Female Sexuality*

Nr. 5. ELBERT, Sarah and Marion GLASTONBURY, *Inspiration and Drudgery: Notes on Literature and Domestic Labour in the 19th century*

Nr. 6. CASBURN, Maggie, *Girls will be Girls: Sexism and Juvenile Justice in a London Borough*
Nr. 7. STANWORTH, Michelle, *Gender and Schooling*
Nr. 8. MORRELL, Caroline, *Black Friday and Violence Against Women in the Suffragette Movement*
Nr. 9. MAPPEN, Eileen F., *Looking After Women: Overview of the London Women's Industrial Council, 1888–1914*
Women Speaking, 30 Westmount Road, London SE 9
Women's Studies International Quarterly, Pergamon Press, Headington Hill Hall, Oxford OX 3 OBW
W.E.A., Women's Studies Newsletter, 176 Hagley Road, Stourbridge DY 8 2JN
Women and Writing Newsletter, Rebecca O'Rourke, Adult Education Centre, University of Leeds, 37 Harrow Road, Middlesborough, Cleveland TS 5 5NT

Bibliographie

ACKER, Sandra, 1980. »Feminist perspectives and the British sociology of education«, Vortrag, gehalten auf der *British Sociological Association Annual Conference*, Lancaster, 8. April.

ARIES, Elizabeth, 1976. »Interaction patterns and themes of male, female and mixed groups« in *Small Group Behaviour*, 7, S. 7–18.

ASTELL, Mary, 1694. *A Serious Proposal to the Ladies.*

BARNES, Douglas, 1976. *From Communication to Curriculum*, Penguin, Harmondsworth, Middlesex.

BARNES, Douglas, James BRITTON, Harold ROSEN and the L.A.T.E., 1976. *Language, the Learner and the School*, Penguin, Harmondsworth, Middlesex.

BEALE, Dorothea, 1869. *Reports Issued by the Schools Inquiry Commission on the Education of Girls*. (Nachdruck mit Auszügen aus den Berichten und einem Vorwort von Dorothea Beale), London.

BERNARD, Jessie, 1972. *The Future of Marriage*, World Publishing, New York.

BLACKSTONE, Tessa, 1980. »Falling short of meritocracy«, *The Times Higher Education Supplement*, 18. Jan., S. 14.

BROCK-UTNE, Birgit, (undatiert). *Girls and the Hidden Curriculum of the Compulsory School*, hektographiert.

BRYANT, Margaret, 1979. *The Unexpected Revolution: A study in the history of education of women and girls in the nineteenth century*, University of London, Institute of Education, Studies in Education 10.

BYRNE, Eileen, 1975. »Inequality in educational-discriminal-resource-allocation in schools«, *Education Review* 27, 3, S. 179–191.

BYRNE, Eileen, 1978. *Women and Education*, Tavistock, London.

CARDEN, Maren Lockwood, 1974. *The New Feminist Movement*, Russell Sage Foundation, New York.

CASSELL, Joan, 1977. *A group called women: sisterhood and symbolism in the feminist movement*, David McKay, New York.

CHESLER, Phyllis, 1974. *Women and Madness*, Allen Lane, London. (Deutsch: *Frauen – das verrückte Geschlecht*, Reinbek 1974.)

CLARRICOATES, Katherine, 1978. »›Dinosaurs in the Classroom‹: A re-examination of some aspects of the ›hidden‹ curriculum in primary schools« in *Women's Studies International Quarterly*, Bd. I, Nr. 4, S. 353–364.

COMER, Lee, 1978. »The question of women and class« in *Women's Studies International Quarterly*, Bd. I, Nr. 2, S. 165–174.
CORNBLEET, Annie, 1981. »Schoolgirls – realities and possibilities«, Seminar, WEdG, London, 17. Februar.
DALE, R. R., 1969. *Mixed or Single Sex School?*
Bd. I – Pupil Teacher Relationships, Routledge & Kegan Paul, London.
DALE, R. R., 1971. *Mixed or Single Sex School?*
Bd. II – Some Social Aspects, Routledge & Kegan Paul, London.
DALE, R. R., 1974. *Mixed or Single Sex School?*
Bd. III – Attainment, Attitudes & Overview, Routledge & Kegan Paul, London.
DALE, R. R., 1975. »Education and Sex Roles« in *Educational Review*, Bd. 27, Nr. 3, Juni.
DALY, Mary, 1973. *Beyond God the Father: Toward a philosophy of women's liberation*, Beacon Press, Boston. (Deutsch: *Jenseits von Gottvater, Sohn & Co. Aufbruch zu einer Philosophie der Frauenbefreiung*, München 1980.)
DE BEAUVOIR, Simone, 1972. *The Second Sex*, Penguin, Harmondsworth, Middlesex. (Deutsch: *Das andere Geschlecht. Sitte und Sexus der Frau*, Reinbek 1968.)
DEEM, Rosemary, 1978. *Women and Schooling*, Routledge & Kegan Paul, London.
DELAMONT, Sara, 1980. *Sex Roles and the School*, Methuen, London.
DYHOUSE, Carol, 1976. »Social Darwinistic Ideas and the development of women's education in England, 1800–1920« in *History of Education*, Bd. V, Nr. 1, S. 41–58.
DYHOUSE, Carol, 1977. »Good wives and little mothers: social anxieties and the school girls' curriculum, 1890–1920«, *Oxford Review of Education*, Bd. III, Nr. 1, S. 21–35.
DYHOUSE, Carol, 1978. »Towards a ›feminine‹ curriculum for English schoolgirls: the demands of ideology 1870–1963« in *Women's Studies International Quarterly*, Bd. I, Nr. 4, S. 297 bis 311.
ELIOT, John, 1974. »Sex Role Constraints on Freedom of Discussion: A neglected reality of the classroom«, *The New Era*, Nachdruck von »Sex Roles and Silence in the Classroom«, *Spare Rib*, 27.
ERNEST, John, 1976. »Mathematics and Sex«, *American Mathematical Monthly Reprint*.
FARLEY, Lin, 1978. *Sexual Shakedown: the sexual harassment of women in the job*, McGraw Hill, New York.
FENNEMA, Elizabeth, 1980. »Success in Maths«, Vortrag auf der Konferenz *Sex Differentiation in Schooling*, Churchill College, Cambridge, 2.–5. Januar.

FISHMAN, Pamela, 1977. »Interactional Shitwork« in *Heresies: A Feminist Publication on Arts and Politics*, S. 99–101.
FRAZIER, Nancy and Myra SADKER, 1973. *Sexism in School and Society*, Harper and Row, New York.
FRIEDAN, Betty, 1963. *The Feminine Mystique*, Penguin, Harmondsworth, Middlesex. (Deutsch: *Der Weiblichkeitswahn oder die Selbstbefreiung der Frau. Ein Emanzipationskonzept*, Reinbek 1970.)
GLASTONBURY, Marion, 1978. »Holding the Pens« in *Inspiration and Drudgery: notes on literature and domestic labour in the nineteenth century*, Women's Research and Resources Centre Publication, London S. 27–46.
GOLDBERG, Philip, 1976. »Are women prejudiced against men?« in Judith Stacey et al. (Hsg.), *And Jill Came Tumbling After: Sexism in American Education*, Dell Publishing, New York, S. 37–42.
GOREAU, Angeline, 1980. *Reconstructing Aphra: a social biography of Aphra Behn,* The Dial Press, New York.
GOULIANOS, Joan (Hsg.), 1973. *By a Woman Writt: Literature from Six Centuries By and About Women*, New English Library, London.
GREER, Germaine, 1971. *The Female Eunuch*, McGibbon & Kee, London. (Deutsch: *Der weibliche Eunuch*, Frankfurt/M. 1971.)
GREER, Germaine, 1979. *The Obstacle Race*, Secker & Warburg, London.
HALSEY, A. H., A. F. HEATH and J. M. RIDGE, 1980. *Origins and destinations: family, class and education in modern Britain*, Oxford University Press, Oxford.
HORNER, Matina, 1976. »Toward an understanding of achievement related conflict in women« in Judith Stacey et al. (Hsg.), *And Jill Came Tumbling After: Sexism in American Education*, Dell Publishing, New York, S. 43–63.
HOWE, Florence, 1976. »The education of women« in Judith Stacey et al. (Hsg.), ebenda, S. 64–78.
HOWE, Florence, 1977. *Seven Years Later: Women's Studies Programs in 1976*, Bericht des National Advisory Council on Women's Educational Programs.
HUBBARD, Ruth, 1981. »The Emperor doesn't wear any clothes: the impact of feminism on biology« in Dale Spender (Hsg.), *Men's Studies Modified: the impact of feminism on the academic disciplines*, Pergamon Press, Oxford, S. 213–236.
HUGHES, Mary, 1981. Persönliche Mitteilung.
JANEWAY, Elizabeth, 1980. *Powers of the Weak*, Alfred Knopf, New York.
JEFFERY, Patricia, 1976. *Migrants and Refugees*, Cambridge University Press, Cambridge.
JENKINS, Mercilee and Cheris KRAMARAE, 1978. »Small group pro-

cesses: Learning from women« in *Women's Studies International Quarterly*, Bd. I, Nr. 1, S. 67–84.

JENKINS, Mercilee M. and Cheris KRAMARAE, 1981. »A thief in the house: women and language« in Dale Spender (Hsg.), *Men's Studies Modified: the impact of feminism on the academic disciplines,* Pergamon Press, Oxford.

KAMAROVSKY, Maria, 1946. »Cultural contradictions and sex roles« in *American Journal of Sociology*, 52, Nr. 3, November, S. 184–189 (zitiert in Frazier and Sadker, 1973).

KEDDIE, Nell, 1975. »Classroom Knowledge« in Michael F. D. Young (Hsg.), *Knowledge and Control: new directions for the sociology of education*, Collier Macmillan, London, S. 133–160.

KELLY, Alison (Hsg.), 1981. *The Missing Half: girls and science education*, Manchester University Press, Manchester.

LAVIGUEUR, Jill, 1977. »Equality of Educational Opportunity for girls: and its relation to co-education«, unveröffentlichte MA Dissertation, *University of Sheffield.*

LAVIGUEUR, Jill, 1980. »Appendix: Coeducation and the tradition of separate needs« in Dale Spender and Elizabeth Sarah (Hsg.), *Learning to Lose: Sexism and Education*, The Women's Press, London, S. 180–190.

LEGHORN, Lisa and Kathy PARKER, 1981. *Women's Worth*, Routledge & Kegan Paul, London.

LEONARD (BARKER), Diana, 1977. »Opportunities and choice in the curriculum«, Vortrag auf der Konferenz *Teaching Girls to be Women*, Essex, April.

LERNER, Gerda, 1977. *The Female Experience: an American Documentary*, Bobbs Merrill, Educational Publishing, Indianapolis.

LEWIS, Jane, 1981. »Women lost and found: the impact of feminism on history« in Dale Spender (Hsg.), 1981, a. a. O.

LOBBAN, Glenys, 1977. »Sexist bias in reading schemes« in M. Hoyles (Hsg.), *The Politics of Literacy*, Writers and Readers Publishing Cooperative, London.

MACAULAY, Catherine, 1790. *Letters on Education.*

MACKINNON, Catherine A., 1979. *Sexual Harassment of Working Women: A Case of Sex Discrimination*, Yale University Press, New Haven, Conn.

MCWILLIAMS-TULLBERG, Rita, 1975. *Women at Cambridge: A men's university, though of a mixed type*, Victor Gollancz, London.

MEAD, Margaret, 1971. *Male and Female*, Penguin, Harmondsworth, Middlesex. (Deutsch: *Mann und Weib, Das Verhältnis der Geschlechter in einer sich wandelnden Welt*, Reinbek 1985.)

MILLER, Jean Baker, 1976. *Toward a New Psychology of Women*, Pelican, Penguin, Harmondsworth, Middlesex. (Deutsch: *Die Stärke weiblicher Schwäche. Zu einem neuen Verständnis der Frau*, Frankfurt/M. 1979.)

NEWSOM, J., 1948. *The Education of Girls*, Faber, London.
NIGHTINGALE, Camilla, 1977. »Boys will be boys but what will girls be« in M. Hoyles (Hsg.), *The Politics of Literacy*, Writers and Readers Publishing Cooperative, London, S. 95–98.
OAKLEY, Ann, 1972. *Sex, Gender and Society*, Temple Smith, London.
OAKLEY, Ann, 1974. *The Sociology of Housework*, Martin Robertson, London. (Deutsch: *Soziologie der Hausarbeit*, Frankfurt/M. 1978.)
OAKLEY, Ann, 1976. »Wisewoman and Medicine Man: Changes in the Management of Childbirth« in Juliet Mitchell and Ann Oakley (Hsg.), *The Rights and Wrongs of Women*, Penguin, Middlesex, S. 17–58.
OVERFIELD, Kathy, 1981. »Dirty Fingers, Grime and Slag Heaps: Purity and the Scientific Ethic« in Dale Spender (Hsg.), 1981, a. a. O., S. 237–247.
PARKER, Angele, 1973. »Sex differences in classroom intellectual argumentation«, unveröffentlichte Magisterarbeit, Pennsylvania State University.
PAYNE, Irene, 1980. »Materials for the classroom« in Dale Spender and Elizabeth Sarah (Hsg.), *Learning to Lose: Sexism and Education*, The Women's Press, London, S. 191–193.
POGREBIN, Letty Cottin, 1972. »Competing with Men«, *MS* I, Nr. 2, S. 78.
RAPHAEL, Adam, 1980. »Mother's place is in the home«, *The Observer*, 7. Dezember, S. 12.
RICH, Adrienne, 1979. *On Lies, Secrets and Silence*, Virago, London.
RICH, Adrienne, 1980. »Compulsory Heterosexuality« in *Signs*, Bd. V, Nr. 4, S. 631–660.
ROBERTS, Helen (Hsg.), 1981. *Doing Feminist Research*, Routledge & Kegan Paul, London.
ROBERTS, Joan (Hsg.), 1976. *Beyond Intellectual Sexism: A new woman, a new reality*, David McKay, New York.
ROSSI, Alice, 1970. *John Stuart Mill and Harriet Taylor Mill: Essays on Sex Equality*, University of Chicago Press.
ROWBOTHAM, Sheila, 1973. *Woman's Consciousness, Man's World*, Penguin, Harmondsworth, Middlesex.
ROWBOTHAM, Sheila, 1974. *Women, Resistance and Revolution*, Penguin, Harmondsworth, Middlesex.
ROWBOTHAM, Sheila, 1975. *Hidden from History*, Penguin, Harmondsworth, Middlesex.
RUTH, Sheila, 1980. *Issues in Feminism: a first course in women's studies*, Houghton Mifflin, Boston.
SCOTT, Hilda, 1978. »Eastern European Women in Theory and

Practice« in *Women's Studies International Quarterly*, Bd. I, Nr. 2, S. 189–200.
SCOTT, Marion, 1980. »Teach her a lesson: sexist curriculum in patriarchal education« in Dale Spender and Elizabeth Sarah (Hsg.), *Learning to Lose: Sexism and Education*, The Women's Press, London, S. 97–120.
SEARS, Pauline and David H. FELDMAN, 1976. »Teacher interaction with boys and girls« in Judith Stacey et al. (Hsg.), *And Jill Came Tumbling After: Sexism in American Education*, Dell Publishing, New York, S. 147–158.
SHARPE, Sue, 1976. *Just Like a Girl: how girls learn to be women*, Penguin, Harmondsworth, Middlesex.
SHAW, Jenny, 1976. »Finishing schools: some implications of sex segregated education« in Diana Barker and Sheila Allen (Hsg.), *Sexual Divisions and Society: Process and Change*, Tavistock, London, S. 150–173.
SHAW, Jenny, 1977. »Sexual divisions in the classroom«, Vortrag auf der Konferenz *Teaching Girls to be Women*, Essex, April.
SHOWALTER, Elaine, 1976. »Women and the literary curriculum« in Judith Stacey et al. (Hsg.), *And Jill Came Tumbling After: Sexism in American Education*, Dell Publishing, New York, S. 317–327.
SIMPSON, Hilary, 1979. »A literary trespasser: D. H. Lawrence's use of women's writing« in *Women's Studies International Quarterly*, Bd. II, Nr. 2, S. 155–170.
SMITH, Dorothy, 1978. »A peculiar eclipsing: women's exclusion from man's culture« in *Women's Studies International Quarterly*, Bd. I, Nr. 4, S. 281–296.
SMITH, Stuart, 1980. »Should they be kept apart?«, *Times Educational Supplement*, July 18, S. 36.
»SOPHIA: A Person of Quality«, 1739. *Woman Not Inferior to Man: or, short and modest Vindication of the Natural Right of the Fair Sex to a perfect Equality of Power, Dignity and Esteem with the Men*, John Hawkins, London, Faksimile Nachdruck, 1975, Brentham Press, London.
SPENCER, Herbert, 1861. *Education: Intellectual, Moral und Physical*, London.
SPENCER, Herbert, 1876. *Principles of Sociology*, London.
SPENCER, Margaret and Moira G. MCKENZIE, 1975. »Learning to read and the reading process« in Harold Rosen (Hsg.), *Language and Literacy in our Schools: some appraisals of the Bullock Report*, Studies in Education 1, University of London, Institute of Education, S. 7–27.
SPENDER, Dale, 1978. »The facts of life: sex differentiated knowledge in the English classroom and the school« in *English in Education*, Bd. 12, Nr. 3, Herbst, S. 1–9.

SPENDER, Dale, 1980. *Man Made Language*, Routledge & Kegan Paul, London.
SPENDER, Dale, 1980. »Education or indoctrination?« in Dale Spender and Elizabeth Sarah (Hsg.), *Learning to Lose: Sexism and Education*, The Women's Press, London, S. 22–31.
SPENDER, Dale, 1981 (a). »The role of teachers – what choices do they have?«, Artikel, verfaßt für Council for Cultural Co-operation, *Educational Research Workshop on Sex Stereotyping in Schools*, Norway, 4.–8. Mai.
SPENDER, Dale (Hsg.), 1981. *Men's Studies Modified: the impact of feminism on the academic disciplines*, Pergamon Press, Oxford.
SPENDER, Dale, 1981 (b). »Education: the patriarchal paradigm and the response to feminism« in Dale Spender (Hsg.), *Men's Studies Modified: the impact of feminism on the academic disciplines*, Pergamon Press, Oxford, S. 155–173.
SPENDER, Lynne. *Unpublished Heritage: The Politics of Selection*, Routledge & Kegan Paul, London.
STANWORTH, Michelle, 1981. *Gender and Schooling: A Study of Sexual Divisions in the Classroom*, Women's Research and Resources Centre Publication, London.
STEINEM, Gloria, 1978. »If Men Could Menstruate«, *MS*, Oktober, S. 110.
TAYLOR, William, 1978. *Research and Reform in Teacher Education*, Council of Europe/NFER Publishing Co.
TOBIAS, Sheila, 1978 (a). »Women's Studies: its origins, organisation and prospects« in *Women's Studies International Quarterly*, Bd. I, Nr. 1, S. 85–98.
TOBIAS, Sheila, 1978 (b). *Overcoming Math Anxiety*, Norton, New York.
TRUDGILL, Peter, 1975 (a). *Sociolinguistics: an introduction*, Penguin, Harmondsworth, Middlesex.
TRUDGILL, Peter, 1975 (b). »Sex, covert prestige and linguistic change in the urban British English of Norwich« in Barrie Thorne and Nancy Henley (Hsg.), *Language and Sex; difference and dominance*, Newbury House, Massachusetts, S. 88–104.
TURNBULL, Annmarie, Anna DAVIN and Patricia de WOLFE, 1980. *Women with a Past: a brief account of some aspects of women's history in the 19th and 20th centuries*, Women's Research and Resources Centre, London.
WALLEN, Paul, 1950. »Cultural contradictions and Sex Roles: a repeat study« in *American Sociological Review*, 15, Nr. 2, März, S. 288–293.
WEIDEGER, Paula, 1978. *Female Cycles*, The Women's Press, London.
WEISSTEIN, Naomi, 1971. »Psychology constructs the female and the fantasy life of the male psychologist« in Vivian Gornick and

Barbara Moran (Hsg.), *Woman in Sexist Society; studies in power and powerlessness*, Basic Books, New York, S. 133–146.
WHITBREAD, Anne, 1980. »Female teachers are women first; sexual harassment at work« in Dale Spender and Elizabeth Sarah (Hsg.), *Learning to Lose: Sexism and Education*, The Women's Press, London, S. 90–96.
WOLLSTONECRAFT, Mary, 1978. *A Vindication of the Rights of Woman* (Erstveröffentlichung 1792, J. Johnson, London), herausgegeben von Miriam Kramnick, Pelican Classic, Penguin Books, Harmondsworth, Middlesex. (Deutsch: *Verteidigung der Rechte der Frauen*, Band 1 u. 2, Zürich 1976.)
WOOLF, Virginia, 1933. *Three Guineas*, The Hogarth Press, London (Neuausgabe 1977). (Deutsch: *Drei Guineen*. Essay, München 1978.)
WOOLF, Virginia, 1974. *A Room of One's Own*, Penguin, Harmondsworth, Middlesex. (Deutsch: *Ein Zimmer für sich allein*, Frankfurt/M., 2. Aufl. 1983.)
ZIMMERN, Alice, 1898. *The Renaissance of Girls's Education in England*, Innes, London.

Danksagungen

Ich bin vielen Frauen, insbesondere im Schulwesen, zu Dank verpflichtet, die mich so bereitwillig über ihre Arbeit unterrichtet und die hier behandelten Fragen mit mir erörtert haben. Ohne die Hilfe von Katherine Clarricoates und Michelle Stanworth wäre es mir nicht möglich gewesen, die Dimensionen dieses Problems zu dokumentieren; ich bin sehr dankbar für ihre Unterstützung. Ich möchte auch Elizabeth Sarah danken, die mir ständig als Diskussionspartnerin dient, ohne je Anzeichen der Ungeduld oder Ermüdung zu zeigen. Meine Schwester, Lynne Spender, die sich der beträchtlichen Mühe unterzogen hat, gelegentlich die Rolle eines patriarchalischen Kritikers zu spielen, hat mir unschätzbare Dienste geleistet, indem sie mich mit dem »Schlimmsten, was sie sagen können«, konfrontierte.

Die Bibliothekarinnen an der Fawcett-Library verdienen mehr als Anerkennung für ihre freundliche und kompetente Hilfeleistung und ihre Nachsicht in bezug auf meine überfälligen Bücher. Die Frauen am Women's Research and Resources Centre haben nicht nur hilfreich, sondern enthusiastisch reagiert, und ich bin dankbar für ihre Wärme und ihr Verständnis. Und ich stehe auch gegenüber Glynis Butcher, die das Manuskript tippte, in einer Schuld, für die ich mich nicht revanchieren kann.

Wichtige Adressen für deutsche Leserinnen

8750 ASCHAFFENBURG
Frauenzentrum, Herrleinstr. 21, Tel. (06021) 24399
8900 AUGSBURG
Frauenzentrum, Manerberg 31

7570 BADEN-BADEN
Frauenzentrum, Hauptstr. 63
8600 BAMBERG
Frauentreff, Untere Sandstr. 9, Tel. (0951) 55440
1000 BERLIN
Frauenzentrum, Stresemannstr. 40
»Frauen und Schule«, c/o Ursula Rieger, Suarezstr. 14, Tel. (030) 3217935
4630 BOCHUM
Frauenzentrum, Schmidtstr. 12, Tel. (0234) 19194
5300 BONN
Fraueninitiative 6. Oktober, Postfach 120401, Tel. (0228) 636153 und 216913
2800 BREMEN
Frauenzentrum im Frauenkulturhaus, Im Krummen Arm 1, Tel. (0421) 701632

6100 DARMSTADT
Frauenzentrum, Pallaswiesenstr. 57a, Tel. (06151) 293206
4600 DORTMUND
Frauenzentrum, Adlerstr. 30, Tel. (0231) 160999
4100 DUISBURG
Frauenzentrum, Lila Frauentreff, Beratung, Café, Herrstr. 250, Tel. (0203) 664821
4000 DÜSSELDORF
Frauenzentrum, Liebigstr. 5, Hinterhof, Tel. (0211) 463216

2970 EMDEN
Frauenzentrum, Auricher Str. 28, Tel. (04921) 44977
8520 ERLANGEN
Frauenzentrum, Nürnberger Str. 74, Tel. (09131) 35270
4300 ESSEN
Frauenzentrum, Dreiringstr. 11, Tel. (0201) 512261

6000 FRANKFURT
Frauenkultur- und Kommunikationszentrum »Gerüchteküche«, Neuhofstr. 39
Feministisches Archiv und Dokumentationszentrum, Arndtstr. 18, Tel. (069) 745044
7990 FRIEDRICHSHAFEN
Frauentreff, Friedrichstr. 1
7800 FREIBURG
Frauenzentrum, Postfach 5664

6300 GIESSEN
Frauenzentrum, Alicenstr. 18 (Hinterhaus)
3400 GÖTTINGEN
Frauenzentrum, Kurze Geismarstr. 20

2000 HAMBURG
Frauenzentrum, Rappstr. 4
4700 HAMM
Frauenzentrum, Grünstr. 40, Tel. (02381) 26556
3000 HANNOVER
Frauenzentrum, Nieschlagstr. 26, Tel. (0511) 471881 oder 452252
6900 HEIDELBERG
Frauenzentrum, Friedrich-Ebert-Anlage 9, Tel. (06221) 13643

6750 KAISERSLAUTERN
Frauenzentrum, Albert-Schweitzer-Str. 2
3500 KASSEL
Frauenzentrum, Goethestr. 44
2300 KIEL
Frauenzentrum, Gneisenaustr. 44, Tel. (0431) 802361
5000 KÖLN
Frauenzentrum, Eifelstr. 33, Tel. (0221) 321792
Feminist Translation Service, c/o Inge Rethfeld, Jülicher Str. 12, Tel. (0221) 237531
4150 KREFELD
Frauenkommunikationszentrum, Roßstr. 200, Tel. (02150) 5423

2400 LÜBECK
Frauenzentrum, Schützenstr. 61
3410 LÜNEBURG
Frauenzentrum, Reitende-Diener-Str. 3, Tel. (04131) 31810

6500 MAINZ
Frauenzentrum, Goethestr. 38, Tel. (06131) 613676
3550 MARBURG
Frauenzentrum, Renthof 31, Tel. (06421) 63570
4330 MÜLHEIM/RUHR
Frauenzentrum, Uhlandstr. 50
8000 MÜNCHEN
Frauenzentrum, Humboldtstr. 3, Tel. (089) 6519494
4400 MÜNSTER
Frauenzentrum, Sophienstr. 16, Tel. (0251) 392885

8500 NÜRNBERG
Frauenzentrum, Saldorfer Str. 6, Tel. (0911) 263309

6050 OFFENBACH
Frauenzentrum, Feldstr. 71, Tel. (0611) 871633
2900 OLDENBURG
Frauenzentrum, Ziegelhofstr. 16, Tel. (0441) 882837
4500 OSNABRÜCK
Frauenzentrum, Kommenderiestr. 41, Tel. (0541) 29300

8400 REGENSBURG
Frauenzentrum, Engelburgergasse 12, Tel. (0941) 57404
7410 REUTLINGEN
Frauenzentrum, Lederstr. 86, 1. Stock, Tel. (07121) 320130
6600 SAARBRÜCKEN
Frauenladen, Cecilienstr. 29, Tel. (0681) 398593

5900 SIEGEN
Kultur- und Kommunikationszentrum für Frauen e. V., Porschestr. 23, Tel. (0271) 46176
7032 SINDELFINGEN
Frauenzentrum, Untere Burggasse 1, Tel. (07031) 88798
5650 SOLINGEN
Frauenzentrum, Klemens-Horn-Str. 15, Tel. (02122) 15429
7000 STUTTGART
Frauenzentrum, Kernerstr. 31, Tel. (0711) 296432

7400 TÜBINGEN
Frauenzentrum, Haaggasse 34, Tel. (07071) 5777

7900 ULM
Frauenzentrum, Küfergasse 1, Tel. (0731) 67775

6200 WIESBADEN
Frauenzentrum, Adlerstr. 7, Tel. (06121) 51212

2940 WILHELMSHAVEN
Frauenzentrum, Börsenstr. 122
8500 WÜRZBURG
Frauenzentrum, Petrinistr. 15, Tel. (0931) 284180
5600 WUPPERTAL
Frauenzentrum, Stiftstr. 12–14, Tel. (0202) 449968

Wichtige Informationen bietet das Verzeichnis »Frauenarchive und Frauenbibliotheken«, herausgegeben von Karin Schatzberg, Edition Herodot, 3400 Göttingen, Postfach 1752. Es stellt Forschungsstätten vor, die sich der Frauengeschichte, Frauenkultur und Frauenpolitik widmen.

Die Frau in der Gesellschaft

Band 3705

Band 3726

Band 1857

Elisabeth Beck-Gernsheim
Das halbierte Leben
Männerwelt Beruf – Frauenwelt Familie
Band 3713
Vom Geburtenrückgang zur Neuen Mütterlichkeit? Band 3754

Susan Brownmiller
Gegen unseren Willen
Vergewaltigung und Männerherrschaft
Band 3712

Oriana Fallaci
Brief an ein nie geborenes Kind
Band 3706

Shulamith Firestone
Frauenbefreiung und sexuelle Revolution
Band 1488

Jutta Menschik
Ein Stück von mir
Mütter erzählen
Band 3756

Jean Baker Miller
Die Stärke weiblicher Schwäche
Zu einem neuen Verständnis der Frau
Band 3709

Penelope Shuttle / Peter Redgrove
Die weise Wunde Menstruation
Band 3728

Alice Schwarzer
Der »kleine« Unterschied und seine großen Folgen
Band 1805

Karin Spielhofer
Sanfte Ausbeutung
Lieben zwischen Mutter und Kind
Band 3759

Senta Trömel-Plötz
Frauensprache – Sprache der Veränderung
Band 3725
Gewalt durch Sprache
Die Vergewaltigung von Frauen in Gesprächen
Band 3745

Hedi Wyss
Das rosarote Mädchenbuch
Band 1763

Yvette Z'Graggen
Zeit der Liebe, Zeit des Zorns
Band 3757

fi 14/4

Fischer Taschenbuch Verlag

DIE FRAU IN DER GESELLSCHAFT
TEXTE UND LEBENSGESCHICHTEN
Herausgegeben von Gisela Brinker-Gabler

Ruth Ellen Boetcher Joeres
Die Anfänge der deutschen Frauenbewegung:
Louise Otto-Peters
Band 3729

Eine stumme Generation berichtet
Frauen der 30er und 40er Jahre
Herausgegeben von Gisela Dischner. Bd. 3727

Germaine Goetzinger
Für die Selbstverwirklichung der Frau: Louise Aston
Band 3743

Fanny Lewald
Meine Lebensgeschichte
Herausgegeben von Gisela Brinker-Gabler. Bd. 2047

Toni Sender
Autobiographie einer deutschen Rebellin
Herausgegeben von Gisela Brinker-Gabler. Bd. 2044

Diana Orendi-Hinze
Rahel Sanzara
Eine Biographie. Band 2258

Mathilde Franziska Anneke
in Selbstzeugnissen und Dokumenten
Herausgegeben von Maria Wagner. Bd. 2051

Kämpferin für den Frieden
Bertha von Suttner
Lebenserinnerungen, Reden und Schriften
Eine Auswahl, herausgegeben und eingeleitet
von Gisela Brinker-Gabler. Bd. 2053

Gerda Szepansky
Frauen leisten Widerstand: 1933–1945
Band 3741

FISCHER TASCHENBUCH VERLAG

fi 16/2 a

DIE FRAU IN DER GESELLSCHAFT
TEXTE UND LEBENSGESCHICHTEN
Herausgegeben von Gisela Brinker-Gabler

Frauenarbeit und Beruf
Herausgegeben von Gisela Brinker-Gabler
Band 2046

Frauen gegen den Krieg
Herausgegeben von Gisela Brinker-Gabler
Band 2048

Zur Psychologie der Frau
Herausgegeben von Gisela Brinker-Gabler
Band 2045

Frau und Gewerkschaft
Herausgegeben von Gisela Losseff-Tillmanns
Band 2260

Frauenemanzipation und Sozialdemokratie
Mit zahlreichen Abbildungen
Herausgegeben von Heinz Niggemann
Band 2261

Frau und Musik
Mit vielen Bildern und Faksimiles
Herausgegeben von Eva Rieger
Band 2257

Frau und Religion
Gotteserfahrungen im Patriarchat
Herausgegeben von Elisabeth Moltmann-Wendel
Band 3738

FISCHER TASCHENBUCH VERLAG

fi 16/2 b